글 차윤석
서울대학교 독어독문학과를 졸업하고 같은 학교 대학원에서 석·박사 과정을 거친 뒤 독일 뮌헨대학교에서 중세문학 박사 과정을 마쳤습니다.

글 김선빈
고려대학교 국어국문학과를 졸업하고 웹진 <거울> 등에서 소설을 썼습니다. 어린이 교육과 관련된 일을 시작하여 국어, 사회, 세계사와 관련된 다양한 교재와 콘텐츠를 개발했습니다.

글 박병익
고려대학교 사학과를 졸업했습니다. 사실의 나열이 아닌 '왜?'와 '어떻게?'라는 질문을 통해 어린이들이 역사와 친해지는 글을 쓰기 위해 오늘도 고민하고 있습니다.

글 김선혜
고려대학교 사학과를 졸업하고 여러 회사에서 콘텐츠 매니저, 기획 업무를 담당했습니다.

그림 이우일
홍익대학교에서 시각디자인을 공부한 만화가입니다. '노빈손' 시리즈의 모든 일러스트레이션을 그렸으며 지은 책으로는 《우일우화》, 《옥수수빵파랑》, 《좋은 여행》, 《고양이 카프카의 고백》 등이 있습니다.

설명삽화 박기종
단국대학교 동양화과와 홍익대학교 대학원을 나와 지금은 아이들의 신나는 책 읽기를 위해 어린이 책 일러스트 작가로 활동하고 있습니다.

지도 김경진
'매핑'이란 지도 회사에서 일하면서 어린이, 청소년 책에 지도를 그리고 있습니다. 얼마 전까지 중학교 교과서 만드는 일도 했습니다. 참여한 책으로는 《아틀라스 중국사》, 《아틀라스 일본사》, 《아틀라스 중앙유라시아사》, 《미래를 여는 한국의 역사》 등이 있습니다.

구성 장유영
서울대학교에서 지리교육과 언론정보학을 공부했습니다. 졸업 후 학교에서 학생들을 가르치다 지금은 어린이책을 만들고 있습니다.

구성 정지윤
서울대학교 국어교육과를 졸업하고 문화예술, 교육 분야 기관에서 기획 업무를 담당했습니다.

자문 및 감수 박병규
고려대학교 서어서문학과를 졸업하고 멕시코 국립대학(UNAM)에서 문학 박사 학위를 받았습니다. 현재는 서울대 라틴아메리카 연구소 HK교수로 재직 중입니다. 《불의 기억》, 《파블로 네루다 자서전-사랑하고 노래하고 투쟁하다》, 《1492년, 타자의 은폐》 등을 우리말로 옮겼습니다.

자문 및 감수 윤은주
서울대학교 서양사학과를 졸업하고 프랑스 사회과학고등연구원에서 박사 학위를 받았습니다. 현재 국민대학교 교양대학 강의 전담 교원으로 일하고 있습니다. 《넬슨 만델라 평전》을 우리말로 옮겼으며 《히스토리》의 4~5장과 유럽 국가들의 연표를 우리말로 옮겼습니다.

자문 및 감수 최재인
서울대학교 서양사학과를 졸업하고 같은 학교 대학원에서 석사·박사 학위를 받았습니다. 현재 서울대학교 강사로 일하고 있습니다. 함께 지은 책으로 《서양여성들 근대를 달리다》, 《여성의 삶과 문화》, 《다민족 다인종 국가의 역사인식》, 《동서양 역사 속의 다문화적 전개양상》 등이 있고, 《가부장제와 자본주의》, 《유럽의 자본주의》, 《세계사 공부의 기초》 등을 우리말로 옮겼습니다.

교과 과정 감수 박혜정
성균관대학교 역사교육과를 졸업하고 현재는 경기도 용인 신촌중학교에서 근무하고 있습니다. 『나의 첫 세계사』를 집필하였습니다.

교과 과정 감수 한유라
홍익대학교 역사교육과를 졸업하고, 현재는 경기도 광명 충현중학교에서 근무하고 있습니다. 『12.3 사태, 그날 밤의 기록』을 집필하였습니다.

교과 과정 감수 원지혜
동국대학교 역사교육과를 졸업하고, 현재는 경기도 시흥 은계중학교에서 근무하고 있습니다. 『더 늦기 전에 시작하는 생태환경사 수업』의 공저자입니다.

기획자문 세계로
1991년부터 역사 전공자들이 모여 함께 고민하고 연구하며 한국사와 세계사를 가르치고 있습니다. 《용선생의 시끌벅적 한국사》 기획에 참여했고, 지은 책으로는 역사동화 '이선비' 시리즈가 있습니다.

10 혁명의 시대 2
독일·이탈리아의 통일, 미국 내전과 서부 개척, 사회주의

교양으로 읽는
용선생
세계사

글 | 차윤석 김선빈 박병익 김선혜
그림 | 이우일 박기종

차례

1교시 민족주의 운동과 국민 국가 건설

평원을 누비던 마자르의 후예가 사는 헝가리	014
민족주의와 국민 국가의 탄생	018
나폴레옹 3세는 프랑스를 어떻게 다스렸을까	026
이탈리아가 통일을 이루다	033
독일의 통일 논의가 실패로 돌아가다	041
프로이센에 철혈 재상 비스마르크가 등장하다	046
프랑스와의 전쟁을 거쳐 독일이 통일되다	051
오스트리아-헝가리 제국이 성립되다	059
나선애의 정리노트	065
세계사 퀴즈 달인을 찾아라!	066
용선생 세계사 카페	
1800년대를 휩쓴 낭만주의	068
언론과 신문의 역사	072

교과 연계 중학교 역사① V-1 유럽과 아메리카의 국민 국가 체제

2교시 라틴 아메리카가 독립을 쟁취하다

라틴 아메리카 독립의 출발점이 된 세 나라에 가다	080
차별이 끊이지 않는 라틴 아메리카 사회	086
크리오요가 독립을 꿈꾸다	093
라틴 아메리카에 독립 국가가 잇따라 들어서다	099
라틴 아메리카에서 미국의 영향력이 커지다	106
분란이 끊이지 않는 라틴 아메리카	112
나선애의 정리노트	121
세계사 퀴즈 달인을 찾아라!	122
용선생 세계사 카페	
<엄마 찾아 삼만리>와 아르헨티나 이민자 이야기	124
아이티 혁명을 이끈 검은 나폴레옹 투생 루베르튀르	126

교과 연계 중학교 역사① V-1 유럽과 아메리카의 국민 국가 체제

3교시 내전의 시련을 딛고 일어서는 미국

풍요로운 땅 캘리포니아	134
미국 곳곳에 운하와 철도가 건설되다	138
골드러시를 계기로 서부 개척이 시작되다	143
노예 제도를 두고 미국이 둘로 갈라지다	148
미국 내전이 일어나다	155
미국이 하나의 나라로 다시 태어나다	162
대륙 횡단 철도가 놓이고 서부 개척이 이루어지다	166
미국이 급속도로 산업화를 이루고 독점 기업이 등장하다	175
나선애의 정리노트	185
세계사 퀴즈 달인을 찾아라!	186
용선생 세계사 카페	
미국에 뿌리를 내린 이민자들	188
토머스 에디슨은 정말 발명왕일까?	192

교과 연계 중학교 역사① V-1 유럽과 아메리카의 국민 국가 체제

4교시 산업 혁명의 그림자와 사회주의의 등장

영국의 심장부 런던에 가다	200
노동자들이 가혹한 환경으로 고통받다	206
러다이트 운동과 차티스트 운동이 벌어지다	214
사회주의가 탄생하다	225
파리 코뮌이 실패하고 사회 민주주의가 퍼져 나가다	235
나선애의 정리노트	245
세계사 퀴즈 달인을 찾아라!	246
용선생 세계사 카페	
사회주의 사상가 카를 마르크스의 삶	248
정당 정치가 시작되다	250

교과 연계 중학교 역사① V-2 유럽의 산업화와 제국주의

한눈에 보는 세계사-한국사 연표	254
찾아보기	256
참고문헌	258
사진 제공	265
퀴즈 정답	267

초대하는 글

용선생 역사반, 세계로 출발!

여러분, 안녕! 용선생 역사반에 온 걸 환영해!

용선생 역사반의 명성은 익히 들어 잘 알고 있겠지? 신나고 즐거운 데다 깊이까지 있다고 소문이 쫙 났더라고. 역사반에서 공부한 하다와 선애, 수재, 영심이도 중학교 잘 다니고 있다는 소식을 들었지.

그런데 어느 날 중학생이 된 하다와 선애, 수재, 영심이가 다짜고짜 찾아와서 막 따지는 거야.

"선생님! 왜 역사반에서는 한국사만 가르쳐 주신 거예요?"

"중학교 가자마자 세계사를 배우는데, 이름도 지명도 너무 낯설고 어려워요!"

"역사반 덕분에 초등학교 때는 천재 소리 들었는데, 중학교 가서 완전 바보 되는 거 아니에요?"

한참을 그러더니 마지막에는 세계사도 가르쳐 달라고 조르더라고.

"너희들은 중학생이어서 역사반에 들어올 수 없어~"

그랬더니 선애가 벌써 교장 선생님한테 허락을 받았다는 거야. 아

닌 게 아니라 다음날 교장 선생님께서 나를 불러 이러시더군.

"용선생님, 방과 후 시간에 역사반 아이들을 위한 세계사 수업을 해 보면 어떨까요?"

결국 역사반 아이들은 다시 하나로 뭉쳤어.

원래 역사반에서 세계사까지 가르칠 계획은 전혀 없었지만… 피할 수 없다면 즐겨라. 역사반 아이들이 이토록 원하는데 용선생이 어떻게 가만히 있을 수 있겠어? 그래서 중·고등학교 세계사 교과서들은 물론이고, 서점에 나와 있는 세계사 책들, 심지어 미국과 독일을 비롯한 세계사 교과서까지 몽땅 긁어모은 뒤 철저히 조사했어. 뭘 어떻게 가르칠지 결정하기 위해서였지. 그런 뒤 몇 가지 원칙을 정했어.

첫째, 지도를 최대한 활용하자! 서점에 나와 있는 책들은 대부분 지도가 부족하더군. 역사란 건 공간에 시간이 쌓인 거야. 그러니 그 공간을 알아야 역사가 이해되지 않겠어? 그래서 지도를 최대한 많이 넣어서 너희들의 지리 감각을 올려주기로 했단다.

둘째, 사람들이 살아가는 모습을 꼼꼼히 들여다보자! 세계사 공부를 할 때 중요 사건이 왜 일어났는지도 중요하지만, 그때 사람들이 어떤 모습으로 살았는지도 중요해. 그 모습을 보면, 그들이 왜 그렇게 살았는지, 우리와는 무엇이 같고 다른지 알 수 있게 될 거야.

셋째, 사진과 그림을 최대한 많이 보여주자! 사진 한 장이 백 마디 말보다 사건이나 시대 분위기를 훨씬 더 효과적으로 전달할 때가 많아. 특히 세계사를 처음 배울 때는 이런 시각 자료가 큰 도움이 되지. 사진이나 그림은 당시 분위기를 파악하는 데도 아주 좋은 자료란다.

==넷째, 다른 역사책에서 잘 다루지 않는 지역의 역사도 다루자!== 인류 문명은 어떤 특정한 집단이나 나라가 만든 게 아니라, 지구상에 살았던 모든 집단과 나라가 빚어낸 합작품이야. 아프리카, 아메리카 원주민, 유목민도 유럽과 아시아 못지않게 인류 문명의 발전에 기여했다는 말이지. 세계 각지에서 일어난 문명과 역사를 알면 세계사가 더 쉽게 느껴질 거야.

==다섯째, 과거와 현재를 연결하자.== 수업 시작하기 전에 그 시간에 배울 사건들이 일어났던 나라나 도시의 현재 모습을 보게 될 거야. 그 장소가 과거뿐 아니라 지금도 사람들의 삶의 현장이라는 것을 보여 주기 위해서지. 예를 들어 메소포타미아 하면 사람들은 메소포타미아 문명이 일어난 곳으로만 알지, 지금 그곳에 이라크라는 나라가 있다는 사실은 모르는 경우가 많아. 지금 이라크 사람들의 모습과 옛날 메소포타미아 문명 사람들의 모습을 비교해 보는 것도 좋은 역사 공부 방법이란다.

이런 원칙으로 재미있게 세계사 공부를 하려는데, 작은 문제가 하나 있어. 세계사는 한국사와 달리, 직접 현장을 방문하기가 쉽지 않다는 점이지. 하지만 용선생이 누구냐. 역사 공부를 위해서라면 물불 가리지 않는 용선생이 이번에는 너희들이 볼 수 있는 영상도 만들었어. ==책 속의 QR코드를 찍으면 세계 곳곳의 문화유산과 흥미로운 사건을 볼 수 있을 거야.==

자, 얘들아. 그럼 이제 슬슬 세계사 여행을 시작해 볼까?

등장인물

'용쓴다 용써' 용선생

어쩌다 맡게 된 역사반에, 한국사에 이어 세계사까지 가르치게 됐다. 맡은바 용선생의 명예를 욕되게 할 수는 없지. 제멋대로 자란 머리카락을 휘날리며 오늘도 용쓴다.

'장하다 장해' 장하다

'튼튼하게만 자라 다오.'라는 아버지의 소원대로 튼튼하게만 자랐다. 세계적인 축구 스타가 꿈! 세계를 다니려면 세계사 지식도 필수라는 생각에 세계사반에 지원했다. 영웅 이야기를 좋아해서 역사 인물들에게 관심이 많다.

'오늘도 나선다' 나선애

역사 마스터를 꿈꾸는 우등생. 공부도 잘하고 아는 게 많아서 잘 나선다. 글로벌 인재가 되려면 기초 교양이 튼튼해야 한다는 생각으로 용선생을 찾아가 세계사반을 만들게 한다. 어려운 역사 용어들을 똑소리 나게 정리해 준다.

'잘난 척 대장' 왕수재

시도 때도 없이 잘난 척을 해서 얄밉지만 천재적인 기억력 하나만큼은 인정. 또 하나 천재적인 데가 있으니 바로 깐족거림이다. 세계를 무대로 한 사업가를 꿈꾸다 보니 지리에 관심이 많다.

'엉뚱 낭만' 허영심

엉뚱 발랄한 매력을 가진 역사반의 분위기 메이커. 남다른 공감 능력이 있어서 사람들이 고통을 겪을 때면 눈물을 참지 못한다. 예술과 문화에 관심이 많고, 그 방면에서는 뛰어난 상식을 자랑한다.

'깍두기 소년' 곽두기

애교가 넘치는 역사반 막내. 훈장 할아버지 덕분에 뛰어난 한자 실력을 갖추고 있으며, 어휘력만큼은 형과 누나들을 뛰어넘을 정도. 그래서 새로운 단어가 등장할 때마다 한자 풀이를 해 주는 것이 곽두기의 몫.

1교시

민족주의 운동과 국민 국가 건설

프랑스 대혁명과 나폴레옹 전쟁을 거치며 유럽에는
같은 민족끼리 똘똘 뭉쳐서 나라를 세우고
평화를 이루어야 한다는 생각이 급격히 퍼져 나갔어.
그 결과 유럽 한복판에 독일과 이탈리아라는
통일 국가가 탄생하기에 이르지.
오늘은 민족주의 운동이
유럽에 어떤 변화를 가져왔는지 살펴보자.

1834년	1860년 3월	1860년 9월	1861년	1866년	1870년~1871년	1871년
독일에서 관세 동맹 성립	사르데냐 왕국이 이탈리아 북부를 통합	가리발디 장군이 이탈리아 남부를 점령	이탈리아 왕국 건국	프로이센-오스트리아 전쟁	프로이센-프랑스 전쟁	독일 제국 선포

역사의 현장 지금은?

평원을 누비던 마자르의 후예가 사는 헝가리

유럽 중부 도나우강 유역에 자리한 헝가리는 오스트리아, 세르비아, 크로아티아, 루마니아, 슬로베니아, 우크라이나, 슬로바키아에 둘러싸인 내륙국이야. 기후는 춥고 건조한 편이나 비옥한 평원 덕에 목축업과 밀 농업이 발달했어. 헝가리는 한때 오스트리아-헝가리 제국의 일부로 광대한 영토를 다스렸지만 지금은 한반도 절반 정도의 크기에 인구 천만 명이 안 되는 작은 나라야. 하지만 수많은 역사적 건축물과 아름다운 자연 경관으로 전 세계 관광객의 발걸음을 이끌고 있단다.

↓ 도나우강이 흐르는 부다페스트 전경
왼쪽으로 왕궁이 보이는 곳은 부더, 강 건너 오른쪽이 페슈트 지역이야. 이 두 지역을 합쳐서 '부다페스트'라고 불러.

도나우강의 진주 부다페스트

부다페스트는 헝가리의 수도이자 정치·경제·교통·문화의 중심지야. 1873년 왕궁과 관청가가 몰려 있던 도나우강 동편의 '부더' 지역과 평민이 주로 살던 '페슈트' 지역이 합쳐져 오늘날 도시 모습을 갖추게 되었지. 도시 전체가 유네스코 세계유산으로 지정될 정도로 유서 깊은 건축물이 많고 경관이 아름다워.

↑ 헝가리 국회 의사당
건국 천 년을 기념하여 세웠어. 1956년에 독재 정치에 반대하며 헝가리의 민주화를 요구하던 시민들이 총탄에 쓰러져 간 역사적 장소이기도 하지. 지금은 아름다운 야경으로 유명해.

↓ 새하얀 석회암으로 만든 어부의 요새
부다페스트에서 가장 아름다운 건물로, 강 근처에 살던 어부들이 건물을 지켜서 이런 이름이 붙었대. 요새의 7개 탑은 헝가리를 세운 마자르의 7개 부족을 상징해.

→ 어부의 요새가 감싸고 있는 마차시 성당
1200년대 무렵에 세워진 성당이야. 역대 헝가리 국왕의 대관식과 결혼식이 여기서 열렸어.

온천과 의료 관광 산업의 천국

헝가리 온천수는 알칼리 성분이 풍부하다고 알려져 전 세계에서 관광객의 발길이 끊이지 않는단다. 그 덕분에 전국에 온천을 중심으로 각종 휴양 시설과 병원이 들어서며 의료 관광 산업이 발달했어.

↑ 세체니 온천에서 체스를 즐기는 사람들

← 유럽에서 가장 큰 스파 리조트 세체니 온천

← '헝가리의 바다' 발라톤 호수
중부 유럽에서 가장 큰 호수로 바다가 없는 헝가리의 수자원을 책임지는 곳이지. 호수의 수질 성분이 관절염에 좋다고 알려져 수많은 의료 관광객들이 찾는 곳이기도 해.

학문과 음악의 나라

헝가리는 학문의 나라로도 유명해. 특히 비타민 C를 발견한 센트죄르지, 홀로그래피 기술을 발명한 가보르, 게임 이론의 권위자 하시니 등 모두 14명의 노벨상 수상자를 배출했어. 세계적인 작곡가 리스트도 헝가리 출신이야. 리스트는 헝가리 민요의 선율을 세계에 알린 <헝가리 광시곡> 등 수많은 명곡을 남겼어. 미국의 주요 교향악단에서 활약한 지휘자 조지 셀, 천재 바이올리니스트 요제프 요아힘과 레오폴드 아우어 등도 모두 헝가리 출신이지.

↑ 헝가리 출신 노벨상 수상자들
왼쪽부터 차례로 센트죄르지, 가보르, 하시니야.

▲ **차르다시를 추는 사람들** 헝가리의 민속 음악은 차르다시, 이에 맞추어 추는 민속춤은 차르다스야. 브람스, 차이콥스키, 요한 슈트라우스 등 많은 작곡가가 차르다시 곡조로 노래를 만들어 더욱 유명해졌어.

▲ **리스트 음악원** 1875년에 설립된 뒤 세계적으로 명성이 높은 음악 교육 기관으로 자리 잡았어.

➡ **리스트 페렌츠** 헝가리 출신의 피아니스트이자 작곡가로, 뛰어난 기교로 '피아노의 왕'이라고 불려.

헝가리 요리

헝가리는 넓고 비옥한 푸스타 평원 덕에 먹거리가 풍부해. 그중에서도 파프리카는 헝가리 요리의 필수품으로, 헝가리 파프리카는 달콤한 것부터 아주 매운 맛까지 그 종류와 질이 매우 다양해. 헝가리의 대표적인 주식인 '구야시'는 파프리카로 매콤한 맛을 낸 진하고 걸쭉한 소고기 스튜야.

➡ **빵과 곁들여 먹는 구야시** 구야시 또는 굴라시는 푸스타 초원의 유목민들이 즐겨 먹던 요리였어. 얼큰하고 매콤해.

⬅ **말린 파프리카를 파는 헝가리 시장의 모습**

➡ **서민들의 간식 랑고시** 튀긴 밀가루 빵 위에 고기와 마늘 소스, 사우어 크림, 치즈 등을 얹어 먹어.

➡ **독주 팔린커** 과일을 증류해 만든 50도의 독한 술이야. 일교차가 큰 초원에 살던 유목민이 몸을 따뜻하게 하기 위해 마셨대.

민족주의와
국민 국가의 탄생

"오늘은 유럽의 민족주의에 대해 얘기할 건데, 우선 민족주의가 뭔지 생각해 볼까?

"그야 같은 민족끼리 힘을 모으자는 거 아닌가요? 우리나라가 잘되려면 우리나라 사람끼리 똘똘 뭉쳐야 하는 것처럼 말이에요. 유럽 사람들도 그랬겠죠."

왕수재가 당연하다는 듯 말하자 용선생이 미소를 지었다.

"'우리나라가 잘되려면 우리 민족이 힘을 합쳐야 한다.'라는 말이 우리한테는 당연하게 들리지. 우리 민족은 신라가 삼국 통일을 이룬 이후로 사실상 천 년이 넘도록 한 나라로 살아왔으니까. 몽골이나 일본이 침략해 왔을 때 모두가 힘을 합쳐 싸운 것도 그 때문이야. 하지

만 유럽 사람에게 민족과 나라를 하나로 연결하는 생각은 낯설었어."

"왜 그런 거죠?"

"유럽은 여러 민족이 복잡하게 얽혀 살아서 국경과 민족 구분이 분명하지 않았어. 그러다 보니 유럽에서 나라는 어떤 민족이 살아가는 삶의 터전이라기보다는 왕과 귀족의 소유물에 가까웠지. 평범한 농민들은 나라와 별 상관없이 살았고, 왕실끼리의 정략결혼을 통해 먼 나라 귀족이 하루아침에 자기가 사는 나라의 국왕 자리에 오르는 일도 매우 흔했단다."

"그러니까 나라 주인이 누구로 바뀌든 그곳에 사는 사람과는 크게 상관이 없었다는 거죠?"

허영심이 눈을 반짝이며 말했다.

"그래. 예외적인 나라가 프랑스와 영국 정도야. 두 나라

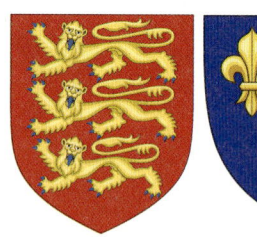

↑ **영국의 상징 사자와 프랑스의 상징 백합** 사자와 백합은 원래 각각 영국, 프랑스 왕실의 상징이었지만, 나중에는 영국과 프랑스의 상징이 되었어. 왕실과 국가 사이의 강한 유대감이 있었기 때문에 가능했어.

민족주의 운동과 국민 국가 건설 **019**

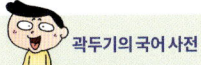

곽두기의 국어 사전

유대감 맺을 유(紐) 띠 대(帶) 느낄 감(感). 띠로 엮은 것처럼 서로 밀접하게 연결되어 있는 공통된 느낌을 뜻해.

는 백년 전쟁이 마무리된 1453년 이후로 줄곧 비슷한 영토를 유지했거든. 왕실도 대가 끊기거나 정략결혼을 통해 다른 나라로 왕위가 넘어가는 일 없이 꾸준히 맥을 이어 왔지. 그래서 국민과 왕실, 나라 사이에 제법 끈끈한 유대감이 만들어졌단다. 다만 영국과 프랑스 사람에게도 강력한 애국심이 있었던 건 아니야. 예컨대 나라가 위기에 처했다고 국민들이 목숨을 바쳐 싸우러 나가지는 않았지."

"그럼 누가 싸워요?"

"그야 돈을 받고 전문적으로 훈련을 받은 군인이었지. 유럽에서 평범한 국민들이 본격적으로 전쟁에 참여한 건 프랑스 대혁명 이후였어. 그동안 나라의 주인이었던 왕과 귀족이 쫓겨나고 이제는 모든 국민이 나라의 주인이 되는 공화국이 만들어졌으니까, 자연스레 내가 주인인 나라를 아끼고 지켜야 한다는 생각이 뿌리를 내린 거야. 실제로 프랑스 대혁명 직후 프랑스가 전 유럽을 상대로 전쟁을 벌이자, 평범한 프랑스 국민들이 자진해서 전쟁터에 나가서 목숨을 걸고 싸

➜ **군대에 지원하는 프랑스 시민들**
프랑스 대혁명 당시 군대에 지원하는 시민들의 모습이야. 마치 축제처럼 떠들썩하고 즐거운 분위기가 느껴지니? 당시 시민들은 나라를 지키러 간다는 사명감에 불탔단다.

웠어. 이전에는 찾아보기 힘든 모습이었지."

"혁명이 자연스럽게 애국심을 만들어 냈다는 말씀이시군요."

"그래. 그리고 '프랑스'라는 나라는 프랑스 국민의 나라라는 생각이 강하게 자리 잡았어. 이렇게 국민과 강한 유대감을 가지고 있는 국가를 '국민 국가'라고 불러. 그 이전까지의 국가가 왕과 귀족의 이익만을 중요시하는 국가였다면, 국민 국가는 국민 모두의 이익을 중요시하는 국가라고 할 수 있지."

"그럼 우리나라도 국민 국가인가요?"

"응. 오늘날 우리나라를 포함해 세계 대부분의 국가는 국민 국가란다. 그런데 국민 국가에서는 보통 애국심을 중요시하고, 한 나라 안에 사는 사람들이 공통된 뿌리나 문화, 역사를 가지고 있다고 강조해. 그리고 어렸을 때부터 의무 교육을 실시해서 전 국민에게 같은 문화와 역사, 언어를 가르치지."

"어라, 왜 그러는 건데요?"

"그래야 저마다 다른 개성을 가지고 있는 국민들이 하나로 뭉쳐서 더 강력한 국가를 만들 수 있거든. 우리는 학교에서 애국가를 부르고 모두 똑같은 교과서로 배우잖니? 프랑스 대혁명 이후 프랑스에서도 마찬가지였어. 심지어 프랑스에서는 원래 의용군의 군가로 쓰였던 노래를 국가로 삼아 전 국민에게 교육했단다. 그만큼 국민들의 혁명 정신과

용선생의 세계사 돋보기

그래서 한 국가 안의 모든 사람이 하나의 뿌리를 가진 민족이라고 여기기도 해. 하지만 최근 들어 점점 한 국가 안에서 다양한 민족이 다양한 문화를 추구하며 살아가는 다민족, 다문화 국가가 늘어나는 추세란다.

↑ 1815년 프랑스 학교 수업 모습 프랑스 대혁명 이후 학교가 만들어지면서 교과서가 제작되고, 전국의 학생들은 같은 내용을 배우게 되었어.

➜ **교과서에 실린 프랑스 국가 〈라 마르세예즈〉**
〈라 마르세예즈〉는 원래 혁명 당시 의용군이 불렀던 군가였어. 프랑스 정부는 이 노래를 국가로 삼고 학생들에게 가르쳤지. 프랑스의 뿌리라 할 수 있는 혁명 정신을 전 국민에게 심어주려 했던 거야.

애국심을 더욱 강하게 키우려 했던 거지."

"군가를 국가로 써요? 으으, 무서워."

"흐흐. 이런 식으로 교육이 계속되자, 점점 프랑스 국민을 곧 '프랑스 민족'으로 보게 됐어. 그리고 애국심이 점점 강해지면서 프랑스 민족의 영광과 번영을 위해 목숨까지 바치겠다는 사람도 생겨났지. 유럽의 민족주의는 이렇게 시작됐단다."

"그럼 프랑스 말고 다른 나라에는 왜 민족주의가 퍼진 건가요?"

"그건 지난 시간에 말씀해 주셨어요. 프랑스에 대항해서 힘을 합치는 과정에서 퍼지게 된 거라고 말씀하셨죠?"

곽두기의 질문에 왕수재가 재빨리 끼어들었다.

"그래. 잘 기억하고 있구나. 나폴레옹 전쟁이 가져다준 충격 때문이었어. 나폴레옹의 침략을 받은 이탈리아와 독일 같은 이웃 나라에서

'우리도 프랑스처럼 같은 민족끼리 힘을 합쳐 통일된 국민 국가로 다시 태어나야 한다.'는 생각이 널리 번져 나갔거든. 그리고 독일 사람들은 나폴레옹 전쟁을 거치며 독일이 통일을 이뤘을 때 자신들이 얼마나 큰 이득을 볼 수 있는지 잠시 체험하기도 했어."

"어떤 체험이었는데요?"

"원래 독일은 수많은 제후국으로 나뉘어 있어서 국경을 지날 때마다 관세를 내야 했어. 당연히 운송비가 올라갔고, 물자 운송도 번거로워서 산업 발전에도 방해가 되었어. 그런데 나폴레옹이 신성 로마 제국을 해체하고 '라인 동맹'을 만든 거야. 라인 동맹에 가입한 제후국끼리는 모두 관세가 면제됐지."

"흠, 한 나라가 됐으니까 관세를 내지 않게 된 거예요?"

"그렇지. 근데 라인 동맹이 해체되고 빈 체제가 들어서

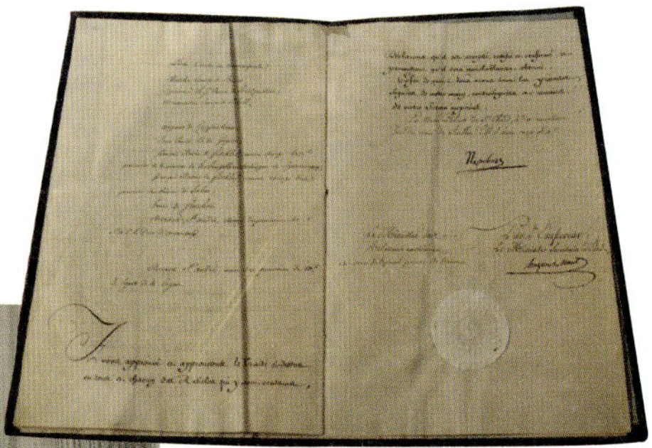

↑ 라인 동맹 문서
나폴레옹과 라인 동맹에 가입한 독일 제후들이 서명한 문서야. 오른쪽 가운데 나폴레옹의 사인이 보여.

← 파리에 모인 라인 동맹의 독일 제후들
나폴레옹은 신성 로마 제국을 해체한 후 라인 동맹(1806년~1813년)을 설립했어. 그리고 라인 동맹에 가입한 독일 제후국 간의 관세를 없앴지.

민족주의 운동과 국민 국가 건설 **023**

↑ 프로이센이 주도한 관세 동맹 지역

관세 동맹 덕분에 지역 간 물자 운송이 쉬워져 독일 산업 발전과 통일의 밑거름이 되었어.

면서 이런 이점이 사라져 버렸지. 그래서 프로이센 주도로 독일 지역을 다시 하나로 묶어서 관세를 없애려는 노력이 시작되었단다. 관세 동맹은 수십 년 사이 독일 전 지역으로 퍼져 나갔고, 이후 독일 통일의 틀이 되었지."

"그렇게 이득이 되는 걸 알았으니 이제 독일을 하나로 통일하려고 했군요."

"독일과 이탈리아가 통일을 이루려면 먼저 해결해야 할 문제가 있었어. 일단 어느 지역까지 통일을 이루어야 할 것인지 정해야 했지. 근데 이게 좀처럼 쉽지 않았어."

"그게 무슨 말씀이세요? 당연히 독일은 독일 민족끼리, 이탈리아는 이탈리아 민족끼리 뭉치면 되죠."

장하다의 말에 용선생은 어깨를 으쓱해 보였다.

"이제껏 유럽에 우리가 아는 '독일'이나 '이탈리아'라는 나라는 없었어. 독일은 '신성 로마 제국'이라는 이름 아래에 느슨하게 모여 있었을 뿐이고, 이탈리아는 로마 제국이 멸망한 이래로 줄곧 수많은 도시 국가로 쪼개져서 단 한 번도 통일을 이룬 적이 없었거든. 그런데 이제 와서 서로 같은 민족이라며 뭉치자니, 대체 누구를 같은 민족으로 봐야 할지 확실치 않았단다. 그나마 기준이 된 게 언어였지."

"언어요?"

"응. 아무래도 같은 언어를 쓰는 사람들끼리는 비슷한 문화와 정서를 공유하고 있었거든. 그래서 '독일어'와 '이탈리아어'처럼 같은 언

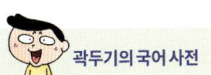

곽두기의 국어사전

정서 정 情(정) 실마리 서(緒). 여러 가지 감정과 감정을 불러일으키는 분위기를 가리켜.

어를 사용한다는 게 민족을 가르고 국민 국가를 구성하는 최소한의 기준이 된 거야. 근데 그 기준 때문에 곤란한 나라도 있었어. 바로 오스트리아였지."

"오스트리아가 왜요?"

"오스트리아는 국민 절반 정도가 독일어를 쓰지 않는 헝가리인, 보헤미아인, 크로아티아인이었거든. 민족주의가 퍼지자 이들은 모두 오스트리아에서 독립하려고 했지. 그래서 오스트리아는 민족주의 운동을 철저하게 탄압할 수밖에 없었단다."

↑ **헝가리인의 민족주의 운동** 1848년에 일어난 헝가리 혁명 당시 국립 박물관 앞에서 국가를 부르는 사람들의 모습이야.

"어휴, 쉽지 않네요."

"하지만 민족주의와 국민 국가는 이미 거스를 수 없는 흐름이었어. 특히 1848년의 혁명을 통해서 빈 체제가 무너진 이후로 유럽 각국은 좋든 싫든 자연스럽게 민족주의를 받아들이고 국민 국가의 길로 걸어가게 되었지. 우선 국민 국가의 원조 격인 프랑스의 사정부터 알아보자."

용선생의 핵심 정리

여러 민족과 국가가 얽힌 유럽에서는 민족과 국가 사이의 연관성이 적었음. 프랑스 대혁명 이후 프랑스가 국민 국가로 재탄생하고, 다른 나라에서도 민족주의에 따라 통일 국가를 건설하려는 움직임이 있었지만 여러 어려움을 마주함.

나폴레옹 3세는 프랑스를 어떻게 다스렸을까

"그런데 프랑스는 다시 황제를 모시는 나라가 됐잖아요. 그럼 옛날로 돌아간 것 아닌가요?"

정리노트를 뒤지던 나선애의 질문에 용선생은 고개를 가로저었다.

"꼭 그렇다고 볼 수는 없단다. 나폴레옹 3세는 대통령 자리에 오르고 황제가 될 때 모두 형식적으로라도 프랑스 국민의 동의를 얻었거든. 일단 투표를 통해 대통령으로 뽑혔고, 쿠데타를 일으켜 황제가 될 때에도 국민 투표를 거쳤지."

"그것참⋯⋯ 프랑스 국민들은 왜 나폴레옹 3세를 밀어 준 거예요?"

"일단 삼촌인 나폴레옹 덕분에 꽤 유명했거든. 또 프랑스 국민들은 혁명의 혼란에 지친 나머지 나폴레옹처럼 강력한 지도자가 다시 한 번 등장해서 프랑스를 이끌어 주길 바랐지. 거기에 꼼수도 썼어. 법을 고쳐서 혹시라도 자신에게 반대표를 던질 수 있는 가난한 노동자에게서 투표권을 빼앗은 거야."

"그럼 모든 국민의 동의를 얻은 게 아니잖아요?"

영심이가 중얼거리자 용선생은 고개를 끄덕였다.

"맞아. 하지만 거꾸로 생각해 보면, 이제는 이렇게 법을 고쳐서라도 국민의 지지를 얻는 형식을 거쳐야만 프랑스를 다스릴 수 있었던 셈이지. 황제라고 해서 막무가내로 나라의 주인 행세를 할 수는 없었던 거야."

↑ 나폴레옹 3세 (1808년~1873년)
나폴레옹의 조카로, 2월 혁명으로 들어선 프랑스 제2공화국의 첫 대통령이 됐어.

용선생의 세계사 돋보기

나폴레옹 3세는 같은 지역에 3년 이상 거주한 국민에게만 투표권을 주도록 법을 고쳤어. 일자리를 찾아 자주 이사하는 가난한 노동자들에게서 투표권을 빼앗으려는 의도였지.

"예전의 왕들과는 달랐다는 말씀이시군요."

"그렇단다. 나폴레옹 3세는 언제나 프랑스 국민의 지지를 신경 써야 했어. 그러려면 챙겨야 할 일이 많았지. 산업을 발전시켜서 어려운 경제를 살려야 했고, 삼촌인 나폴레옹이 했던 것처럼 전쟁에서 승리해 영토를 확장하고 프랑스의 자존심을 세울 필요도 있었어."

"한마디로 나라를 잘 다스려야 했다는 뜻이네요."

"말하자면 그렇지. 일단 나폴레옹 3세는 어느 정도 성공을 거두었어. 나폴레옹 3세가 황제로 있는 동안 프랑스의 산업이 급성장하며 나라 살림이 훨씬 좋아졌거든. 그걸 가장 잘 보여 주는 게 바로 프랑스의 철도 건설 현황이란다. 이 지도를 보면 나폴레옹 3세가 프랑스를 다스리기 시작한 1848년 이후 약 20여 년 동안 프랑스 전역에 급속도로 철도가 개통되었다는 걸 알 수 있지. 총 길이로 치면 이전보다 다섯 배 가까이 늘어났다고 해."

"우아, 전국에 거미줄처럼 철도가 놓인 거네요."

"그런데 철도 건설이 산업 발전이랑 무슨 관계가 있는데요?"

장하다가 고개를 갸웃거렸다.

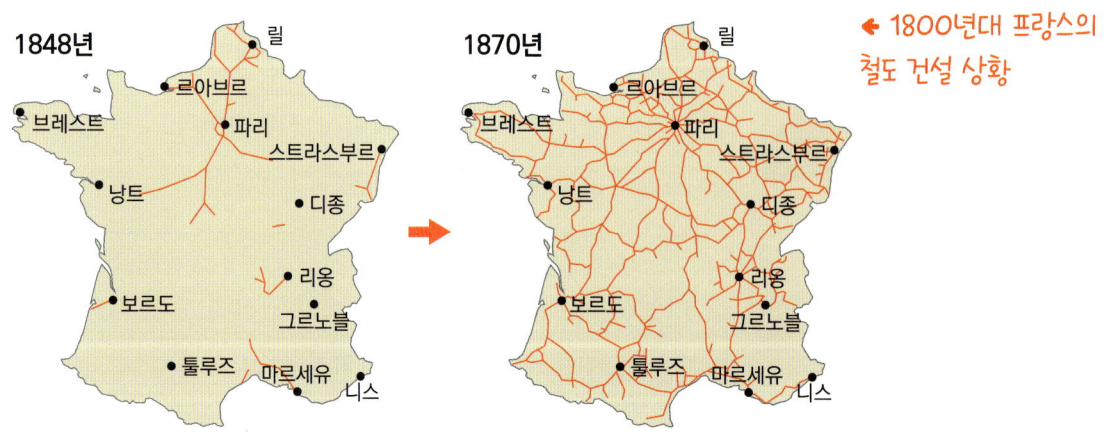

← 1800년대 프랑스의 철도 건설 상황

▲ 파리 북역 나폴레옹 3세 때 건설되었어. 유럽 전체에서 이용객이 가장 많은 기차역이야.

"철도가 건설되면 교통이 편리해지고 많은 양의 물자와 상품을 손쉽게 운반할 수 있어. 그러면서 도시가 커지고 여러 가지 산업이 잇따라 발전하는 거지. 다만 철도 건설에는 워낙 많은 돈이 들어가기 때문에 웬만큼 부유한 사업가가 아니고서는 쉽게 뛰어들기가 어려웠어."

"그럼 나폴레옹 3세가 돈을 대서 철도를 만든 건가요?"

"맞아. 나폴레옹 3세는 산업 은행을 설립해서 철도 건설처럼 많은 돈이 필요한 사업을 적극적으로 지원했어. 이 은행은 철도뿐 아니라 광산 개발이나 대규모 건축 사업에도 많은 돈을 투자했지. 이때 프랑스의 수도 파리도 이 은행의 투자를 받아서 대대적으로 다시 지었어. 이른바 '파리 개조 사업'이 시작된 거지."

"파리를 개조한다고요? 왜요?"

아이들이 어리둥절한 표정을 지었다.

"파리가 너무나 낡고 복잡해서 프랑스의 수도 역할을 하기 힘들었기 때문이야. 역사가 오래된 도시이다 보니 생긴 문제점이었지. 나날이 늘어 가는 마차 때문에 교통은 혼잡했고, 기본적인 상하수도 시설도 없어서 전염병이라도 돌면 수많은 사람이 죽어 나가기 일쑤였단다."

▲ 파리 개조 사업을 논의하는 나폴레옹 3세와 오스만 남작
오른쪽의 턱수염을 기른 남자가 당시 파리 시장 오스만 남작이야. 파리 개조 사업을 주도한 인물이지.

"우아, 그 정도면 다시 지을 만도 하네요."

"나폴레옹 3세는 파리 시장 오스만 남작과 함께 파리 개조 사업을 진행했어. 파리의 중심지를 완전히 헐고 새 건물을

◀ 파리 개조 사업 이전의 리볼리 거리(왼쪽)와 이후의 리볼리 거리(오른쪽)
좁고 복잡했던 거리가 개조 사업을 거쳐 넓고 곧게 뻗은 대로가 됐어.

3만 4천 채나 지었지. 또 총 길이가 200킬로미터에 이르는 상하수도 시설을 설치했고, 개선문을 중심으로 사방에 널찍한 길을 뻥 뚫었지. 엘리베이터가 갖춰진 호텔도 들어서면서 파리는 완전한 현대식 도시로 다시 탄생했단다."

"그 옛날에 엘리베이터요? 와아, 정말 최신식 건물이었네요."

"그랬겠지? 파리는 이제 강대국 프랑스의 수도다운 모습을 갖추게 됐어. 게다가 프랑스는 산업이 발전하며 영국에 이은 세계 제2위의 면직물 생산국이 되었고, 경제 호황으로 노동자들의 살림도 이전보다 훨씬 나아졌지. 나폴레옹 3세는 노동자 주택 건설 사업에 나서서 노동자의 심각한 주거 문제를 해결하려 하기도 했단다."

"당연히 국민들에게 인기가 좋았겠네요?"

"응. 게다가 처음에는 외교도 그럭저럭 잘 해 나갔어. 나폴레옹 3세는 삼촌인 나폴레옹 1세가 대륙 봉쇄령처럼 무리한 명령을 내려 가며 영국을 지나치게 적대한 탓에 몰락한 거라고 생각했

용선생의 세계사 돋보기
길을 새로 뚫은 건 파리의 잦은 시위를 막으려는 목적도 있었어. 파리 시민들은 좁은 골목에 바리케이드를 쌓고 진압군에 맞서 버티곤 했거든.

곽두기의 국어 사전
호황 좋을 호(好) 상황 황(況). 경제 흐름이 좋은 상황을 말해. 반대말은 불황이야.

▲ 오늘날 프랑스의 개선문 주변 도로 모습
나폴레옹 3세 시기 파리는 개선문을 중심으로 넓은 직선 도로가 곳곳에 깔리고 상하수도 시설이 정비됐어. 오늘날 파리의 모습이 이때 탄생한 거야.

↑ 크림반도에 상륙한 프랑스 군대 프랑스는 영국을 도와 크림 전쟁에 뛰어들어 러시아를 상대로 승리를 거뒀어.

용선생의 세계사 돋보기

아편 전쟁은 영국과 청나라, 크림 전쟁은 영국과 러시아 사이에 일어난 전쟁이야.

지. 그래서 영국과 자유 무역 조약을 맺고 관계도 개선했어. 아편 전쟁과 크림 전쟁에서는 영국과 같은 편에 서서 싸워 승리를 거두기도 했단다. 또 이탈리아로 군대를 보내서 1848년 혁명으로 로마에서 쫓겨난 교황을 로마에 복귀시켰지. 그 덕분에 가톨릭 신자들의 지지도 얻게 됐단다."

"오호라, 안팎으로 제법 업적이 있었군요."

"여기까진 좋았지. 하지만 1860년대로 접어들며 프랑스 경제는 잠시 불황에 접어들었어. 그러자 프랑스에서 나폴레옹 3세의 인기도 빠르게 식었단다. 나폴레옹 3세는 국민들이 혹시라도 자신을 비판할까 봐 모든 언론 활동을 억압하고 정권에 반대하는 시위는 가혹하게 진압했어."

◀ 나폴레옹 3세 시기 프랑스의 대외 전쟁

"그럼 인기가 더더욱 빨리 식을 텐데요?"

"물론이지. 나폴레옹 3세는 국민들의 지지를 회복하기 위해 대외 전쟁에 몰두했단다. 전쟁에서 승리해 프랑스의 영토를 넓히면 지지를 회복할 수 있을 거라고 생각했지. 그래서 이웃한 이탈리아 통일 문제에 간섭해 오스트리아를 공격했고, 1858년에는 베트남을 공격해 동남아시아에 식민지를 만들었어. 또 대서양 건너 멕시코에도 친프랑스 정부를 세우려고 군대를 보냈단다. 심지어 한반도까지 손을 뻗었어. 혹시 1866년에 조선에서 일어난 병인양요 기억하니? 그게 나폴레옹 3세 시절의 프랑스가 벌인 일이란다."

"앗, 그럼 나폴레옹 3세가 우리나라도 공격했단 말이에요?"

"응. 하지만 여기저기에 일을 벌인 것치고 별 성과가 없었어. 오히려 유럽 열강은 프랑스의 지나친 확장을 경계했고, 결과적으로 프랑스는 유럽에서 따돌림을 받는 신세가 되었지. 이게 나폴레옹 3세의 가장 큰 실수였어."

▲ 베트남 남부 도시 사이공을 공격하는 프랑스 함대

프랑스는 1858년 베트남 남부를 식민지로 삼았어. 뒤이어 주변으로 식민지를 넓혀 나간 끝에 1885년에는 베트남 전역과 오늘날의 라오스, 캄보디아 지역까지 점령했지.

▲ 나폴레옹 3세의 사망을 알리는 신문 삽화
황제 자리에서 쫓겨난 나폴레옹 3세는 영국으로 도망가 그곳에서 마지막을 맞이했어.

"가장 큰 실수였다고요?"

"이제 유럽에서 전쟁이 터져도 프랑스 편을 들어 줄 나라가 아무도 없게 됐거든. 프로이센은 이 틈을 노려 프랑스와 전쟁을 벌였고, 나폴레옹 3세는 이 전쟁에서 크게 패배했어. 그리고 국민의 지지를 완전히 잃은 채 황제 자리에서 쫓겨났단다. 나폴레옹 3세가 물러난 이후 프랑스는 또다시 공화국이 되었지."

"이름은 황제이지만, 국민의 지지가 없으면 유지할 수 없는 자리였군요."

아이들이 고개를 끄덕이자 용선생은 책을 한 장 넘기며 설명을 이어나갔다.

"무리하게 전쟁에 매달려 유럽의 다른 국가들을 적으로 만들지만 않았다면, 그럭저럭 황제 자리는 지킬 수 있었을지도 몰라. 그런데 나폴레옹 3세의 프랑스와는 정반대로 유럽 여러 나라 사이에서 줄타기를 잘한 덕에 독립과 통일에 성공한 나라도 있어."

"앗, 그게 어딘가요?"

"바로 이탈리아야."

> **용선생의 핵심 정리**
>
> 나폴레옹 3세는 프랑스 산업을 발전시키고 국민의 지지를 얻었으나, 지나친 확장 정책으로 많은 유럽 열강을 적으로 돌렸음. 결국 프로이센과의 전쟁에서 패배하고 황제 자리에서 쫓겨남.

이탈리아가 통일을 이루다

지도를 펼친 용선생이 설명을 이어 나갔다.
"빈 회의 이후 이탈리아는 다섯 개 지역으로 나눠 볼 수 있어. 우선 북동쪽의 롬바르디아 지방과 베네치아는 오스트리아의 지배 아래에 있었지. 그리고 북서쪽 프랑스와의 경계에는 사르데냐 왕국이 있었어. 제일 남쪽에는 양 시칠리아 왕국이 있고, 중앙의 로마 부근에는 교황이 다스리는 교황령이 있었지. 그리고 교황령 위로는 자잘한 도시 국가가 여럿 있었단다."

▲ 통일 전 이탈리아

"근데 저 많은 나라를 어떻게 통일한 거예요?"
장하다의 질문에 용선생은 씩 웃음을 지었다.
"나폴레옹 전쟁이 끝나고 유럽에 민족주의 열풍이 퍼진 뒤로 이탈리아 사람들 사이에서는 통일을 이루어야 한다는 공감대가 어느 정도 만들어졌어. 하지만 그러려면 넘어야 할 장벽이 있었지."
"어떤 장벽인데요?"
"바로 오스트리아였어. 오스트리아는 북이탈리아의 롬바르디아 지방을 차지한 채 이탈리아 북부와 중부의 도시 국가에도 막대한 영향력을 미쳤거든. 이탈리아의 민족주의자들은 오스트리아를 몰아내야 이탈리아의 통일을 이룰 수 있다고 생각했어. 그래서 민족주의자들이 뭉쳐서 카르보나리당을 만들었단다."

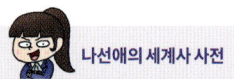
나선애의 세계사 사전

양 시칠리아 왕국
1816년 이후 이탈리아반도 남부를 지배한 국가야. 나폴리 왕국과 그 앞바다의 시칠리아 왕국이 합쳐져서 탄생했는데, 이 두 왕국을 '두 개의 시칠리아' 혹은 '양 시칠리아'라고 불러온 데에서 유래했어.

→ **카르보나리당의 비밀 모임**
이탈리아 민족주의자들이 이탈리아 독립을 모의하고 있어.

 용선생의 세계사 돋보기

'카르보나리'는 숯 만드는 사람이라는 뜻이야. 이탈리아를 실질적으로 지배하고 있던 오스트리아의 눈을 피하기 위해 조직원들이 숯쟁이로 위장했기 때문에 '카르보나리'라고 불렸다는 설도 있고, 이들이 당시 이탈리아의 하층민을 대표한다는 의미로 '카르보나리'라고 이름을 지었다는 설도 있어.

↑ **주세페 마치니**
(1805년~1872년) 이탈리아 통일을 위해 평생을 바친 인물이야. 하지만 공화정을 주장한 탓에 통일 이탈리아 왕국이 세워진 이후 추방당하고 평생 쫓겨 다녔지.

"카르보나리당이라고요?"

장하다가 고개를 갸웃거렸다.

"그래. 카르보나리당은 빈 체제에 저항해 이탈리아 통일을 계획했던 비밀 단체야. 모든 이탈리아 사람의 힘을 모아 한날한시에 혁명을 일으키기로 하고, 이탈리아 곳곳에 흩어져 혁명을 준비했어. 그리고 1830년에 혁명을 일으켰지. 하지만 오스트리아의 무자비한 진압으로 실패하고 말았단다. 하지만 그 이후 '청년 이탈리아당'이라는 조직이 카르보나리당의 뜻을 이어받아 이탈리아 전역에서 활동을 이어 나갔지. 청년 이탈리아당의 지도자인 주세페 마치니는 오늘날 '이탈리아 건국의 3대 영웅' 중 하나로 존경받아."

"오, 결국 청년 이탈리아당이 성공을 거둔 모양이죠?"

"그건 아니야. 민족주의 운동은 꾸준히 번져 나갔지만 통일은 여전히 멀기만 했어. 나중에는 프랑스도 이탈리아 통일의 걸림돌이 되었

지. 아까 나폴레옹 3세가 1848년 혁명으로 쫓겨난 로마 교황의 복귀를 도왔다고 했지? 프랑스는 그 후에 군대를 로마에 주둔시키고 사실상 이탈리아 중부의 교황령을 지배했어. 통일을 위해 몰아내야 할 세력이 오스트리아와 프랑스, 둘이 된 셈이지."

"휴, 그런데 어떻게 몰아내요? 나가란다고 나가지도 않을 텐데."

"근데 이 상황을 적극적으로 이용한 사람이 있었단다. 바로 사르데냐 왕국의 재상이었던 카보우르야. 마치니와 더불어 이탈리아 건국의 3대 영웅 중 한 명이지. 카보우르는 이탈리아 민족 자체의 힘만으로 독립을 이루려 했던 지금까지의 민족 운동과는 달리, 외국 세력을 적극적으로 끌어들이려고 했어. 그래서 프랑스의 나폴레옹 3세에게 접근해서 이탈리아의 통일을 도와주겠다는 약속을 얻어 냈단다."

"나폴레옹 3세는 그냥 도와주기로 한 건가요?"

"천만에. 도움의 대가로 프랑스와 사르데냐 왕국의 국경 지대인 니스와 사부아를 프랑스에 넘기기로 했어. 이때 나폴레옹 3세는 영토를 넓히려고 눈이 시뻘게져 있었거든. 그런데 이건 사르데냐 왕국 입장에서 어마어마한 결정이었단다. 사부아는 사르데냐 왕실 가문이 수백 년 동안 지배해 온 왕실의 근거지였기 때문이지."

"이탈리아를 통일하려고 왕실의 근거지까지 넘긴 거군요!"

"응. 사르데냐 왕국은 프랑스의 도움을 받아 오스트리아와 전쟁을 벌였어. 결국 롬바르디아에서 오스트리아를 몰아내는 데에 성공했지. 이렇게 사르데냐의 힘이 커지는 걸 본 중부 이탈리아의 여러 도시 국가들은 이제 슬금슬금 사르데냐와 나라를 합치려는 움직임을 보였단다. 그런데 이런 움직임을 본 프랑스가 마음을 바꿔 먹었어. 전쟁

왕수재의 지리 사전

사부아 알프스산맥 서쪽의 이탈리아와 프랑스의 접경 지대에 있는 지역이야. 원래는 사르데냐 왕국의 근거지였다가 프랑스에 넘어갔지. 이탈리아식으로는 '사보이', 프랑스식으로는 '사부아'라고 읽어.

▲ 카밀로 카보우르
(1810년~1861년) 사르데냐 왕국의 재상이야. 탁월한 외교력으로 통일 이탈리아 왕국을 세우는 데에 큰 역할을 했지.

▲ **사부아의 주도 샹베리의 사부아성** 과거 사부아를 지배하던 사르데냐 왕가의 공작이 머물던 성이야. 사르데냐 왕국은 이탈리아 통일을 위해 왕가의 근거지인 이 땅을 고스란히 프랑스에 넘겨주었어.

▲ **주세페 가리발디**
(1807년~1882년) 사르데냐 왕국 해군 출신으로 이탈리아 통일의 주역 중 한 명이야. 이탈리아 남부를 점령해 통째로 사르데냐 국왕에게 바쳤지.

도중에 사르데냐를 배신하고 오스트리아와 평화 협정을 맺어 버린 거야."

"아니, 도대체 왜요?"

"사르데냐의 힘이 너무 커지는 게 걱정되어서지. 그리고 프랑스는 이미 사부아를 챙겨서 이득을 봤으니 적당히 발을 빼려고 했단다. 프랑스의 도움이 없으니 사르데냐는 어쩔 수 없이 전쟁을 끝낼 수밖에 없었어. 그래서 베네치아를 비롯한 북부 이탈리아 일부 지방은 일단 오스트리아의 지배 아래 남게 됐지."

"사르데냐는 완전히 뒤통수 맞은 거네요."

"일단 그렇게 보이긴 하지만 길게 볼 때 손해를 본 건 사르데냐가 아니라 프랑스였어. 프랑스는 이미 오스트리아를 적으로 만든 데다가, 이탈리아 사람들까지 적으로 돌려 버린 셈이거든. 반면 사르데냐는 이제 프랑스의 영향력에서 벗어나서 한결 홀가분하게 통일을 진행해 나갈 수 있었지. 얼마 지나지 않아 교황령을 제외한 중부 이탈리아의 자잘한 도시 국가들이 국민 투표를 거쳐 사르데냐로 흡수되었단다. 그리고 몇 달 뒤에는 이탈리아 남부에서 가리발디라는 사람이 눈부신 활약을 펼치며 이탈리아 통일에 큰 공을 세웠어."

"가리발디가 누군데요?"

"가리발디는 사르데냐 왕국 출신 혁명가야. 예전에 마치니의 청년 이탈리아당에도 참여해 민족 운동을 벌였어. 하지만 그 일 때문

에 이탈리아에서 추방당했지. 그 이후 프랑스와 라틴 아메리카 등 세계 각지를 떠돌며 군인이자 혁명가로 활약했어. 가리발디는 사르데냐 왕국을 중심으로 통일이 이루어지고 있다는 소식을 듣고 이탈리아로 돌아왔지. 그러자 카보우르는 가리발디에게 남부 이탈리아의 양 시칠리아 왕국을 해방시켜 달라고 부탁했어. 가리발디는 이 요청에 따라 1,000명의 의용군과 함께 배를 타고 이탈리아 남부로 떠났단다. 이들은 모두 붉은 셔츠를 입었기 때문에 '붉은 셔츠단'이라고 불렸지."

두 세계의 영웅, 주세페 가리발디

"해방시키다니 그게 무슨 말이에요?"

영심이가 고개를 갸웃하며 물었다.

"양 시칠리아 왕국에는 이미 혁명을 일으켜 왕실을 몰아내려는 사람이 많았어. 카보우르는 가리발디가 이들을 이끌어 주기를 바랐단다. 가리발디는 이탈리아 남부에 도착하자마자 열렬한 환영을 받았어. 1,000명으로 출발한 의용군은 삽시간에 수만 명으로 불어났지. 그 덕에 가리발디는 넉 달 만에 큰 희생 없이 양 시칠리아 왕국의 수도인 나폴리에 입성했단다. 이로써 양 시칠리아 왕국은 무너지고, 가리발디가 이탈리아 남부를 지배하게 됐지. 그런데 가리발디는 자신이 정복한 이탈리아 남부를 아무런 조건 없이 사르데냐 왕국에 바쳤어."

 용선생의 세계사 돋보기

양 시칠리아 왕국은 부르봉 가문 출신 왕이 다스리고 있었어. 부르봉 가문은 프랑스 대혁명 이전 프랑스의 왕가였고, 당시 에스파냐의 왕가이기도 했지. 그래서 이탈리아의 민족주의자들은 외국 왕가인 부르봉 가문을 몰아내야 한다고 생각했단다.

"엥? 진짜요?"

"응. 가리발디는 이탈리아를 정복해서 왕

↑ 이탈리아 남부로 출발하는 가리발디와 붉은 셔츠단
가리발디는 카보우르의 부탁으로 양 시칠리아 왕국을 해방시켰어.

민족주의 운동과 국민 국가 건설 **037**

↑ **파르마의 가리발디 광장** 가리발디는 이탈리아 통일 때 보여 준 헌신적인 모습 덕분에 아직까지 이탈리아 사람들로부터 사랑을 받고 있어.

이 되려고 한 게 아니라, 단지 통일 이탈리아 왕국을 만들겠다는 신념에 가득 찬 사람이었거든. 물론 양 시칠리아 왕국의 국민들도 대부분 이탈리아가 하나로 뭉쳐야 한다는 데에 뜻을 모았지. 결국 가리발디의 활약 덕택에 사르데냐 왕국은 이탈리아반도 대부분을 지배하는 나라로 거듭났단다."

"이야, 가리발디 덕에 통일이 눈앞에 온 거네요."

"그래서 가리발디는 마치니, 카보우르와 함께 이탈리아 건국의 3대 영웅으로 꼽히지. 사르데냐 왕국은 1861년, 나라 이름을 '이탈리아 왕국'으로 바꾸었어. 이탈리아반도의 통일 국가라는 의미를 확실히 한 거지. 카보우르는 사르데냐 왕국의 국왕 비토리오 에마누엘레 2세를 이탈리아 왕국의 국왕으로 추대했어. 이제 남은 건 로마 일대,

↑ **비토리오 에마누엘레 2세 기념관**
이탈리아의 수도 로마에 있어. 가운데 말을 탄 동상이 바로 비토리오 에마누엘레 2세란다.

↑ **토리노에서 열린 사르데냐 왕국 의회**
사르데냐 왕국은 나라 이름을 이탈리아로 바꾸고 비토리오 에마누엘레 2세를 국왕으로 추대했어.

← **비토리오 에마누엘레 2세** (1820년~1878년)

그리고 베네치아를 비롯한 이탈리아반도 북부의 일부뿐이었단다."

"선생님, 그럼 완전한 통일은 언제 이루게 되는데요?"

"이때 베네치아는 오스트리아, 교황령은 프랑스의 영향력 아래에 있었어. 완전한 통일을 이루기 위해서는 이 두 나라를 마저 몰아내야 했지. 그래서 이탈리아는 프로이센에 손을 내밀었어. 프로이센도 때마침 독일을 통일하기 위해서 오스트리아, 프랑스와 전쟁을 계획하고 있었거든."

"와, 그때그때 동맹국을 잘 찾아다닌 거네요."

"그런 셈이지. 결국 이탈리아는 프로이센과 동맹을 맺고 오스트리아, 프랑스와 잇달아 전쟁을 벌였어. 그 결과 1870년에 이탈리아반도

↑ 이탈리아 왕국의 국기

프랑스 삼색기의 영향을 받아 만들어졌어. 오늘날 이탈리아 국기와 흡사하지. 초록색은 희망, 하얀색은 신뢰, 빨간색은 사랑을 의미한대. 가운데에 있는 하얀 십자는 사르데냐 왕가의 상징이란다.

← 이탈리아의 통일 과정

민족주의 운동과 국민 국가 건설 **039**

전역을 차지하게 됐지. 이로써 드디어 이탈리아의 통일이 완수되었단다."

"결국 이탈리아는 정말 외교를 잘한 거네요. 운도 따라 준 것 같고."

왕수재가 고개를 끄덕이자 용선생도 빙긋 웃음을 지었다.

"맞는 말이다. 하지만 제일 중요한 건 이탈리아 전체에 '통일 국가를 만들어야 한다'는 민족주의적 공감대가 만들어져 있었다는 거야. 그렇지 않았다면 통일이 이렇게 일사천리로 이루어지기는 어려웠겠지. 게다가 이탈리아는 '이탈리아반도'라는 공간이 비교적 뚜렷하다 보니 어디까지 통일을 이루어야 할지 정하기도 쉬운 편이었어."

"그럼 그게 뚜렷하지 않은 경우도 있나 보죠?"

"응. 독일 같은 경우에는 문제가 훨씬 복잡했단다."

 **용선생의 핵심 정리**

이탈리아에 카르보나리당과 청년 이탈리아당이 주도하는 민족 운동이 번져 나감. 사르데냐 왕국은 프랑스의 도움을 받아 오스트리아를 몰아낸 뒤, 가리발디의 활약에 힘입어 이탈리아 왕국을 건국. 이후 프로이센의 도움으로 통일을 이룸.

독일의 통일 논의가 실패로 돌아가다

"지난 시간에 나폴레옹 전쟁이 끝나고 독일엔 독일 연방이 세워졌다고 하시지 않았어요?"

"맞아요. 또 관세 동맹이라는 것도 만들었다고 하셨어요."

나선애와 곽두기가 번갈아 가며 말하자 용선생은 히죽 미소를 지었다.

"너희들 말대로야. 독일에서는 독일 연방을 중심으로 꾸준히 통일을 위한 논의가 계속되었지. 그러다가 1848년 혁명을 계기로 빈 체제가 무너지자 통일을 위한 절차에 본격적으로 시동이 걸렸단다. 1848년 5월, 독일 연방 의회가 열리던 프랑크푸르트에 300여 명의 국민 대표들이 모였어. 국민 의회에 참석한 대표들은 독일 전체에서 투표를 통해 뽑혔는데, 대부분 공무원과 법조인, 사무직 노동자처럼 평범한 사람들이었지."

"그야말로 국민의 대표였던 거네요."

"응. 이들은 통일 독일과 관련된 여러 사항을 의논하기 시작했단다. 이때 통일된 독일을 상징하는 가상의 인물과 깃발도 만들어졌지. 그런데 아까 말했다시피 사실 가장 중요한 사항을 결정하기가 어려웠어. 바로 어디서부터 어디까지 통일해서 한 나라로 만들 것인가 하는 문제였단다."

"그래서 그 기준이 언어가 된다고 말씀하셨잖아요. 무슨 문제라도 되나요?"

왕수재가 고개를 갸웃거리며 말했다.

▲ **게르마니아** 독일 또는 독일인을 의인화한 그림으로 1848년 혁명 때 처음 등장했어. 부서진 족쇄는 독일의 해방을 의미하고, 손에 든 칼은 강력한 힘을, 칼을 휘감고 있는 나뭇가지는 평화를 상징해.

왕수재의 지리 사전

프랑크푸르트 독일 중부 마인강 하류에 있는 도시야. 신성 로마 제국의 정치 중심지로 현재도 독일의 경제·금융의 중심지지.

▲ **독일의 국기** 프랑크푸르트 국민 의회에서 독일의 공식 국기로 선언됐어. 세 가지 색은 나폴레옹 전쟁 때 독일군이 사용한 색에서 유래했대.

민족주의 운동과 국민 국가 건설 **041**

"그게 말처럼 간단한 문제가 아니었어. 독일 연방에 참여한 여러 나라에는 너무나 다양한 민족이 살고 있었거든. 예컨대 오스트리아에는 헝가리어를 사용하는 헝가리인이 엄청나게 많이 살았고, 프로이센에는 폴란드인이 많았지. 또 보헤미아 사람들은 독일 연방에 가입은 했지만 스스로를 독일 사람이라고 생각하지 않았어. 그래서 프랑크푸르트 국민 의회에 대표단도 보내지 않았지. 이런 식이니 어떻게 통일을 할지 정하기가 어려웠던 거야."

"어휴, 복잡해. 그럼 어떡해요?"

"크게 두 가지 통일 방법이 제시됐어. 첫 번째는 오스트리아를 중심으로 옛 신성 로마 제국에 속해 있던 제후국 전체를 하나로 통합해서 크게 뭉치는 거야. 그런데 이 방법에는 한 가지 큰 문제점이 있었지."

"무슨 문제점인데요?"

↑ 오늘날의 프랑크푸르트 파울 교회

← 국민 의회가 열리는 파울 교회 현장
국민 의회 의원들이 줄지어 입장하고 있어.

오스트리아를 중심으로 한 독일 통일   **프로이센을 중심으로 한 독일 통일**

↑ 두 가지 독일 통일 방법

"독일 연방에서도, 특히 오스트리아 영토에 가장 많은 이민족이 살고 있었다는 거야. 아까 이야기했다시피 일단 헝가리 사람이 많았고, 그 외에도 보헤미아, 크로아티아, 세르비아, 이탈리아에 폴란드 사람까지! 이 사람들을 모두 합치면 오스트리아 인구의 80퍼센트나 돼. 이들은 스스로를 독일 사람이라고 생각하지 않았으니, 당연히 독일 통일에 참여하는 걸 거부했지."

"흠, 그럼 오스트리아를 빼놓고 통일하면 되잖아요."

"그래서 오스트리아를 빼놓고 통일을 이루어야 한다는 사람도 많았어. 이 경우에 통일은 또 다른 강국인 프로이센이 주도하게 되지. 그런데 이건 오스트리아가 결사반대했어. 독일 연방의 터줏대감인 오스트리아만 쏙 빼놓고 통일하겠다는 건데 당연히 싫었겠지?"

"이것도 저것도 어려운 거네요. 그럼 어떡해요?"

영심이가 볼멘소리로 말했다.

"결국 국민 의회의 대표들은 오랜 논의 끝에 타협안을 내놓았어. 오스트리아를 둘로 나누어서 독일인이 많이 사는 지역은 독일과 통

일을 이루고, 나머지는 오스트리아로 남겨 두기로 한 거지. 그런데 이렇게 타협안이 나오는 사이 변화가 생겼단다. 프로이센과 오스트리아에서 왕당파들이 제각기 군대를 동원해서 혁명을 진압하고 자유주의자들을 몰아낸 거야. 1848년 혁명이 실패한 거지. 권력을 되찾은 오스트리아 황제는 '나의 나라를 둘로 나눌 생각이 전혀 없다'면서 국민 의회의 타협안을 거부했단다."

"그럼 통일도 물 건너간 건가요?"

"일단 오스트리아 황제가 타협안을 거부한 이상 오스트리아가 참여하는 통일은 실현이 불가능했지. 그래서 국민 의회는 프로이센을 중심으로 통일 독일을 만들기로 했어. 그리고 프로이센의 국왕 프리드리히 빌헬름 4세를 통일 독일의 황제로 삼았단다. 그런데 뜻밖의 일이 벌어졌어. 프리드리히 빌헬름 4세가 통일 독일 황제 자리를 거부한 거야."

"엥? 도대체 왜요?"

"프리드리히 빌헬름 4세는 '왕의 권한은 신이 내린 것'이라는 믿음을 가진 사람이었거든. 그러니 왕족도, 귀족도 아닌 평범한 시민들이 자기들 마음대로 모여서 독일을 통일하네, 황제로 모시네 하는 말을 인정할 수가 없었던 거야."

"거참, 황제 자리를 가져다 바치는데도 싫다니……."

"이렇게 해서 통일 시도는 일단 좌절을 겪었어. 하지만 독일 사람들 사이에서는 이미 통일을 이루어야 한다는 공감대가 충분히 만들어져 있었어. 다만 어떤 방식으로, 누

장하다의 인물 사전

프리드리히 빌헬름 4세
(1795년~1861년) 프로이센의 국왕이야. 프랑크푸르트 국민 의회의 독일 황제 즉위 요청을 거부했어.

↑ 독일 제국 왕관을 거부하는
프리드리히 빌헬름 4세
국민 의회의 제안을 무시하는 모습을 거만한 표정으로 담아낸 신문 만평이야.

가 할 것인지가 문제일 뿐이었지. 이 문제는 10여 년 뒤, 프로이센 왕국의 수상 비스마르크가 해결한단다."

용선생의 핵심 정리

독일에서는 1848년 혁명을 계기로 독일 통일을 논의하는 프랑크푸르트 국민 의회가 열림. 국민 의회는 프로이센 중심으로 통일을 이루기로 하였으나, 1848년 혁명이 실패로 돌아가고 프로이센 국왕이 황제 자리를 거부하며 통일 논의도 흐지부지됨.

프로이센에 철혈 재상 비스마르크가 등장하다

융커는 프로이센을 지배하던 토지 귀족 계층을 말해.

"비스마르크가 누군데요?"

"1862년부터 프로이센의 수상을 지낸 인물이야. 원래 비스마르크는 융커 출신 하급 장교였어. 1848년 혁명 때 강경하게 혁명 세력을 무력으로 진압해야 한다고 주장해 프로이센 국왕의 눈에 들었지. 이후 비스마르크는 프랑크푸르트 국민 의회에 외교관으로 참여해 독일의 통일 방안을 논의하기도 했단다. 물론 비스마르크는 프로이센 사람이니까 프로이센을 중심으로 통일을 하자고 주장했지."

"그럼 비스마르크도 민족주의자였나요?"

"그렇진 않아. 단지 비스마르크는 프로이센을 영국이나 프랑스, 오스트리아와 어깨를 나란히 하는 위치로 올려놓겠다는 야심에 불타는 사람이었단다. 프로이센을 중심으로 독일을 통일하는 건 프로이센을 강대국으로 만들기 위해 필요한 과정일 뿐이었어. 비스마르크가 수

↑ **오토 폰 비스마르크**
(1815년~1898년) 프로이센의 수상으로 뛰어난 정치력과 외교력을 발휘하며 독일 제국을 건설하는 데 가장 큰 역할을 했어.

상 자리에 오른 직후에 했던 이 연설을 한번 보자꾸나."

(...) 이 시대의 중요한 문제들은 더 이상 언론이나 다수결에 의해 좌우되는 것이 아닙니다. 이를 잘 보여 주는 것이 바로 1848년과 1849년에 일어난 일련의 사건(프랑크푸르트 국민 의회)이라고 생각합니다. 우리 앞의 문제들은 오직 '철과 피'에 의해서만 해결될 수 있습니다.

"철과 피? 이게 무슨 뜻이에요?"
"철은 무기, 피는 군인을 의미해. 즉, 철과 피는 강력한 군사력을 뜻하지. 그러니까 비스마르크는 언론을 통해 남의 의견을 듣거나 의회에서 다수결로 결정하려고 백날 노력해 봐야 절대로 독일 통일을 이룰 수 없다고 생각한 거야. 비스마르크는 중요한 건 오로지 군사력이라고 단호하게 생각했어. 그래서 비스마르크는 국내 귀족의 반대를

◀ 뒤스부르크의 코크스 공장
뒤스부르크는 루르 공업 지대의 중심 도시야. 오늘날 유럽 최대의 제철소가 바로 뒤스부르크에 있지.

▲ **보르지히 기관차 공장** 1837년 독일의 기업가 아우구스트 보르지히가 설립한 증기 기관차 공장이야. 20여 년 사이 800대가 넘는 기관차를 생산해 세계 최고 품질을 자랑하는 영국과의 경쟁에서 승리하면서 독일의 산업화에 기여했지.

모두 무시하고 추가로 세금을 걷어 가며 군사력을 강력하게 키웠단다. 또 산업 발전에도 열심히 투자해서 비약적인 산업 발전을 이루었지. 그냥 산업이 발달한 정도가 아니라, 당시 세계 최고의 산업 국가였던 영국을 위협할 정도였어."

"와, 그 정도였다고요?"

"응. 독일에 풍부했던 철광석과 석탄 등의 지하자원이 훌륭한 원동력이 되었어. 또 관세 동맹이 독일 전역으로 빠르게 확대되면서 이득을 톡톡히 봤지. 프랑스와 마찬가지로 독일의 철도 개통 현황만 봐도 산업화가 얼마나 빨리 진행됐는지 알 수 있단다."

"그런데 군사력만 있다고 정말 통일을 이룰 수 있는 건가요?"

장하다가 고개를 갸웃거리자 용선생은 씩 미소를 지었다.

"비스마르크는 단순히 군사력으로 모든 걸 해결하려 한 사람이 아니란다. 세계 정세를 보는 눈도 밝고 국민의 여론을 읽는 능력도 뛰어났

➜ **1800년대 독일 지역의 철도 건설 상황**

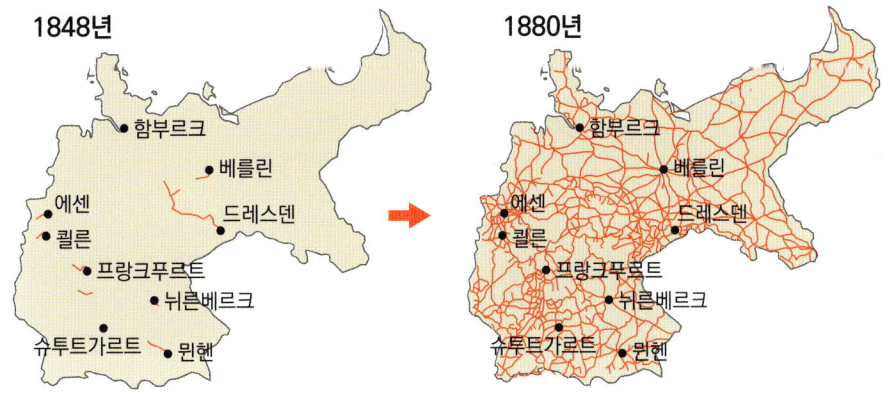

지. 비스마르크가 보기에 독일 통일의 가장 큰 걸림돌은 오스트리아였어. 독일 연방에서 오스트리아만 빠져 주면 골치 아프게 싸울 필요 없이 그냥 프로이센 중심으로 자연스럽게 통일을 이룰 수 있을 테니까."

"아하, 그럼 오스트리아만 물리치면 된다 이거죠?"

"그래. 비스마르크는 외교적 수완을 발휘해 오스트리아를 국제적으로 고립시켰어. 일단 러시아에 접근해 호감을 얻어 냈고, 프랑스의 나폴레옹 3세에게는 프랑스가 중립을 지킬 경우 국경 지역의 땅 일부를 줄 것처럼 약속을 애매하게 해서 발을 묶어 놓았지. 또 이탈리아와는 비밀리에 동맹을 맺었어. 이 무렵 아직 베네치아가 오스트리아의 지배 아래에 있었거든. 이탈리아가 프로이센 편을 들면 베네치아를 넘겨주기로 한 거야."

> **용선생의 세계사 돋보기**
>
> 이 당시 러시아의 지배를 받던 폴란드인들이 거세게 독립 운동을 벌였는데, 비스마르크는 러시아의 강경한 진압을 지지해 주었어.

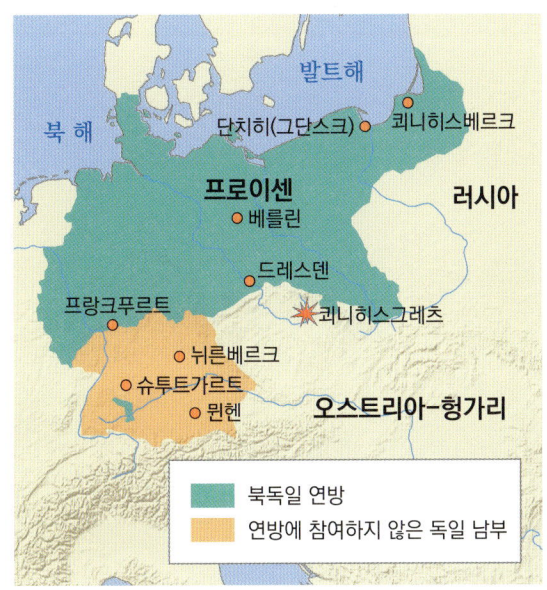

▲ 프로이센이 주도한 북독일 연방

"우아, 오스트리아를 사방팔방에서 포위한 거네요."

"그렇지? 이렇게 만반의 준비를 마친 비스마르크는 1866년 독일 연방에 통일안을 제출했단다. 오스트리아를 독일 연방에서 제외하겠다는 통일안이었어. 오스트리아 입장에서는 자존심 때문에라도 그냥 넘어갈 수가 없는 일이었지. 결국 오스트리아는 프로이센에 선전포고를 했어. 그런데 이 전쟁에서 프로이센은 단 7주 만에 승리를 거두며 독일 통일의 주도권을 쥐게 된단다. 그 결과 독일 연방은 해체되고 독일 북부의 프로이센과 그 인근 제후국들이 '북독일 연방'을 만들어 하나로 뭉치게 돼. 통일이 한 발짝 앞으로 다가온 거야."

"왜 오스트리아는 그렇게 쉽게 패배했나요?"

"오스트리아는 1848년 혁명 이후 각지에서 터져 나오는 민족 운동을

▶ 쾨니히스그레츠 전투
프로이센은 체코 북부의 쾨니히스그레츠에서 오스트리아에 대승을 거둬 독일 통일에 한 발 더 다가서게 됐어.

진압하느라 진땀을 빼고 있었어. 반면 프로이센은 비스마르크의 주도 아래 꾸준히 군사력을 키워 왔고. 오스트리아는 독일 연방 내부에서 자기 편을 드는 제후국들을 믿고 전쟁을 시작했지만, 예상한 것보다 프로이센군이 너무나 강했단다. 애초에 상대가 될 수 없는 전쟁이었지."

"그럼 이제 오스트리아는 어떻게 되나요?"

"프로이센의 군사력 정도면 오스트리아를 완전히 무릎 꿇리고 영토를 빼앗거나 막대한 전쟁 배상금을 뜯어낼 수도 있었어. 하지만 비스마르크는 오스트리아에 크게 손을 대지 않았어. 그저 독일 연방에서 빠지고 독일 통일 문제에 관여하지 말라고 요구했을 뿐이지. 이것도 비스마르크의 결단이었단다. 오스트리아가 지금은 프로이센의 가장 큰 적일지 몰라도, 결국 독일 통일을 위해 마지막으로 맞서야 하는 적은 따로 있다고 생각했거든."

"그게 누군데요?"

"바로 프랑스야."

용선생의 핵심 정리

프로이센의 수상 비스마르크는 막강한 군사력을 독일 통일의 기반으로 삼는 한편, 교묘한 외교적 수법으로 오스트리아를 고립시키고 전쟁을 벌여 독일 연방에서 내쫓음. 독일에는 프로이센을 중심으로 한 북독일 연방이 만들어짐.

프랑스와의 전쟁을 거쳐 독일이 통일되다

"웬 프랑스? 독일이 통일을 이루려면 아직 독일 연방에 참여하지

않은 나라들을 공격해야 하는 거 아닌가요?"

곽두기가 이해가 안 간다는 듯 고개를 갸웃거렸다.

"무작정 힘으로 짓밟는다고 해서 통일이 이루어지겠니? 오히려 더 큰 반발만 살 뿐이지. 게다가 남독일의 바이에른 같은 제후국은 원래 프로이센이나 오스트리아 못지않게 오랜 전통과 자존심을 자랑하는 나라였어. 그래서 북독일 연방에도 가입하지 않았지."

"그런데 왜 엉뚱한 프랑스를 공격하는데요?"

"비스마르크는 독일 사람들의 민족주의를 자극해서 자연스럽게 프로이센을 중심으로 단결하게끔 만들려고 했어. 그러려면 프랑스와 전쟁을 벌이는 게 제격이었지. 프랑스는 불과 수십 년 전 나폴레옹 전쟁 때 독일을 짓밟으며 커다란 치욕을 안겨 준 나라였거든. 게다가 프로이센이 오스트리아에 이어서 유럽의 최강국인 프랑스까지 무찌르면, 이제 '독일이 유럽 최강'이라는 자부심도 챙길 수 있었지."

"그렇다고 해서 무작정 프랑스로 쳐들어가는 것도 이상한 일 같은데……."

"사실 프랑스와 프로이센의 관계는 몹시 험악했단다. 프랑스는 프로이센이 오스트리아와의 전쟁을 끝낸 뒤 땅을 양보할 거라고 믿었는데, 프로이센이 그런 약속을 한 적이 없다고 딱 잘라 버려서 기분이 몹시 상했거든. 거꾸로 프로이센 입장에서는 독일 통일에 끼어들어 이득을 챙기려는 프랑스가 몹시 못마땅했지. 그래서 두 나라 사이에서 언제 전쟁이 터지더라도 크게 이상할 건 없었어. 하지만 다른 나라의 눈도 있고 해서 바로 전쟁을 벌일 수는 없었고, 그럴싸한 핑계가 있어야 했지. 비스마르크는 끈질기게 기다린 끝에 좋은 기회를 잡았어."

프로이센이 독일 통일을 주도할 때, 라이벌인 바이에른은 뭘 하고 있었을까?

독일이 통일을 이룰 무렵 바이에른은 미남으로 유명한 루트비히 2세가 다스렸어. 바이에른 왕국은 독일에서 프로이센 다음으로 강국이었지만 루트비히 2세는 비스마르크가 프로이센을 중심으로 독일을 통일시키는 모습을 힘없이 지켜만 봐야 했어. 동맹국이던 오스트리아가 프로이센과의 전쟁에서 지고 독일 연방에서 쫓겨나 버렸거든. 그 뒤로 루트비히 2세는 적극적으로 국제 정치에 끼어들기보다는 예술과 취미 생활에만 몰두했대. 루트비히 2세의 취미 중 하나는 '성 짓기'였어. 루트비히 2세가 지은 성 중 가장 유명한 것이 알프스 산자락에 지은 노이슈반슈타인성이야. 이 성은 디즈니랜드에 있는 신데렐라성의 모델로 알려져 있기도 해.

근데 루트비히 2세가 왕위에 오른 1800년대 중후반이면 성은 더 이상 효과적인 방어 시설이 아니었어. 노이슈반슈타인성 역시 군사적 목적으로 지은 게 아니라 순전히 신화와 전설 속에 등장하는 아름다운 성을 상상해 만든 성이란다. 그래서 루트비히 2세를 '동화의 왕'이라고도 불러.

바이에른의 신하들은 루트비히 2세가 국익을 위해 오스트리아, 프로이센과 좀 더 적극적으로 외교 활동을 펼치길 기대했어. 하지만 국왕은 상상 속의 세계에 빠져 살았지. 결국 신하들이 루트비히 2세가 정신병에 걸렸다며 강제로 왕위에서 물러나게 했고, 루트비히 2세는 뮌헨의 한 호숫가에서 삶을 마감했어. 이후 1871년에 바이에른은 프로이센이 주도한 독일 통일에 합류해 독일 제국의 일부가 되었단다.

↑ **바이에른 국왕 루트비히 2세**
(1845년~1886년) 190센티미터의 큰 키에 잘생긴 외모로 국민들로부터 인기가 높은 왕이었어.

↑ **노이슈반슈타인성** 루트비히 2세가 지은 노이슈반슈타인성은 게르만 전설과 중세 독일 서사시에 등장하는 성을 상상해 만들었대.

"무슨 기회인데요?"

"1868년에 에스파냐에서 혁명이 발생하는 바람에 왕이 쫓겨났거든. 에스파냐 혁명 정부는 유럽의 주요 왕족 중에서 에스파냐의 새로운 국왕으로 모실 사람을 찾았는데, 그중에 프로이센의 왕족인 레오폴드 대공도 있었단다. 그런데 프랑스가 이 왕위 계승을 격렬히 반대한 거야. 혹시라도 에스파냐 왕위까지 프로이센으로 넘어가면 두 나라가 앞뒤로 프랑스를 포위하게 되거든."

"그럼 프로이센이 그 일을 핑계로 삼아서 프랑스를 공격한 건가요?"

"그렇지 않아. 프로이센 국왕인 빌헬름 1세 역시 '왕의 자리는 신께서 내려 주시는 것'이라며 에스파냐의 제안을 단호하게 거부했으니까."

"그럼 됐잖아요. 뭐가 문제인데요?"

"엄밀히 따지자면 이건 프랑스와 아무 관계가 없는 일이야. 프로이센 국민들은 제3자인 프랑스가 남의 일에 끼어들어서 이래라저래라 하는 것이 몹시 불쾌했단다. 근데 프랑스의 나폴레옹 3세는 한술 더 떴어. 프로이센의 빌헬름 1세에게 대사를 보내 '앞으로 프로이센 왕족은 영원히 에스파냐 국왕 자리를 물려받지 않겠다.'고 약속하는 문서를 만들어 달라고 요구한 거야. 그것도 사전에 아무런 약속 없이 휴가를 보내는 빌헬름 1세 앞에 불쑥 나타나서 다짜고짜 꺼낸 말이었지."

↑ **빌헬름 1세**
(1797년~1888년) 프로이센의 국왕이자 통일 독일 제국의 첫 번째 황제. 비스마르크를 앞세워 독일 통일을 이뤘어.

↓ **바트엠스** 독일 서부의 온천 휴양 도시. 나폴레옹 3세가 대사를 보냈을 때 빌헬름 1세는 이곳에서 휴가를 보내고 있었어.

"헉, 그건 진짜 무례한데요."

"비스마르크는 오히려 이 사건을 거꾸로 이용해 프랑스 국민을 자극하기로 했단다. 그래서 프랑스 언론에 조작된 헛소문을 흘렸어. 화가 난 빌헬름 1세가 프랑스 대사를 만나 주지도 않고 문전박대 했다는 헛소문이었지. 프랑스 국민은 가짜 뉴스를 듣고 단번에 들끓어 올랐어. 대사의 일을 자기 일처럼 여기고 자존심이 크게 상했던 거야."

"어머나, 원래는 프랑스 국민들이 화를 낼 일이 아니잖아요?"

▲ **빌헬름 1세와 프랑스 대사의 회담 모습**
왼쪽의 검은 모자를 쓴 사람이 빌헬름 1세, 오른쪽이 프랑스 대사야. 이 회담은 프랑스 대사가 갑자기 찾아오는 바람에 급작스레 이루어졌어.

"이미 두 나라 관계가 험악했으니까 자연스러운 일이었어. 말하자면 비스마르크는 마른 낙엽에 불씨를 던진 셈이었지. 결국 나폴레옹 3세는 국민 여론에 떠밀려서 1870년, 프로이센에 전쟁을 선포했어. 만반의 준비를 갖추고 있던 비스마르크는 기다렸다는 듯 반격에 나섰지. 프랑스가 쳐들어왔다는 소식에 그동안 북독일 연방에 가입하지 않았던 남독일의 제후국들도 프로이센을 도와 전쟁에 뛰어들었단다."

"그럼 프로이센이 이겼겠군요?"

"물론 프로이센의 대승이었지. 나폴레옹 3세는 직접 군대를 지휘하다가 프로이센군에 포로로 붙잡혔고, 결국 항복했단다. 하지만 전쟁은 끝나지 않았어. 굴욕적인 결과에 큰 충격을 받은 프랑스 시민들이 프로이센에 끝까지 저항했거든. 특히 파

▲ **포로가 된 나폴레옹 3세와 비스마르크**
스당 전투에서 항복한 나폴레옹 3세는 프로이센의 포로가 됐어.

민족주의 운동과 국민 국가 건설 **055**

→ **포위 99일째 파리 식당의 메뉴판**
이 메뉴판에는 코끼리 수프, 낙타 고기, 캥거루 스튜도 올라 있어. 식량이 극히 부족했던 당시 파리의 상황을 잘 보여 주지.

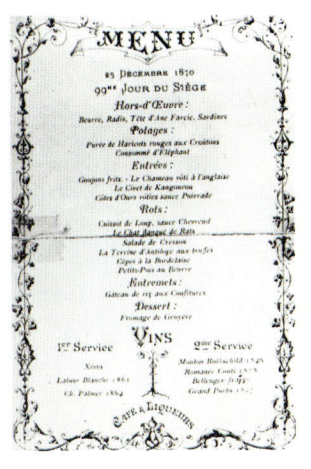

리 시민들의 저항이 격렬했어. 프로이센은 무려 넉 달 동안이나 파리를 포위했단다. 이때 파리 시민들은 먹을 게 없어서 동물원의 코끼리, 캥거루까지 잡아먹어 가며 끈질기게 버텼대."

"정말 처절했네요······."

"프랑스인의 저항을 지켜본 비스마르크는 이 기회에 프랑스를 완전히 짓밟아서 다시는 프로이센을 괴롭히지 못하게 만들어야 한다고 생각했어. 그래서 프랑스에 막대한 전쟁 배상금을 물리고 비옥한 알자스와 로렌 지방을 뜯어냈단다. 비스마르크는 프랑스가 이 전쟁 배상금을 다 갚으려면 최소 5년 이상이 걸릴 거라고 예측했지."

"5년이나요? 우아."

"이렇게 프랑스를 짓밟은 비스마르크는 1871년, 독일 제국의 성립을 선포했어. 그리고 프로이센 국왕 빌헬름 1세를 제국의 첫 황제로 모셨지. 바이에른을 비롯한 남독일의 모든 제후들이 빌헬름 1세에게 충성을 맹세했고, 독일은 통일을 이뤘단다. 그런데 독일 제국 선포는 프랑

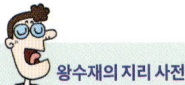

왕수재의 지리 사전

알자스, 로렌 라인강 서쪽의 독일과 접한 프랑스 땅이야. 질 좋은 포도를 비롯한 농산물과 철광석, 석탄 등 지하자원이 많이 나는 중요한 지역이라 30년 전쟁 때부터 독일과 프랑스 사이에 다툼이 잦았던 곳이지.

◆ 독일 제국 선포
비스마르크와 빌헬름 1세가 베르사유 궁전 '거울의 방'에서 독일 제국 성립을 선포하는 장면이야.

스의 베르사유 궁전에서 이루어졌어. 한때 프랑스의 절대 왕정을 상징했던 베르사유 궁전이 독일 제국의 탄생 현장이 된 거야."

"프랑스는 완전히 굴욕을 맛본 거네요."

"이렇게 프랑스의 힘이 빠진 사이 이탈리아는 프랑스의 영향력 아래 있던 로마를 점령하고 이탈리아반도를 완전히 통일했어. 그리하여 유럽에는 독일 제국과 이탈리아 왕국이라는 새로운 강대국이 등

➜ **통일된 독일 제국**

수많은 제후국으로 나뉘어 있던 독일이 드디어 하나가 됐구나!

장했지. 그동안 유럽을 주름잡아 온 양대 강국인 프랑스와 오스트리아가 처절히 몰락하면서 만들어진 결과였어. 하지만 프랑스는 온 국민이 이를 악물고 전쟁 복구에 나서서 불과 1~2년 사이에 과거 유럽을 주름잡던 국력을 회복했지. 그리고 오스트리아도 새로운 나라로 변신을 꾀했단다."

"변신이라고요?"

용선생의 핵심 정리

비스마르크는 독일 민족주의를 자극하기 위해 헛소문을 퍼뜨려 프랑스가 전쟁을 벌이도록 함. 프로이센-프랑스 전쟁에서 프로이센은 크게 승리했고, 프랑스의 베르사유 궁전에서 독일 제국 선포와 함께 독일 통일을 완성함.

오스트리아-헝가리 제국이 성립되다

"오스트리아 제국의 가장 큰 문제점은 제국 내부에 너무 많은 민족들이 살고 있다는 거였어. 자, 이 지도는 오스트리아 제국의 영토에 사는 여러 민족의 대략적인 분포도야."

"으아, 저게 다 다른 민족이에요?"

"그래. 이렇게 다양한 민족이 살아가고 있으니, 줄곧 반란에 시달릴 수밖에 없었지. 오스트리아는 나라 안에서 일어난 모든 민족주의 시위를 강력하게 진압했어. 만일 하나라도 독립 요구를 들어줬다가는 나라가 갈기갈기 찢어져 버릴 수 있었거든. 하지만 이탈리아와 프로이센과의 전쟁에서 연거푸 패배하며 국력이 크게 약해지자, 태도를 바꿀 수밖에 없었단다."

"그럼 결국 독립을 인정했다는 건가요?"

"아니야. 오스트리아는 헝가리의 마자르인과 손을 잡았단다."

나선애의 세계사 사전

마자르인 헝가리의 주류 민족이야. 800년대 중반 중앙아시아를 거쳐서 흘러 들어 온 유목민의 후예로 추측하고 있어.

↑ 오스트리아 제국 민족 분포도

↑ **프란츠 요제프 1세**
(1830년~1916년) 마자르인과의 타협을 통해 오스트리아-헝가리 제국을 건설한 인물이야.

민족주의 운동과 국민 국가 건설 **059**

▲ 프란츠 요제프 1세와 엘리자베트 황후가 헝가리 국왕과 왕비로 즉위하는 모습

"네? 손을 잡는다고요?"

"마자르인은 오스트리아 제국에 사는 여러 민족 중에서 게르만인 다음으로 수가 많고, 세력도 강했어. 그래서 마자르인과 손을 잡으면 다른 민족들의 독립도 막을 수 있으리라고 생각한 거야. 오스트리아는 마자르인과 타협해 오스트리아 제국 내에 헝가리 왕국을 세우고 자치를 허용했단다. 다만 헝가리 국왕은 오스트리아 황제가 맡기로 했지."

"그게 뭐예요? 독립이 된 건가요, 안 된 건가요?"

영심이가 어리둥절한 표정을 지었다.

"반쯤 독립한 거라고나 할까? 새롭게 세워진 헝가리 왕국에는 군대가 없고, 외교권도 없었어. 세금도 오스트리아 정부가 거뒀지. 하지만 그 외의 모든 일은 헝가리인이 자치 정부를 통해 해결하도록 했어. 오스트리아는 골치 아픈 민족주의 문제를 이렇게 피해 가려고 했던 거야. 헝가리인 역시 완전히 독립해서 강대국이 득시글거리는 국제 사회에 내던져지느니 이렇게 오스트리아와 한 나라로 남는 것을 택했단다. 이렇게 해서 오스트리아 제국은 '오스트리아-헝가리 제국'으로 다시 탄생했어."

"그럼 다른 민족들도 저마다 자기 나라를 세우겠다고 하면 어떡해요?"

↓ 오스트리아-헝가리 제국 국기

오스트리아 지배

오스트리아-헝가리 제국

빈
○ 부다페스트

헝가리 지배

▲ 오스트리아-헝가리 제국의 영토 구분

헝가리를 사랑한 오스트리아 제국의 황후 엘리자베트

오스트리아 제국의 황후 엘리자베트는 헝가리 왕국의 독립에 큰 영향을 끼친 인물이야. 본명보다는 '시씨'라는 별명으로 더 유명하지. 특히 아름다운 외모 때문에 화제가 된 인물이란다.

원래 바이에른 왕국의 공주였던 시씨는 성격이 몹시 자유분방했대. 하지만 오스트리아로 시집온 이후에는 엄격한 오스트리아 황실의 궁중 예법에 짓눌려 매일매일 힘들어했다고 하는구나. 그러다 헝가리를 방문했을 때 헝가리인들에게 열렬한 환영을 받았고, 이후 시씨는 헝가리의 독립 운동에 관심을 갖게 됐지. 스스로 헝가리어를 배우는가 하면 헝가리 출신 시녀를 주변에 두고 헝가리 전통 의상을 입는 등 헝가리에 애정을 쏟았어.

시씨는 헝가리 왕국이 완전한 자치를 누릴 수 있도록 황제를 적극적으로 설득했어. 그 덕분에 헝가리는 1867년에 독립을 이루고 오스트리아 역시 새로운 나라로 다시 태어날 수 있었지.

↑ 엘리자베트 황후
(1837년~1898년)

하지만 시씨의 인생은 비극으로 마무리되었어. 1889년에는 유일한 아들이 자살했고, 이후 몇 년 간격으로 언니와 어머니, 막냇동생까지 세상을 떠났거든. 이후 시씨는 충격을 받은 나머지 평생 검은 옷을 입고 시녀 몇 명만 거느린 채 유럽 전역을 떠돌아다니다가 암살당하고 말았어. 시씨의 비극적인 생애는 오스트리아에서 오래도록 사람들의 입에 오르내리고 있어. 시씨의 생애를 줄거리로 삼은 뮤지컬 '엘리자베트'는 오늘날 아주 인기 있는 뮤지컬 중 하나란다.

↑ 뮤지컬 〈엘리자베트〉의 한 장면

"물론 그건 용납할 수가 없었지. 이제 헝가리의 마자르인은 오스트리아의 독일인과 손을 잡고 민족주의 운동을 탄압하는 입장이 됐어. 헝가리 왕국의 공무원과 군인은 모두 마자르인으로 꽉꽉 채워졌고 다른 민족은 철저히 차별당했지. 학교에서도 다른 민족의 언어 사용을 금지했고, 민족의 전통문화도 억압했어."

"그것참, 하루아침에 태도가 그렇게 돌변하다니……."

"아무튼 과감한 변신 덕택에 오스트리아는 여러 독립 국가로 찢어지는 걸 면하고 안정을 되찾게 돼. 여기에 프랑스를 무찌르고 통일을 이룬 독일 제국이 오스트리아와 다시 동맹을 맺었기 때문에, 대외적으로도 불안할 것이 없게 되었지. 오스트리아는 이 자신감을 바탕으로 오스만 제국의 지배 아래 있는 남동쪽의 발칸반도를 향해 세력을 넓혀 나갔단다. 하지만 이럴수록 민족 문제는 해결되지 못한 채 점점 더 커져 갔어."

"그러게요. 언제까지나 그런 식으로 나라를 유지하긴 어렵지 않을

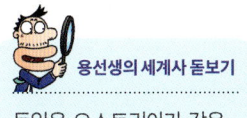

용선생의 세계사 돋보기

독일은 오스트리아가 같은 게르만 민족이 세운 국가라며 동질감을 가졌어.

➜ 오스트리아-헝가리 제국의 수도 빈
빈은 오스트리아-헝가리 제국 시기 제국 의회 의사당, 오페라 극장과 같은 웅장한 건축물이 들어서며 대도시로 발전했어.

까요?"

"맞아. 이때 오스트리아-헝가리 제국 내부에서 탄압받던 민족은 대부분 슬라브인에 속했어. 그리고 오스만 제국의 지배를 받는 발칸반도에도 슬라브인이 많았지. 이들은 슬라브 민족도 독일, 이탈리아처럼 하나로 통일된 국가를 세워야 한다며 민족 운동을 꾸준히 펼쳤단다. 게다가 여기에 큰 힘이 되어 준 강대국이 있어. 바로 러시아야. 러시아도 슬라브인이 세운 나라였거든. 러시아는 발칸반도에서 진행 중인 슬라브 민족 운동을 은근슬쩍 편들면서 지중해를 향해 세력을 넓혀 나가려 했단다."

"그럼 결국 오스트리아랑 러시아가 부딪치겠네요?"

"당장은 아니야. 독일의 비스마르크가 안간힘을 써 가며 전쟁을 막

> **나선애의 세계사 사전**
> **슬라브인** 오늘날의 동유럽과 러시아에 많이 살고 있는 민족이야.

↑ 1871년 무렵의 유럽 지도

앉거든. 하지만 약 40여 년의 평화를 누린 후 유럽에서는 거대한 전쟁이 시작되었고, 전 세계가 그 소용돌이에 빠져들었지. 그 얘기는 아마 나중에 하게 될 것 같구나. 이때 유럽 말고도 세계 곳곳에서 너무 많은 일이 한꺼번에 벌어졌거든."

"휴, 그럼 오늘은 여기까지?"

"흐흐, 그래. 다들 고생 많았어!"

용선생의 핵심 정리

오스트리아는 마자르인과 손을 잡고 오스트리아-헝가리 제국을 이룸. 오스트리아와 발칸반도에서는 슬라브인의 통일 국가를 세우려는 운동이 활발히 일어남. 유럽은 독일의 주도 아래 힘의 균형이 이루어지며 40여 년에 걸친 평화를 누림.

나선애의 **정리노트**

1. ### 유럽을 휩쓴 민족주의와 국민 국가의 탄생
   - 프랑스 대혁명의 영향
     → 모든 국민의 이익을 추구하는 국민 국가, 민족의 번영을 중요시하는 민족주의 탄생
     → 나폴레옹의 정복 전쟁 이후 유럽 여러 나라에서 민족 운동 시작
       * 독일 지역은 관세 동맹을 통해 통일의 기초를 다짐!
   - 프랑스의 나폴레옹 3세
     → 산업화와 영토 확장 정책 등으로 국민의 지지를 얻기 위해 노력함.
     → 무리한 확장 정책을 펼치다가 전쟁에서 패배하고 황제 자리에서 쫓겨남.

2. ### 이탈리아의 통일
   - 카르보나리당과 청년 이탈리아당이 주도하는 민족 운동이 진행됨.
   - 사르데냐 왕국의 이탈리아 통일 과정
     → 프랑스의 도움을 받아 오스트리아를 물리침. → 가리발디가 이탈리아 남부 정복
     → 이탈리아 왕국 건설 → 프로이센의 도움으로 1870년 통일 완수

3. ### 독일의 통일
   - 1848년 프랑크푸르트 국민 의회에서 여러 통일 방법이 논의됨. → 실패
   - 비스마르크가 주도한 독일의 통일 과정
     → 막강한 군사력으로 오스트리아를 쫓아내고 프로이센 중심의 북독일 연방을 세움.
     → 프랑스와의 전쟁에서 승리하고 1871년 통일된 독일 제국을 선포함.

4. ### 오스트리아-헝가리 제국의 성립
   - 이탈리아, 독일 통일 과정에서 패배하며 국력 약화
     → 헝가리의 마자르인과 연합하여 오스트리아-헝가리 제국이 성립됨.

세계사 퀴즈 달인을 찾아라!

1 프랑스 대혁명의 영향으로 옳은 것은? ( )

① 신분 제도가 더욱 공고해졌다.
② 국민 국가와 민족주의가 탄생했다.
③ 가톨릭 교회와 교황의 권력이 더욱 강해졌다.
④ 국가의 주권이 왕에게 있다는 인식이 널리 퍼졌다.

2 나폴레옹 3세에 대한 설명으로 옳지 <u>않은</u> 것은? ( )

① 언론을 탄압하고 대외 전쟁에 몰두했다.
② 파리 개조 사업을 통해 도시를 정비했다.
③ 산업 은행을 설립하고 철도 산업을 지원했다.
④ 프로이센과의 전쟁에서 승리하여 황제의 자리에 올랐다.

3 다음 중 서로 관련 있는 것들을 바르게 연결해 보자.

① 주세페 마치니 •　　　• ㉠ 청년 이탈리아당의 지도자. 이탈리아 전역에서 민족주의 운동을 벌였어.

② 카밀로 카보우르 •　　　• ㉡ 이탈리아 민족주의 혁명가. 이탈리아 남부를 정복해 사르데냐 국왕에게 바쳤어.

③ 주세페 가리발디 •　　　• ㉢ 사르데냐 왕국의 재상. 외교력을 발휘해 프랑스, 오스트리아를 물리쳐 이탈리아 통일을 완성했어.

4 독일의 통일 과정을 일어난 순서대로 써 보자.

> ㉠ 1848년 프랑크푸르트 국민 의회
> ㉡ 프로이센 중심의 북독일 연방 형성
> ㉢ 독일 연방의 형성과 관세 동맹 체결
> ㉣ 프로이센이 프랑스와의 전쟁에서 승리 후 독일 제국 선포

(-   -   -   )

5 오스트리아-헝가리 제국에 대해 <u>잘못</u> 설명한 친구는? (   )

 ① 오스트리아 황제는 헝가리 국왕도 겸했어.

 ② 오스트리아-헝가리 제국에는 다양한 민족들이 살았어.

 ③ 오스트리아는 헝가리 왕국의 자치권을 인정하지 않았어.

 ④ 마자르인은 오스트리아와 함께 민족주의 운동을 탄압했어.

6~7 다음 물음에 답해 보세요.

6 다음 설명을 읽고 알맞은 인물의 이름을 써 보자.

 프로이센의 수상. 뛰어난 정치력과 외교력으로 독일 제국을 건설하는 데 가장 큰 역할을 했어.

(   )

7 위의 인물에 대한 설명으로 옳지 <u>않은</u> 것은? (   )

① 군사력을 강하게 키워 독일을 통일하려고 했어.
② 오스트리아와 전쟁을 벌이고 북독일 연방을 만들었어.
③ 프랑스와 전쟁을 벌여 독일의 민족주의를 자극해 단결시키려고 했어.
④ 프랑스 베르사유 궁전에서 독일 제국을 선포하고 스스로 황제 자리에 올랐어.

정답은 267쪽에서 확인하세요!

> 용선생 세계사 카페

1800년대를 휩쓴 낭만주의

프랑스 대혁명과 나폴레옹 전쟁을 거치며 유럽 사회는 큰 변화를 맞이했어. 혁명의 열기에 휘말려 많은 사람이 목숨을 잃었고, '같은 민족끼리 뭉쳐야 한다.'라는 민족주의 운동이 열풍처럼 유럽 전역을 휩쓸었지. 이런 사회 분위기에 발맞추어 인간의 감정과 자유로운 상상력을 강조하는 사상이 등장했단다. 이걸 낭만주의라고 해.

낭만주의(Romanticism)라는 이름은 '로망(Roman)'에서 비롯됐어. 이 말은 원래 중세 유럽의 대중 소설을 뜻하는 말이었지. 로망은 보통 무거운 주제를 다루기보다는 남녀 간의 뜨거운 사랑, 영웅들의 모험 이야기 등 감성적이고 몰입감이 높은 이야기를 소재로 삼았어. 여기에 낭만주의 예술가들은 민족주의의 영향을 받아 유럽의 여러 전설과 신화들을 재해석한 작품을 만들어 민족정신을 일깨우기도 했단다. 그럼 낭만주의를 대표하는 여러 예술가들을 살펴보며 1800년대를 휩쓴 낭만주의가 무엇인지 함께 알아보자.

낭만과 자유를 노래한 시인 바이런

영국 런던에서 태어난 시인이야. 귀족 출신으로 20대 초반에 영국 의회의 의원이 되었고, 이후 영국과 포르투갈, 에스파냐와 그리스 등 유럽 곳곳을 여행했지. 영국으로 돌아와선 여러 편의 시를 써서 일약 스타 시인이 됐단다. 주로 다른 나라의 신기한 풍물과 자유를 찬양하는 시를 썼지.

특히 바이런은 그리스야말로 유럽 문화의 뿌리라고 생각했단다. 그래서 1823년 그리스 독립 전쟁에 직접 참전하고, 시를 남기기도 했어. 바이런의 참전으로 영국 국민들이 잇따라 그리스 독립 전쟁에 뛰어드는 현상도 벌어졌단다.

↑ 조지 고든 바이런 (1788년~1824년)

오늘 내 나이 서른여섯 살이 끝난다네

칼, 깃발, 전쟁터,
　영광과 그리스를, 내 주위에서 보라!
자기의 방패 위에 실려 가는 스파르타인보다
　더 자유로운 자는 없다네.
깨어나라! (그리스는 그럴 필요가 없다―이미 깨어 있으니!)
　깨어나라, 나의 정신이여! 그대의 생명의 피가
누구의 원천에서 흘러나왔는지를 생각해 보라,
　그런 다음 굽소를 찌르라!

↑ 아테네에 있는
바이런 석상
바이런의 그리스 독립 전쟁 참전을 기념하는 석상이야. 그리스를 상징하는 여성이 나뭇가지를 바이런의 머리에 얹어 감사를 표시하고 있어.

그리스 독립 전쟁에 참전했을 때 바이런이 남긴 마지막 시야. 자유를 위해 싸웠던 고대 그리스의 전사와 그리스 독립 전쟁에 참전한 병사를 동일시하고 있지.

독일 각지의 민담을 수집한 그림 형제

《그림 동화》로 유명한 그림 형제는 형 야코프 그림(1785년~1863년)과 동생 빌헬름 그림(1786년~1859년)을 가리키는 말이야. 이들은 독일 통일을 위해 모든 독일인이 공감할 수 있는 옛이야기가 필요하다고 생각했어. 그래서 독일 전국을 돌아다니며 민간에 떠도는 여러 민담을 수집하고 정리했지. 그렇게 만든 게 독일의 전래 동화집인 《그림 동화》란다. 《그림 동화》에는 〈백설 공주〉, 〈신데렐라〉, 〈헨젤과 그레텔〉, 〈라푼젤〉 등 우리에게도 익숙한 이야기가 많이 담겨 있지. 그림 형제는 전국의 민담을 수집하는 도중 독일 각 지역에서 쓰이던

↑ 과거 독일
1000마르크 지폐
그림 형제를 모델로 삼았어.

▲ 《그림 동화》에 담긴 〈헨젤과 그레텔〉의 삽화
헨젤과 그레텔 남매가 마녀를 처음 만나는 장면이야.

방언을 정리하기도 했어. 그래서 문화와 언어 측면에서 독일 통일에 큰 도움을 준 인물이란다.

역사적 순간을 걸작으로 남긴 외젠 들라크루아

외젠 들라크루아(1798년~1863년)는 1800년대 낭만주의 예술의 최고봉으로 손꼽히는 프랑스 화가야. 특히 극한 상황에 처한 인간의 감정을 표현하는 데에 뛰어났지.

들라크루아는 주로 역사적 순간을 소재로 그림을 그렸단다. 대표작인 〈키오스섬의 학살〉에서는 거친 붓질을 통해 고통받는 이들을 그렸고, 〈민중을 이끄는 자유의 여신〉에서는 자유를 원하는 민중의 강렬한 소망을 표현했지.

▲ 〈민중을 이끄는 자유의 여신〉
프랑스의 7월 혁명을 기념하기 위해 그린 그림이야. 가운데 있는 여성은 자유를 상징하는 여신으로 프랑스 국기와 총을 들고서 사람들과 함께 혁명을 이끌고 있지.

▲ 〈키오스섬의 학살〉
오스만 제국군이 그리스의 키오스섬에서 벌인 학살을 소재로 한 그림이야. 무고한 사람들이 죽어 가는 모습이 담겨 있지. 이 그림을 본 유럽인들은 크게 분노해 그리스 독립 전쟁에 뛰어들었어.

영웅 신화를 거대 오페라로 옮긴 바그너

바그너는 독일의 음악가로 오페라, 교향곡 등 수십 곡의 작품을 써낸 천재 작곡가야. 주로 독일의 전설과 신화에서 모티브를 따와 음악을 만들었어. 특히 중세 기사도 문학을 많이 참고했는데, 대표적으로 아서왕 전설 중 일부를 가져와 만든 오페라 〈트리스탄과 이졸데〉와 〈파르지팔〉이 있지.

↑ 빌헬름 리하르트 바그너
(1813년~1883년)

하지만 바그너의 최고 걸작은 〈니벨룽의 반지〉야. 〈니벨룽의 반지〉는 북유럽의 영웅 신화인 〈시구르드 전설〉과 그 신화를 중세 기사도 문학으로 변형한 《니벨룽의 노래》를 참고한 작품이지. 바그너는 이 작품을 무려 28년에 걸쳐 작곡했어. 총 4부작으로 구성되어 있고 각 부가 4시간씩, 총 16시간 동안 연주해야 하는 어마어마한 작품이지. 대작으로 소문이 자자해서, 첫 공연을 보기 위해 당시 유럽의 유명인들이 극장으로 모여들었다는 소문도 있어.

↑ 〈니벨룽의 반지〉 공연 장면

인간의 격정을 표현한 음악가 쇼팽

쇼팽은 폴란드의 음악가로 수십 곡의 피아노 연주곡을 만든 천재야. 쇼팽은 틀에 박힌 형식에서 벗어나 즉흥곡을 많이 만들었고 뛰어난 기교를 자랑하는 음악을 작곡하기도 했어. 인간의 감정을 중시하는 낭만주의 시기 음악가답게 작품에서 쏟아지는 듯한 격정적인 감정이 잘 드러나지.

↑ 프레데리크 쇼팽
(1810년~1849년)

↑ 박물관에 전시된 쇼팽의 피아노
폴란드 바르샤바에 있는 쇼팽 박물관에는 쇼팽이 마지막으로 연주하고 작곡하던 피아노가 전시되어 있어.

용선생 세계사 카페

언론과 신문의 역사

장래 희망으로 기자와 같은 언론인을 꿈꾸는 친구들이 많을 거야. 오늘날 언론은 시민들에게 온갖 소식을 전달하는 역할을 할 뿐 아니라, 다양한 사회적 이슈에 의견을 제시하며 정치에 영향을 미치는 막중한 역할을 하지. 지금처럼 언론의 역할이 중요해지기 시작한 건 바로 유럽에서 산업 혁명과 프랑스 대혁명의 열기가 한창이었던 1800년대 초중반부터란다. 신문과 언론의 역사를 간단하게 짚어 보도록 할까?

활판 인쇄술이 탄생시킨 신문

시민들에게 새로운 소식을 알리는 '공고문'은 이미 고대 로마 시대에도 있었어. 이때는 돌이나 금속판에 글을 새겨 광장에 걸어 두고 많은 사람이 읽도록 했지.

인쇄술이 본격적으로 도입되기 이전에도 상인이나 여행자를 대상으로 다양한 소식을 전달하는 작은 책자가 있었어. 그러다 1500년대 초반, 활판 인쇄술이 도입되며 소식지는 빠르게 번져 나갔단다. 1605년에는 독일에서 세계 최초로 매주 정기적으로 발간하는 신문이 나왔지. 그 뒤 영국과 프랑스에서도 주간 신문이 발행됐고, 1650년에는 독일에서 매일 발간되는 일간 신문이 등장했단다.

초창기 신문들은 대체로 정부의 관리를 받았어. 영국에서는 반드시 왕의 허락을 받아야 신문을 발행할 수 있었지. 그리고 이 당시에는 해외 소식을 쉽게 알기가 어려웠기 때문에 국내 소식보다는 주로 해외에서 일어난 일들을 많이 전

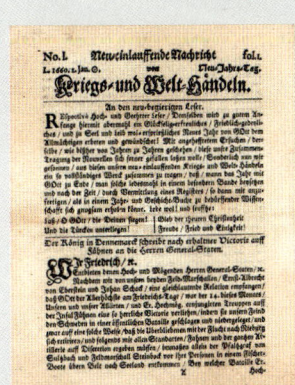

▲ 〈아이콤멘데 자이퉁〉 라이프치히에서 발간된 세계 최초의 일간 신문이야. '찾아오는 뉴스'라는 뜻이지.

▲ 〈렐라치온〉 독일의 요한 카롤로스가 세계 최초로 발간한 주간 신문이야.

했대. 신문을 읽는 사람들은 호기심 많은 귀족과 먼 거리를 여행해야 하는 상인이 대부분이었어.

정치 여론을 이끌었던 혁명 시대의 신문

1700년대로 들어서면서 신문의 성격이 서서히 변했어. 영국과 프랑스 등 서유럽 세계를 중심으로 부르주아 세력이 성장하고, 이들이 차츰 다양한 정치적 목소리를 내기 시작한 것이 원인이었지. 부르주아는 비슷한 정치적 목표를 추구하는 사람들끼리 모여서 정치 그룹을 만들었고, 다양한 사회적 이슈에 대해 각 그룹의 의견과 평을 덧붙인 소식지를 발행했어. 신문이 사회적 현상에 대한 평론 역할을 맡게 된 거야.

신문 평론은 프랑스 대혁명 이후 극심하게 요동치던 유럽에서 점점 더 중요한 역할을 했어. 시민들은 신문의 평론을 읽은 뒤 특정 정치 그룹을 지지하며 행동에 나섰거든. 때로는 신문이 정부의 정책을 비판하거나 외국을 비난하는 여론을 형성하는 데에 앞장서기도 했어. 말하자면 국민의 여론을 만들어 내는 데에 신문이 중요한 역할을 하게 된 거지. 실제로 프랑스 대혁명 직후 프랑스에서는 수십 개나 되는 신문이 등장해 저마다 다양한 주장을 펼쳤어. 또 나폴레옹 전쟁이나 1814년의 빈 회의, 1848년 혁명 등 굵직한 사건이 있을 때에도 다양한 신문들이 소식을 알리며 저마다 주장을 펼쳤지.

↑ **19세기 파리의 거리 풍경** 거리의 신문팔이들이 시민들에게 경쟁적으로 신문을 팔고 있어.

↑ **신문을 읽는 사람들** 1840년대의 모습이야. 초창기의 신문은 다양한 정치 그룹이 자기 의견을 알리는 소식지에 가까웠어.

↑ **존 피터 젱어의 재판**
1735년, 뉴욕의 출판업자인 젱어는 아메리카 식민지 총독을 비판하는 신문을 발행했다는 이유로 재판을 받았지만 무죄 판결을 받았어. 이 재판 결과는 미국의 언론 자유를 향한 첫걸음이었어.

↑ **〈뉴욕타임스〉 창간호와 뉴욕 본사**
1851년 창간된 〈뉴욕타임스〉는 오늘날까지도 미국의 대표적인 일간지로 자리 잡고 있어.

정부와 언론의 힘겨루기

신문의 영향력이 커지자 정부는 언론과 사이를 좋게 유지하려고 했어. 정부 입장에서는 언론을 통해 국가 정책을 옹호하는 여론을 만들고자 했기 때문이야. 1803년 영국에서는 의회 내부에 공식적으로 기자석을 만들고 기자들의 취재를 지원하기도 했지. 이와 달리 신문 내용을 문제 삼아 기자를 감옥에 가두거나, 기사 내용을 사전에 검열하는 등 비판적인 기사에는 고삐를 죄었어.

정부의 탄압에 맞서 언론의 자유를 지키기 위한 노력도 꾸준히 지속됐단다. 그래서 미국의 헌법 추가 조항과 프랑스 헌법에서는 언론과 표현의 자유를 포기할 수 없는 기본 인권으로 명시하기도 했지. 결국 시간이 흐르며 여러 국가에서 신문 허가제가 폐지되고 언론의 자유가 확대되었어. 이와 함께 오늘날 세계적으로 명성을 날리는 영국의 〈가디언〉과 〈더타임스〉, 프랑스의 〈르피가로〉, 미국의 〈뉴욕타임스〉 등 다양한 신문이 만들어졌단다.

인쇄 기술 발전과 신문 광고가 가져다준 변화

인쇄 기술의 발전과 함께 언론은 더욱 발전했어. 보다 싼 가격으로 신문을 찍을 수 있게 되면서 신문 가격이 내려갔고, 가격이 내려가면서 신문을 읽는 사람이 늘어난 거야. 이제 평범한 공장 노동자들까지 신문을 보게 되자 또 한 번의 변화가 찾아왔지.

신문사들은 지면에 여러 기업들의 광고를 싣기 시작했고, 누구나 신문을 사게끔 신문을 싼값에 팔았어. 최대한 많은 구독자를 모아서 광

고비를 비싸게 받으면 신문을 팔아서 돈을 버는 것보다 이익이 더 컸기 때문이야. 1830년대 영국에서는 '페니 프레스'라 불리는 값싼 신문들도 등장했어. '페니'는 우리 식으로 치면 10원짜리 동전을 뜻해. 말 그대로 누구나 싼값에 사 볼 수 있는 신문이라는 거지.

하지만 가격이 싸다고 해서 신문을 보는 사람이 계속 늘어나진 않겠지? 신문사들은 지면에서 골치 아픈 정치 이야기를 줄이는 대신, 많은 사람이 쉽고 재미있게 읽을 수 있는 기사를 늘려 나갔어. 연예계나 스포츠 소식이 지면을 차지하기 시작했고, 연재 소설과 만화도 등장했단다. 언론들은 저마다 구독자를 늘리기 위해 자극적이고 선정적인 소식이나 그림을 싣는 등 무차별 경쟁을 벌였어. 그러자 눈살을 찌푸리게 만드는 일도 잦아졌지. 1890년대 미국에서는 '옐로 키드'라는 소년이 등장하는 신문 만화가 인기를 끌자, 경쟁 신문사에서 작가를 몰래 빼내서 똑같은 소년을 등장시킨 만화를 연재하기도 했어. 이때 무차별적인 경쟁만 일삼는 언론을 가리키는 '황색 언론'이라는 말이 만들어졌단다.

이후로도 기술 발전은 계속됐고, 그만큼 더 많은 사람이 언론을 자주 접하게 되었어. 이런 흐름은 오늘날까지도 계속되고 있지. 라디오와 TV가 발명되면서 더욱 많은 사람이 빠르게 소식을 듣게 되었고, 지금은 인터넷으로 지구 반대편 소식까지 실시간으로 들을 수 있으니 그만큼 소식이 퍼지는 속도는 빨라졌고 언론이 국민 여론에 끼치는 영향도 커졌단다. 그래서 언론은 현대 사회를 이야기할 때 빼놓을 수 없는 요소가 되었지. 이제 언론은 국가 권력처럼 엄청난 힘을 가진 권력이라고 이야기하는 사람들도 있어.

↑ 페니 프레스 〈뉴욕헤럴드〉
미국 내전을 다루고 있는 미국의 신문이야. 오른쪽 위에 '단돈 2센트'라고 쓰여 있어.

↑ 1890년대 신문 만화 '옐로 키드'
'황색 언론'이라는 말을 만들어 낸 만화 캐릭터야.

2교시

라틴 아메리카가 독립을 쟁취하다

유럽이 프랑스 대혁명과 나폴레옹 전쟁으로 큰 변화를 겪는 사이,
대서양 건너 라틴 아메리카에서도 커다란 변화가 시작됐어.
그동안 라틴 아메리카를 지배해 온 에스파냐 세력이
모두 쫓겨나고 독립 국가가 들어선 거야.
오늘은 라틴 아메리카가 독립에 이르는 과정과
독립 이후 라틴 아메리카의 역사를 알아볼까?

1780년	1804년	1810년	1819년	1822년	1823년	1864년~1870년	1879년~1884년
투팍 아마루 2세의 항쟁	아이티 독립	미겔 이달고 신부의 봉기	대콜롬비아 연방 공화국 성립	과야킬 회담	먼로 선언	삼국 동맹 전쟁	태평양 전쟁

과달라하라

오늘날 멕시코 제2의 도시. 미겔 이달고 신부가 이끄는 저항군은 한때 이 도시를 점령하며 기세를 올렸어.

과야킬

오늘날 에콰도르 최대 도시. 라틴 아메리카 독립 전쟁의 주역인 볼리바르와 산마르틴이 이곳에서 회담했어.

태 평 양

쿠스코

옛 잉카 제국의 수도. 투팍 아마루 2세는 이곳을 중심으로 에스파냐에 대항해 저항 운동을 벌였어.

역사의 현장 지금은?

라틴 아메리카 독립의 출발점이 된 세 나라에 가다

적도가 지나가는 남아메리카 대륙 북부엔 콜롬비아, 베네수엘라, 에콰도르가 자리 잡고 있어. 세 나라는 원래 1819년 에스파냐로부터 독립한 뒤 12년간 하나의 국가였단다. 지금은 각기 다른 나라가 됐지만 모두 에스파냐어를 쓰고 가톨릭을 믿는 등 공통점이 많아. 또 국민 대부분이 백인과 원주민의 혼혈인 메스티소이고, 세계적인 커피 산지이며 석유, 천연가스 등 지하자원이 풍부하다는 점도 공통점이지.

◀ 남아메리카 주민의 대다수를 차지하는 메스티소

적도와 가깝고 자원이 풍부한 땅

무더운 적도 인근에 사람이 살 수 있는 비결은 뭘까? 정답은 안데스산맥이야. 안데스는 평균 해발 고도 4,000미터, 길이는 7,000킬로미터나 되는 거대 산맥으로 태평양 연안을 따라 콜롬비아, 베네수엘라, 에콰도르 등 7개국에 걸쳐 남북으로 뻗어 있어. 적도 가까이에 있는 안데스산맥의 고지대에서는 고산 기후가 나타나기 때문에 기후가 온화해 사람들이 살기 좋지. 콜롬비아의 수도 보고타, 베네수엘라의 수도 카라카스, 에콰도르의 수도 키토는 모두 고산 기후의 영향으로 1년 내내 우리나라의 봄가을 기후를 유지해. 다만 일교차는 큰 편이라 한여름에도 밤엔 서늘한 편이야.

↑ **아마존 열대 우림과 아마존강** 아마존 열대 우림에는 석유, 목재 등이 풍부해.

↑ **베네수엘라의 구리 댐** 아마존강의 수력으로 전력을 생산하는 댐이야. 카라카스에서 사용하는 전력의 70퍼센트를 담당하고 있어.

↓ **콜롬비아 커피 마을 살렌토** 안데스산맥의 적도 인근 고산 지대는 세계적인 커피 산지야. 커피 재배에 알맞은 20도 내외의 온화한 기온, 적절한 강수량과 일조량, 비옥한 토양을 모두 갖추고 있거든.

세계 2위 커피 수출국 콜롬비아

세 나라의 가운데에 자리한 콜롬비아는 태평양과 카리브해에 맞닿은 교통의 요지야. 브라질에 이어 세계 2위의 커피 수출국으로, 면적은 한반도의 5배 크기에 인구는 약 5,200만 명이지.

← 유네스코 문화유산에 등재된 '소나 카페테라'
안데스산맥 서부와 중앙 구릉에 자리한 살렌토의 커피 재배 지역이야. 콜롬비아 커피의 절반이 이곳에서 생산돼.

→ 커피 열매

→ 콜롬비아산 에메랄드
콜롬비아는 세계 1위의 에메랄드 생산국이야. 전 세계 에메랄드 생산량의 50퍼센트 이상을 생산한단다.

← 콜롬비아 대표 커피 브랜드 '후안 발데스 카페'
콜롬비아의 스타벅스라 불리는 유명 브랜드야.

↑ 남아메리카의 아테네, 보고타 수도 보고타는 국토 한가운데 고원 분지에 있어. 대학과 도서관이 많고 예술과 학문이 발달하여 '남아메리카의 아테네'라는 별명이 붙었지.

↑ **가브리엘 가르시아 마르케스**(왼쪽) **문학관**(오른쪽)
노벨 문학상을 수상한 가브리엘 가스리아 마르케스(1927년~2014년)는 콜롬비아와 남아메리카를 대표하는 작가이자 언론인이야. 남아메리카의 역사를 다룬 《백년의 고독》으로 유명하지.

↑ **마약과의 전쟁** 정부는 1980년대 후반부터 마약 밀매 조직을 소탕하기 위해 전쟁을 벌이고 있어. 그래서 수시로 경찰들이 마약 실험실을 불태우고 일대를 수색하는 등 마약을 단속하고 있지.

남아메리카 제1의 석유 수출국 베네수엘라

베네수엘라는 세계 원유 매장량 1위 국가로 OPEC(석유수출국기구)의 창립 멤버야. 면적은 한반도의 4.5배, 인구는 약 3,100만 명으로, 비옥한 야노스 평원을 끼고 있어 일찍부터 농업과 목축업이 발달했어. 1980년대까지 석유 수출로 남아메리카 최고 부국이었지만 원유 가격 하락과 정치적인 혼란이 겹쳐 큰 위기에 빠진 상태란다.

↑ **베네수엘라의 수도 카라카스**
국토 북부 해안 산맥에 자리한 카라카스는 석유 산업으로 번영하며 남아메리카 경제 중심지 중 하나가 됐어.

↑ **초고층 빈민가 토레 데 다비드** 카라카스 중심부에 있는 45층 고층 빌딩이야. 경제 위기로 건설이 중단되자 빈민들이 여기에 모여 살기 시작했어.

↑ **엘 시스테마** 정식 명칭은 '베네수엘라 국립 청년 및 유소년 오케스트라 시스템 육성 재단'이야. 베네수엘라 빈민층 아이들을 위해 무상 음악 교육을 진행해서 사회 변화를 추구한대.

↑ **시몬 볼리바르의 생가** 남아메리카 독립 영웅 시몬 볼리바르는 카라카스에서 태어났어.

↑ **베네수엘라 지폐에 그려진 시몬 볼리바르**

↑ **유네스코 세계 자연 유산 카나이마 국립 공원의 앙헬 폭포** 유네스코 세계유산으로 지정된 베네수엘라의 폭포야. 높이 1,002미터로 세계에서 가장 낙차가 크지.

적도의 나라 에콰도르

태평양 연안의 에콰도르는 콜롬비아와 페루 사이에 있어. 국명 에콰도르는 '적도'를 뜻하는데, 실제로 적도가 국토를 통과한단다. 한반도 보다 약간 큰 면적에 인구는 약 1,800만 명 정도야.

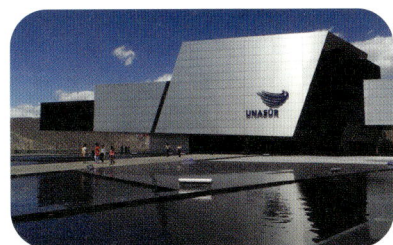

↑ **남아메리카 국가 연합 사무국** 남아메리카 12개국이 창설한 국제기구야. 남미의 유엔이라고도 해.

↑ **에콰도르 수도 키토** 키토의 구시가지는 식민 도시의 옛 모습이 잘 보존되어 있어 도시 전체가 유네스코 세계유산으로 등재됐지. 남아메리카 국가 연합(UNASUR)의 사무국이 있어서 남아메리카의 정치 중심지라고 불러.

🔹 **에콰도르 최대 항구 도시 과야킬** 태평양 연안의 과야킬은 에콰도르의 최대 도시이자 경제 중심지야.

🔹 **'세계의 중앙' 미타드 델 문도** 에콰도르의 명물인 미타드 델 문도는 적도 위에 세워져 있는 탑이야. 이 탑 앞엔 남반구와 북반구를 가르는 노란 적도선이 그어져 있단다.

🔹 **바다 이구아나** 갈라파고스 제도에서만 볼 수 있어.

🔹 **살아 있는 자연사 박물관 갈라파고스 제도** 갈라파고스는 19개의 섬과 여러 암초로 이뤄진 제도야. 에콰도르 서쪽으로 1,000킬로미터 떨어진 해상에 자리 잡고 있지. 오랜 세월 대륙과 떨어진 채로 생태계를 유지한 탓에 어디에서도 볼 수 없는 고유종이 많아. 찰스 다윈의 진화론에 큰 영향을 미쳤어.

차별이 끊이지 않는 라틴 아메리카 사회

"라틴 아메리카 나라들도 독립했다고 하셨죠? 드디어 원주민들이 에스파냐에 맞서 독립을 이룬 거군요!"

"아니. 라틴 아메리카의 독립을 주도한 인물들은 대개 유럽인과 같은 백인이었단다."

"엥? 원주민이 아니라 백인이었다고요?"

장하다가 고개를 갸웃거리자 용선생은 지도를 한 장 펼치며 설명을 이어 갔다.

"이게 어떻게 된 일인지 알려면 당시 라틴 아메리카의 상황을 살펴봐야 해. 에스파냐는 라틴 아메리카를 정복하고 식민지를 설치해 다스렸단다. 이 식민지들은 에스파냐 국왕이 직접 보낸 관리가 다스렸는

데, 왕에 버금간다고 해서 이 관리를 '부왕', 부왕이 다스린다고 해서 식민지를 '부왕령'이라고 했어. 처음에 두 개였던 부왕령은 나중에 네 개까지 늘어났지. 에스파냐의 식민지는 남으로는 오늘날의 아르헨티나, 북으로는 오늘날의 캐나다에 이를 정도로 거대했어."

"우아~ 에스파냐가 거느린 식민지가 생각보다 정말 넓네요."

"그래. 에스파냐 본국보다 몇 배는 더 넓었지. 이 드넓은 땅은 대부분 에스파냐 본국에서 넘어온 정복자들이 차지했어. 정복자들은 식민지의 드넓은 땅을 차지하고 그곳에 대농장을 짓거나 광산을 개발해 운영하며 많은 돈

▲ 에스파냐의 아메리카 식민지

을 벌었지. 시간이 흘러 이들은 결혼을 하고 아이를 낳아 아메리카에 아예 정착했단다. 이렇게 수십 년이 지나자 아메리카에서 태어나서 자라난 백인이 생겨났어. 이들을 '크리오요'라고 해."

"엥? 아메리카에서 태어나서 자란 건 미국 사람도 마찬가지였잖아요. 왜 그렇게 따로 구별을 해요?"

"그야 에스파냐에서 온 본토인들과 구분하기 위해서였지. 크리오요는 본토인과 함께 라틴 아메리카 식민지의 상류층이었지만 사사건건 차별을 받았단다."

"같은 백인까지 차별을 했어요?"

"본토인은 대부분 에스파냐 왕실이 직접 파견한 관리였어. 에스파

 용선생의 세계사 돋보기

크리오요와 구별하기 위해 에스파냐 본토에서 온 사람들을 본토인이라고 불렀어. 또 에스파냐가 이베리아반도에 있기 때문에 반도인이라고 부르기도 했지.

라틴 아메리카가 독립을 쟁취하다 **087**

냐 왕실 입장에서 아메리카에서 태어난 크리오요는 충성심이 의심스럽고 감시해야 할 대상이었지. 반면 본토인은 믿을 수 있는 사람들이었어. 그래서 자연스럽게 크리오요가 본토인에게 차별을 받은 거지. 본토인들은 '아메리카의 물과 공기가 좋지 않기 때문에, 아메리카 태생인 크리오요는 같은 유럽 혈통이더라도 본토인보다 열등하다.'는 이야기를 공공연하게 해대며 대놓고 크리오요를 차별했어."

"그래도 크리오요는 대농장도 있고, 광산도 가지고 있었다면서요. 그거면 됐죠."

"그거야 돈 많은 크리오요 얘기지. 시간이 흐르면서 크리오요 중에도 상대적으로 돈 없고 가난한 사람들이 생겨났단 말이야. 이들은 본토인에게 밀려서 높은 자리에 올라가지도 못하고, 주로 중하급 관리로 일하며 낮은 임금으로 근근이 살았단다."

"같은 백인끼리도 그렇게 차별이 심했군요."

"같은 백인인 크리오요가 이런 취급을 당할 정도였으니, 아메리카 원주민이나 아프리카에서 온 흑인 노예는 말할 것도 없겠지? 여기에 아메리카에 새롭게 등장한 혼혈인까지 따지면 문제는 더욱 복잡해져."

"혼혈인이라고요?"

"응. 유럽인과 아메리카 원주민, 아프리카에서 온 흑인 사이에서 혼혈인이 탄생했거든. 유럽인들은 혈통을 일일이 따져서 혼혈인을 세세하게 구분했어. 그리고 유럽인의 피가 얼

↑ **크리오요 가족 초상화** 크리오요는 아메리카 태생의 백인이야. 이들은 생김새도 유럽인과 별다를 게 없고 유럽인과 비슷한 문화생활을 했어.

마나 섞였냐에 따라 차별 대우를 했지. 예컨대 혼혈인 중에서도 유럽인과 원주민의 혼혈인 '메스티소'는 원주민이나 흑인 노예보다 높은 대우를 받았어. 하지만 어쨌든 메스티소 역시 본토인과 크리오요에게는 차별 받는 입장이었지. 이런 식으로 만들어진 혼혈 구분이 많게는 스무 가지가 넘을 정도란다."

"와, 정말 지독하네요."

"결국 라틴 아메리카에는 피라미드 같은 계급 구분이 만들어졌어. 일단 본토인과 크리오요는 라틴 아메리카에서 대부분의 권력과 부를 차지했어. 하지만 이들은 많이 쳐줘 봐야 전체 인구의 20퍼센트도 채 되지 않았지. 그리고

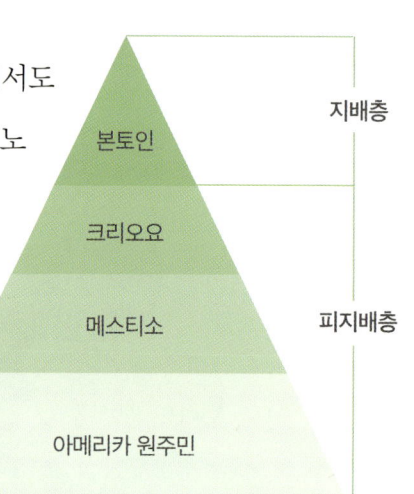

▲ 라틴 아메리카의 인종에 따른 계급 구분

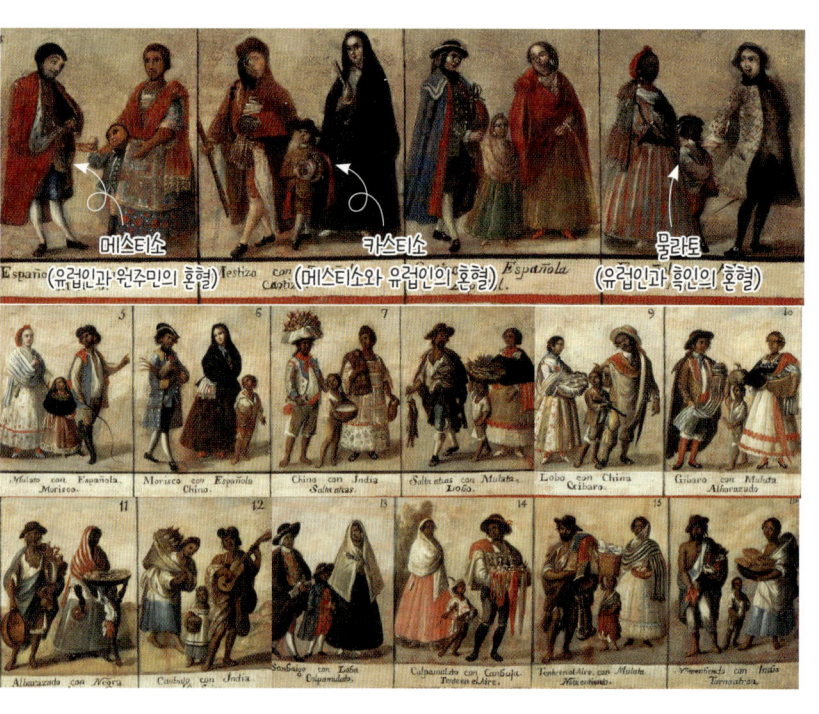

◀ 라틴 아메리카의 인종 구분도
아메리카의 혼혈인을 세세하게 구분해서 정리한 그림이야. 사회에서 신분을 분명히 구별하기 위한 목적에서였지.

그 아래에 지배를 받는 메스티소를 비롯한 혼혈인과 원주민, 아프리카 출신 흑인들이 있었단다."

"완전히 차별에 차별의 연속이군요."

영심이가 인상을 찌푸렸다.

"이렇게 차별 대우를 받는 이들 중에서도 크리오요의 불만이 컸어. 이들은 겉보기에는 유럽인과 전혀 다를 게 없는 데다가 사회적인 영향력도 본토인 못지않았는데, 단지 아메리카에서 태어났다는 이유만

으로 차별을 받았으니까 말이야. 여기에 대농장이나 광산을 가진 크리오요는 에스파냐 본국의 무역 정책에도 불만을 가졌단다."

"에스파냐가 무슨 무역 정책을 펼쳤는데요?"

"그야 당연히 수출은 늘리고 수입은 줄이는 중상주의 정책이었지. 이 정책에 따라 에스파냐의 아메리카 식민지에서 생산된 모든 물건은 반드시 에스파냐에만 팔아야 했어. 에스파냐 왕실은 카디스의 상인들이 식민지의 모든 물건을 독점 수입하도록 했단다. 이렇게 독점권을 주고 카디스의 상인에게 세금을 왕창 거두어 나라의 재정을 손쉽게 튼튼히 할 생각이었던 거야. 그래서 크리오요의 농장과 광산에서 생산된 설탕이나 담배 같은 물건도 카디스의 상인을 통해 에스파냐 본국에만 수출할 수 있었지."

"그럼 그게 불만이었다는 말씀이신가요?"

"응. 카디스의 수입상들이 물건값을 제대로 쳐주질 않았거든. 어차

왕수재의 지리 사전

카디스 에스파냐 남서부의 항구 도시야. 에스파냐와 아메리카 대륙을 잇는 가장 중요한 무역항이었지.

◀ **카디스**
예로부터 에스파냐의 가장 중요한 항구 중 하나로, 지금도 수많은 배가 드나드는 거대한 항구야.

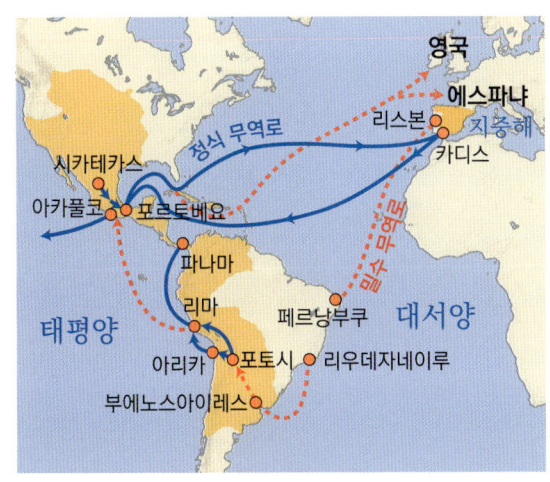

▲ 아메리카 식민지의 주요 무역 경로

피 물건을 팔 곳은 카디스밖에 없으니, 배짱을 부린 거지. 그래서 크리오요 상인들은 밀무역을 활발히 펼쳤단다. 특히 비교적 감시가 덜한 남아메리카에서 밀무역이 극성이었지. 상대는 주로 영국 상인이었어."

"밀무역이 정식 무역보다 더 활발했을 것 같아요."

"그래. 1600년대 중반으로 접어들면서 밀무역이 더욱 활발해졌어. 에스파냐 본국이 잦은 전쟁 때문에 파산 위기에까지 내몰리고 서서히 몰락하면서 식민지에 신경을 쓸 수 없었기 때문이야. 자연스레 왕실의 신뢰를 받는 본토인의 권력도 서서히 줄어들었고, 반대로 크리오요의 영향력은 점점 커졌지. 1700년대 초가 되면 크리오요는 식민지의 높은 관직에도 오르고, 심지어 돈을 주고 부왕 자리를 차지하기도 했단다."

➜ 부에노스아이레스
오늘날 아르헨티나의 수도. 에스파냐의 식민지 시절 남아메리카의 밀수 기지로 시작해 남아메리카를 대표하는 도시가 됐어.

"우아, 그럼 아메리카는 크리오요의 세상이 되겠군요."

"그런데 1701년, 에스파냐 본국에서 이런 흐름을 뒤집는 큰 사건이 일어났어. 너희들도 이미 배운 사건이란다."

용선생의 핵심 정리

라틴 아메리카에서는 소수의 본토인이 같은 백인인 크리오요, 다수의 원주민과 흑인, 혼혈인을 지배함. 아메리카에서 태어난 백인인 크리오요도 본토인에게 차별을 받았으며 이런 현실에 불만을 가짐.

크리오요가 독립을 꿈꾸다

"이미 배웠다고요? 그게 뭔데요?"

장하다가 눈을 끔뻑이며 물었다.

"바로 에스파냐 왕위 계승 전쟁이야. 기억하지?"

"아, 루이 14세가 자기 손자한테 프랑스 왕, 에스파냐 왕 둘 다 시키려고 벌인 전쟁 말씀하시는 거죠?"

"루이 14세의 손자가 에스파냐 왕위는 물려받지만 프랑스 왕을 동시에 할 수는 없도록 했다고 하셨어요."

나선애와 왕수재가 번갈아 가며 말하자 용선생은 고개를 끄덕였다.

"딩동댕! 바로 그거야. 그렇게 해서 루이 14세의 손자인 필리프가 에스파냐의 새로운 국왕 펠리페 5세로 즉위했단다. 그런데 펠리페 5세는 할아버지인 루이 14세의 절대 왕권을 어깨너머로 보고 배운 사람이었어. 그래서 에스파냐도 프랑스처럼 강력한 왕권을 가진 국

↑ **펠리페 5세** (1683년 ~1746년) 루이 14세의 손자로, 왕위 계승 전쟁을 거쳐 에스파냐 왕위에 올랐어. 에스파냐를 강력한 중앙 집권 국가로 만들기 위한 개혁을 시작했지.

가로 만들려고 여러 개혁을 시도했지. 이 개혁은 펠리페 5세가 죽은 뒤에도 두 아들이 이어받아 1800년대에 이르기까지 계속됐단다. 그 영향이 아메리카 식민지에도 미치게 된 거야."

"어떤 개혁을 실시했는데요?"

"일단 식민지에서 왕권을 강화했어. 부왕령의 높은 관직을 차지한 크리오요를 차츰 몰아내고 그 자리에 왕이 직접 본토인을 임명했지. 또 옛 잉카 제국 지역에 설치된 페루 부왕령을 셋으로 쪼갰단다. 에스파냐 본국에서 아메리카를 더욱 촘촘하게 직접 관리하기 위해서였어. 여기에 라틴 아메리카 곳곳에 교회를 세우고 선교 활동을 활발히 벌이던 예수회 선교사도 모조리 추방했지."

"크리오요는 그렇다 치고, 선교사는 왜요?"

"예수회는 교황에게 직접 명령을 받는 조직이라서 에스파냐 국왕에게 고분고분하지 않았거든. 반면 프랑스의 성직자들은 중세의 아비뇽 유수 이후로는 왕에게 깍듯이 허리를 숙이는 신하나 다름없었어. 그러니까 에스파냐 왕실은 개혁을 통해 교회도 프랑스식으로 바꿔 버리려고 한 거야."

"어휴, 그렇게 한 번에 다 바꿀 수 있을까요?"

"쉽지 않았지. 갑작스러운 조치에 크리오요의 반발이 몹시 심했고, 예수회가 추방당하자 피지배 계층인 원주민과 혼혈인, 흑인 노예의 불만도 커졌어. 예수회 선교사들은 주로 아메리카의 피지배 계층을 상대로 활발히 활동하면서 이들의 마음을 얻어

용선생의 세계사 돋보기

남아메리카 대부분을 아우르던 페루 부왕령에서 누에바 그라나다(1739년), 리오 데 라플라타(1776년) 부왕령이 갈라져 나왔어.

→ **흑인에게 선교하는 예수회 선교사 성 베드로 클라베르** 예수회 성직자는 특히 원주민과 흑인 노예 등 하층민을 상대로 활발한 활동을 벌였어.

냈거든."

"개혁 때문에 다들 불만만 커졌네요."

"꼭 그런 건 아니야. 에스파냐 왕실이 실시한 경제 정책은 나름대로 성공을 거두었어."

"경제 정책요?"

"응. 에스파냐 왕실은 카디스에서 식민지의 모든 물건을 독점적으로 수입하는 제도 때문에 아메리카와 유럽 사이의 무역이 좀처럼 활기를 띠지 못하는 거라고 생각했어. 그래서 카디스의 무역 독점을 단계적으로 줄이고 에스파냐의 다른 지역 상인들도 식민지 무역에 참여할 수 있도록 했지. 1778년에는 에스파냐에서 모든 상인이 자유롭게 아메리카 무역에 뛰어들 수 있도록 했단다. 이 정책의 효과는 대단했지. 1778년부터 고작 10년 사이에 식민지와 본토 사이의 무역량

▲ 식민지 시대 직물 공장 재현
1700년대 말이면 영국을 중심으로 산업 혁명이 진행되며 훨씬 효율적인 기계가 개발되었지만, 아메리카에서는 1800년 대까지도 이렇게 단순한 도구와 노동력을 이용해 직물을 생산했어.

▲ 매질당하는 라틴 아메리카의 흑인 노예
흑인 노예는 고된 노동으로 식민지 지배층의 배를 불려 줬지만 강도 높은 노동과 비인간적인 대우를 견뎌야만 했어.

이 7배나 늘어났을 정도야."

"우아, 그럼 그 개혁은 성공한 건가요?"

"아메리카의 경제 활동이 활발해졌으니까 목표는 완전히 달성했어. 무역량이 늘어나면서 상인뿐 아니라 대농장을 경영하는 지주도 큰 이득을 봤지. 하지만 이렇게 무역량이 늘어난 만큼 더욱 큰 고생을 하게 된 사람들도 있었단다."

"그건 무슨 말씀이세요?"

곽두기가 고개를 갸웃거리며 물었다.

"무역량이 늘어났다는 건 이전보다 더 많은 물건을 만들어 팔았다는 뜻이야. 생산량을 늘리려면 더 좋은 기계를 만들거나 새로운 기술을 개발해야 하지. 그런데 대농장을 운영하는 크리오요는 새로운 기술을 개발한 게 아니라, 당장 쉽게 쓸 수 있는 흑인 노예와 원주민을 쥐어짜서 생산량을 늘렸단다."

"그러니까 흑인 노예와 원주민이 이전보다 더 고되고 혹독하게 일을 했다는 말씀이세요?"

"그렇단다. 견디다 못한 원주민과 흑인 노예들은 곳곳에서 저항하기 시작했어. 특히 원주민이 많이 사는 페루 부왕령에서는 1730년에서 1780년까지 50년 동안 128번이나 반란이 일어났지. 1년에 두세 번씩 반란이 일어난 셈이야. 그중에서도

1780년에 투팍 아마루 2세가 일으킨 항쟁은 대중의 폭넓은 지지를 얻었단다."

"투팍 아마루 2세가 누군데요?"

"옛 잉카의 왕족 출신 메스티소였어. 서양식 교육을 받았고 집안도 부유했지. 투팍 아마루 2세는 에스파냐를 몰아내고 옛 잉카 제국을 부활시키겠다고 선언했단다. 투팍 아마루 2세라는 이름도 잉카 제국의 마지막 황제였던 투팍 아마루를 계승하겠다면서 붙인 이름이야."

"잉카 제국의 부활이라……."

장하다의 눈이 번쩍 뜨였다.

"잉카 제국을 내세운 만큼 투팍 아마루 2세는 원주민에게 큰 지지를 받았고, 한때 에스파냐군과의 전투에서 승리를 거두기도 했어. 하지만 저항은 얼마 가지 못했지. 에스파냐군이 전열을 갖추고 맞서자 상대가 안 됐던 거야. 하지만 그 뒤로도 식민지에서 크고 작은 저항이 계속 이어졌고, 크리오요의 위기감도 커졌어."

↑ **페루 500솔 지폐** 투팍 아마루 2세는 페루의 지폐에 등장할 만큼 대중의 인기가 높아.

↓ **페루 부왕령의 수도였던 리마** 에스파냐 식민 통치의 흔적이 잘 남아 있는 리마 역사 지구 모습이야. 잉카 제국이 멸망한 뒤 설치된 페루 부왕령에서는 원주민인 잉카인의 저항 운동이 활발했어.

"어, 에스파냐인이 아니고요?"

"크리오요가 위아래로 치이는 신세였기 때문이야. 위에서는 부왕령의 높은 관직을 차지한 본토인에게 사사건건 차별 대우를 받았고, 아래로는 에스파냐를 아메리카에서 몰아내겠다는 원주민과 흑인의 저항 때문에 한시도 마음을 놓을 수가 없었거든."

"완전히 중간에 끼어서 애매하게 됐네요."

왕수재가 이해하겠다는 듯 고개를 끄덕였다.

"크리오요는 서서히 자신을 유럽인도 원주민도 아닌 또 다른 민족으로 생각하게 된단다. 즉, 스스로를 아메리카에 뿌리를 둔 '아메리카인'으로 보기 시작한 거야. 그런데 이 와중에 엄청난 소식이 전해졌어."

"무슨 소식인데요?

"1776년에 북아메리카가 영국에서 독립해 미국을 건국했다는 소식이야. 이 소식을 들은 크리오요는 본격적으로 독립의 꿈을 키웠단다. 크리오요는 미국인의 처지가 자신과 비슷하다고 생각했거든."

"하긴, 둘 다 똑같이 아메리카에 세워진 유럽 식민지였으니까요."

"때마침 숨 돌릴 겨를도 없이 유럽에서 더 큰 사건이 잇따라 터졌어. 바로 프랑스 대혁명과 그 여파로 일어난 나폴레옹 전쟁이었지. 무엇보다도 유럽을 혼란에 빠트린 나폴레옹 전쟁은 독립을 노리던 크리오요에게는 절호의 기회가 되었어."

> **용선생의 핵심 정리**
>
> 펠리페 5세의 왕권 강화 정책으로 크리오요의 차별과 착취가 심해지며 원주민의 저항이 잦아짐. 미국 독립과 프랑스 대혁명을 지켜보며 크리오요는 독립을 꿈꾸게 됨.

라틴 아메리카에 독립 국가가 잇따라 들어서다

"나폴레옹 전쟁은 유럽에서 일어난 전쟁이잖아요. 그게 어떻게 독립의 기회가 돼요?"

곽두기가 고개를 갸웃거리며 물었다.

"나폴레옹이 이끄는 프랑스군이 에스파냐로 쳐들어왔거든. 기억하니? 나폴레옹이 에스파냐에 자기 형을 왕으로 앉혔다가 정말 오랫동안 전쟁을 했잖아."

"아, 맞아요. 에스파냐 전 국민이 프랑스에 맞서 싸웠다고 하셨죠?"

"그래. 에스파냐 본국이 온통 전쟁터가 되는 바람에 바다 건너 아메리카 식민지를 제대로 통제할 수 없었지. 크리오요들은 이내 라틴 아메리카 곳곳에서 독립을 선언해 본토인을 내쫓고 새로운 나라를 세웠단다. 그중에서도 특히 대단한 활약을 펼친 사람이 바로 '라틴 아메리카의 해방자'라는 별명을 가진 시몬 볼리바르야."

▲ 카라카스에 있는 시몬 볼리바르 동상
시몬 볼리바르 (1783년~1830년)는 오늘날 베네수엘라의 카라카스를 중심으로 대활약을 펼쳐 라틴 아메리카의 독립을 이끌었어. 그래서 라틴 아메리카의 해방자로 부른단다.

"해방자라니 별명 한번 거창한데요?"

"흐흐. 그만큼 볼리바르의 활약이 대단했거든. 볼리바르는 1811년부터 에스파냐에 대항해 독립 운동을 시작했어. 그리고 오늘날 베네수엘라에서 남쪽으로 진격을 계속해서 에스파냐군을 무찔렀단다. 시몬 볼리바르의 활약 덕택에 오늘날의 베네수엘라, 콜롬비아, 에콰도르, 볼리비아가 독립을 이룰 수 있었지. 심지어 '볼리비아'라는 나라

용선생의 세계사 돋보기

그러나 1815년 나폴레옹이 몰락하고 에스파냐 왕실이 복구된 직후 진압이 시작됐고, 볼리바르는 잠시 독립운동을 중단하고 도망가기도 했어. 본격적인 독립 전쟁은 1819년부터 다시 시작됐지.

▲ 시몬 볼리바르와 산마르틴이 독립시킨 나라

➔ 호세 데 산마르틴 (1778년 ~1850년) 아르헨티나의 크리오요 출신 장군으로 남부 라틴 아메리카의 독립을 이끌었어.

왕수재의 지리 사전

과야킬 오늘날 에콰도르에서 가장 큰 도시이자 태평양으로 나가는 항구가 있는 곳이야. 에스파냐의 침략에 맞선 원주민 부족 이름인 '과야스'와 '킬'에서 도시 이름을 따왔대.

의 이름은 시몬 볼리바르에서 따온 거야."

"어쩐지 별명이 거창하더라니. 혼자서 정말 많은 나라를 독립시켰네요?"

"그런데 볼리바르와 비슷한 시기에 라틴 아메리카의 남쪽에서도 대단한 사람이 활약했어. 바로 산마르틴이라는 군인이었지. 산마르틴은 오늘날 아르헨티나의 수도인 부에노스아이레스에서 독립 전쟁을 시작해 북쪽으로 진격했단다. 그 결과 에스파냐군을 무찌르고 아르헨티나, 칠레, 페루의 독립에 큰 공을 세웠지."

"볼리바르는 북쪽에서 남쪽으로, 산마르틴은 남쪽에서 북쪽으로 움직였다는 거죠?"

"그래. 두 독립 영웅은 결국 1822년 페루에서 만났단다. 그리고 에콰도르의 과야킬이라는 곳에서 앞으로 라틴 아메리카를 어떻게 다스리면 좋을지 의논했지."

"그래서 어떻게 하기로 했어요?"

"안타깝게도 두 사람만 참석했던 비밀 회담이라 어떤 이야기가 오갔는지 아무도 모른단다. 그저 두 사람이 평소 해 온 말과 행동을 통해 회담 내용을 상상만 할 뿐이지."

"히잉. 그럼 두 사람이 평소에 어떤 말을 했는데요?"

◀ **과야킬 회담 기념비**
에콰도르의 과야킬에서 열린 회담을 기념하기 위해 세운 기념물이야. 두 사람은 밀실에서 만나 이야기를 나누었기 때문에 실제 어떤 이야기를 나누었는지 알려진 바가 전혀 없어.

남아메리카의
두 독립 영웅이
과야킬에서 만나다!

"볼리바르는 평소 미국을 라틴 아메리카 독립의 모델로 생각했어. 그래서 라틴 아메리카에도 미국처럼 연방 공화국을 건설하자고 했을 거라 추측해. 하지만 산마르틴은 영국처럼 입헌 군주국을 만들자고 자주 이야기했단다. 그래서 유럽에서 적당한 왕족을 왕으로 모셔 와서 여러 크리오요의 의견을 조정하는 역할을 맡기자는 주장을 했을 것으로 보고 있어."

"완전히 생각이 다르네요. 그러다 둘이서 싸우는 거 아니에요?"

"그렇진 않았어. 산마르틴은 과야킬 회담 이후 자신의 군대를 완전히 해산하고 은퇴한 뒤 유럽으로 떠났거든. 이때 겨우 44세에 불과한 젊은 나이였는데도, 72세로 세상을 떠날 때까지 평생 정치에 손을 대지 않고 자신이 해방시킨 남아메리카에 돌아오지도 않았지."

"와, 정말요? 신기하다."

"그래. 아마도 산마르틴은 해방된 라틴 아메리카를 다스리는 건 자신의 일이 아니라고 생각했던 모양이야. 반면 볼리바르는 달랐단다.

↑ **멕시코시티의 독립기념탑**
멕시코 독립 100주년을 기념해 세운 기념탑이야. 천사상이 있어서 앙헬탑이라고 부르기도 해. 기념탑 내부에 독립 영웅들의 유해를 모셔 놨지. 그중에 미겔 이달고 신부의 유해도 있단다.

자신이 해방시킨 베네수엘라, 콜롬비아, 에콰도르, 이 세 나라를 묶어서 '대콜롬비아 연방'이라는 나라를 세우고 스스로 대통령이 됐지. 볼리바르는 이 나라를 더욱 크게 키워서 라틴 아메리카 전역의 국가들이 참여하는 연방 공화국으로 만들겠다는 큰 꿈을 꿨어."

"대콜롬비아 연방? 그런 나라가 있어요?"

나선애가 처음 들어 본다는 듯 고개를 갸웃거렸다.

"아마도 처음 들어 볼 거야. 대콜롬비아 연방은 딱 시몬 볼리바르가 세상을 떠날 때까지만 있다가 사라졌거든. 볼리바르가 세상을 떠난 대콜롬비아 연방은 셋으로 갈라졌지."

"아하, 어쩐지…… 근데 왜 그렇게 빨리 갈라졌나요?"

"그동안 독립 운동을 지원했던 크리오요 세력 사이에서 내분이 생겼기 때문이야. 사실 전쟁에서 큰 활약을 한 건 볼리바르나 산마르틴 같은 전쟁 영웅이었지만, 그 뒤에는 돈과 군사를 대 주는 부유한 크리오요가 있었거든. 볼리바르가 제아무리 독립 영웅이라고 해도 크

리오요의 뜻을 거스르는 개혁을 펼친다면 자기 뜻대로 정치를 해 나갈 수가 없었겠지."

"그럼 볼리바르가 크리오요에게 손해가 되는 일을 하려고 했던 모양이죠?"

"응. 볼리바르는 대콜롬비아 연방에서 노예제를 폐지하고, 소수의 부유한 크리오요가 독차지한 토지를 다시 분배하려고 했어. 노예제 폐지와 토지 개혁은 라틴 아메리카의 낡은 사회를 바꾸려면 꼭 필요한 일이었지만, 크리오요는 받아들이기 힘들었지. 크리오요는 연방 정부의 결정을 거세게 비판하며 연방 해체를 요구했단다. 심지어 볼리바르는 세 번이나 암살 위협을 받기도 했어. 그러니 볼리바르가 세상을 떠나자 세 나라는 미련 없이 갈라지는 길을 택한 거야."

"그럼 결국 모든 게 크리오요의 뜻대로 된 거네요."

"그래. 엄밀히 말해 시몬 볼리바르나 산마르틴이 주도한 독립 전쟁은 부유한 크리오요가 에스파냐 본토인을 몰아내기 위해 시작한 싸움이었어. 그러니 모든 게 크리오요 뜻대로 되는 것도 전혀 이상할 게 없었지. 반면 멕시코에서는 조금 다른 방식으로 독립 전쟁이 시작됐어."

"멕시코? 멕시코는 어떻게 독립을 이뤘는데요?"

"라틴 아메리카의 다른 지역과 마찬가지로, 나폴레옹 전쟁 이후 에스파냐가 혼란에 빠진 틈을 탔어. 그런데 멕시코에서는 크리오요가 아니라 원주민과 혼혈인이 중심이 된 농민 봉기가 먼저 일어났지. 특히 미겔 이달고라는 혼혈인 신부가 이끄는 농민군은 한때 멕시코 제2의 도시인 과달라하라를 점령할 만큼 기세가 매서웠어. 이때 멕시

용선생의 세계사 돋보기

한편으로는 라틴 아메리카에 미국처럼 거대한 나라가 등장하는 걸 원하지 않았던 영국과 미국이 적극적으로 방해하기도 했단다.

↓ 이달고 신부의 봉기 깃발
미겔 이달고 신부가 봉기했을 때 앞세운 깃발이야. 가운데에는 멕시코인이 섬기던 과달루페의 성모가 그려져 있어.

↑ 미겔 이달고 신부
(1753년~1811년) 멕시코에서는 '독립의 아버지'라고 부르는 인물이야.

▲ 이달고 신부 독립군의 이동 경로

용선생의 세계사 돋보기

1820년의 에스파냐 혁명은 오스트리아와 프랑스의 개입으로 3년 만에 실패로 끝났어. 그러나 영국이 개입을 거부하면서 빈 체제가 흔들리는 원인 중 하나가 되었지.

▲ 아구스틴 데 이투르비데
(1783년~1824년)
멕시코 제국의 제1대 황제야. 이달고 신부의 봉기를 잔혹하게 진압한 장본인이었어.

코의 지배층은 농민군을 가차 없이 진압했지."

"그럼 멕시코에서는 본토인이랑 크리오요가 같은 편이었나요?"

곽두기가 아리송한 표정을 짓자 용선생은 고개를 끄덕였다.

"맞아. 메스티소와 원주민의 목소리가 커지면, 돈 많은 크리오요도 손해를 보니까 적극적으로 독립을 방해했지. 일단 봉기는 무사히 진압됐어. 하지만 에스파냐 본국에서 뜻밖의 일이 생기는 바람에 크리오요는 입장을 싹 바꾸었단다."

"무슨 일인데요?"

"1820년에 에스파냐에서 혁명이 터진 거야. 혁명군은 국왕을 붙잡고 '모든 국민은 평등하고 모든 권력은 국민에게서 나온다.'는 조항이 담긴 헌법을 통과시키라고 강요했지. 에스파냐에서 이 헌법이 통과되면 에스파냐의 식민지인 멕시코에서도 원주민과 혼혈인이 모두 본토인과 동등한 대우를 받게 생길 판이었어."

"그게 맘에 들지 않았던 거군요."

"그래. 결국 이투르비데라는 크리오요 장군이 부왕을 내쫓고 독립을 선언한 뒤 스스로 황제 자리에 올랐단다. 그런데 이투르비데는 불과 몇 년 전까지 에스파냐 편에 서서 이달고 신부의 농민 봉기를 잔혹하게 진압했던 인물이었어."

"와! 자기 이익 때문에 태도가 완전히 돌변한 거네요."

"자기들을 탄압한 사람이 황제가 됐는데, 농민들은 그냥 보고만 있었어요?"

허영심이 어이없다는 듯 말하자 용선생은 고개를 절레절레 저었다.

"그럴 리가 있겠니? 농민들은 이투르비데에게 거세게 저항했단다. 결국 이투르비데는 10개월 만에 황제 자리에서 쫓겨났어. 멕시코는 미국을 모델로 삼아 연방 공화국으로 다시 태어났지. 그런데 이 혁명을 주도한 것 역시 크리오요 출신 군인이었단다. 그뿐만 아니라 1830년 무렵에 이르면 라틴 아메리카에 열 개의 공화국이 새롭게 탄생했는데, 대부분이 독립 전쟁에 참여한 크리오요가 권력을 틀어쥐고 있었어."

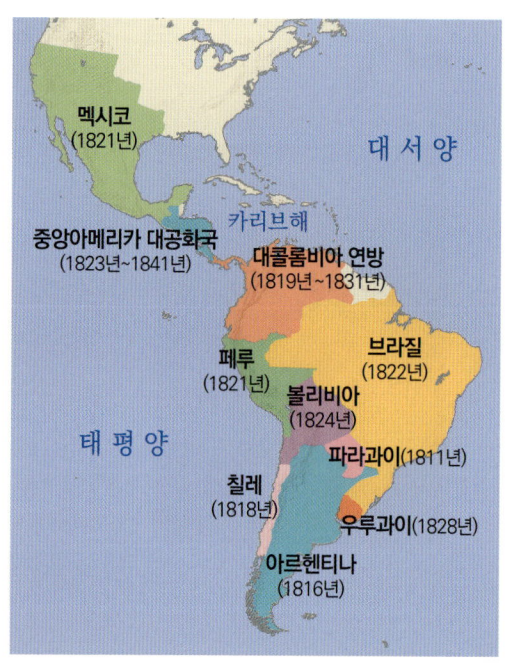

↑ 1830년 무렵 라틴 아메리카의 독립국

"쩝, 결국 다들 크리오요 손에서 놀아난 거네요."

"호호. 그래도 원주민과 혼혈인 세력의 저항도 꾸준히 이어졌어. 멕시코에서는 1857년에 최초의 원주민 출신 대통령인 베니토 후아레스가 등장하기도 했지."

"원주민이 대통령이 됐다고요? 우아, 그래도 세상이 조금씩 변하긴 하는군요."

↑ **베니토 후아레스** (1806년~1872년) 원주민 출신으로는 처음으로 멕시코 대통령이 된 인물이야.

 **용선생의 핵심 정리**

나폴레옹 전쟁을 계기로 라틴 아메리카에서 독립 전쟁이 벌어짐. 시몬 볼리바르와 산마르틴의 활약으로 남아메리카의 여러 나라가 독립하고, 멕시코는 미겔 이달고 신부의 봉기에 이어 크리오요 세력의 독립 운동으로 독립을 이룸.

브라질의 독립

↑ 페드루 1세
(1798년~1834년) 브라질 제국의 첫 번째 황제야.

브라질은 에스파냐가 아니라 포르투갈의 식민지였어. 그래서 다른 라틴 아메리카의 나라들과는 조금 다른 방법으로 독립을 맞이했단다. 1808년, 포르투갈이 대륙 봉쇄령을 거부하자 나폴레옹이 이끄는 프랑스는 포르투갈을 침공했어. 포르투갈 왕실은 영국 해군의 호위를 받아 식민지인 브라질로 피신했고, 리우데자네이루를 새로운 수도로 선포했지. 포르투갈 왕실은 1821년에야 유럽으로 돌아갔단다. 그런데 1년 뒤 뜻밖의 일이 발생했어. 포르투갈의 황태자가 브라질에 남아 독립을 선언하고 브라질 제국의 황제로 즉위한 거야. 유럽의 약소국에 불과했던 포르투갈은 바다 건너 브라질의 독립을 저지할 능력이 없었지. 그 덕분에 브라질은 무난히 독립을 이루었고, 이후 남아메리카의 강국이 되어 오늘날까지 이어지고 있단다.

라틴 아메리카에서 미국의 영향력이 커지다

"그런데 에스파냐는 이 많은 나라가 독립하는 걸 그냥 구경만 하고 있었나요?"

"그러게. 맘만 먹으면 다시 정복할 수 있지 않을까요?"

장하다의 말을 왕수재가 거들었다. 용선생은 고개를 끄덕이며 말을 이어 나갔다.

"그 말대로야. 아메리카의 여러 독립국은 이제 막 걸음마를 시작한 약소국에 불과했어. 크리오요 사이에 의견이 갈려서 정치적으로

불안정했고, 나라를 운영할 자금이 부족해서 대부분 유럽의 큰 은행에 빚을 진 신세였지. 유럽 열강이 맘만 먹는다면 언제라도 다시 식민지로 전락할 게 분명했어. 그런데 사실 이건 이제 독립한 지 40년쯤 되어 가는 미국도 마찬가지였단다."

"어, 정말요? 근데 미국은 독립 전쟁에서 영국을 완전히 물리쳤잖아요."

↑ 재건 중인 미국 의회 의사당 1812년 전쟁으로 불에 탄 미국 의회 의사당을 재건하는 모습이야. 워싱턴 D.C.를 점령한 영국군은 백악관을 포함한 미국 정부의 공공 시설물을 대규모로 파괴했어.

"그야 프랑스가 도와줬으니까 가능한 일이었지. 1812년에 나폴레옹 전쟁의 영향으로 영국과 미국 사이에 또 전쟁이 터졌어. 그런데 이 전쟁에서 미국은 한때 워싱턴 D.C.가 점령당하고 백악관을 비롯한 주요 관청이 모조리 불탈 정도로 궁지에 몰렸단다. 정작 영국은 프랑스와 싸우느라 미국에는 크게 신경도 쓰지 못했는데 말이야. 나폴레옹 전쟁이 끝나면서 영국과 미국 사이의 전쟁도 자연스레 끝났지만, 미국은 그야말로 가슴이 철렁했지."

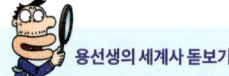 용선생의 세계사 돋보기

영국은 프랑스의 해안을 봉쇄하며 미국과 프랑스 사이의 무역을 방해했어. 나폴레옹 전쟁에서 중립이었던 미국은 이에 강력히 항의하며 전쟁을 시작했지.

"와, 미국이 그 정도면 다른 나라들은 말할 것도 없겠네요."

"그래. 더구나 유럽에 빈 체제가 들어서자 라틴 아메리카의 독립은 더욱 위태로워 보였어. '모든 국경을 프랑스 대혁명 이전으로 되돌린다.'는 게 빈 체제의 원칙이었으니까, 원칙적으로는 라틴 아메리카의 독립국도 다시 에스파냐의 식민지로 되돌려야 했거든. 이런 상황에서 제임스 먼로라는 인물이 새롭게 미국의 대통령이 되었지. 먼로 대통령은 1823년 이런 연설을 했어."

라틴 아메리카가 독립을 쟁취하다 **107**

↑ 제임스 먼로
(1758년~1831년) 미국의 제5대 대통령. '먼로 선언'을 통해 아메리카에서 유럽의 간섭을 물리치려 했어.

아메리카 대륙은 유럽 강국들이 식민지로 삼을 대상이 아니다.
유럽 안에서의 문제 때문에 일어난 유럽 강국들 간의 전쟁에서 우리는 어느 쪽도 편들지 않을 것이다.
우리는 유럽 국가들이 아메리카로 진출하려는 시도를 우리의 평화와 안전을 위협하는 것으로 간주한다고 선언하는 바이다!

"음…… 그러니까 유럽은 아메리카 대륙의 일에 끼어들지 마라. 우리도 유럽 일에 끼어들지 않겠다. 뭐 이런 말인가요?"

스크린을 곰곰이 보던 나선애의 말에 용선생이 고개를 끄덕였다.

"바로 그거야. 먼로 대통령은 미국이 계속해서 독립을 지키려면 유럽의 복잡한 국제 관계에서 완전히 발을 빼야 한다고 생각했어. 그래서 유럽을 향해 '우리도 유럽에 손대지 않을 테니 너희도 미국에 손대지 마라!' 하고 경고를 날린 거지. 이걸 '먼로 선언'이라고 해."

"웬 큰소리람? 아까 유럽 강국들이 맘만 먹으면 미국쯤은 쉽게 이길 수 있다고 하셨잖아요."

영심이가 어이없다는 듯 말했다.

"맞아. 유럽의 여러 국가들은 먼로 선언에 코웃음을 쳤어. 그런데 영국이 먼로 선언을 은근히 지켜 주고 나섰단다. 영국 입장에서는 라틴 아메리카의 여러 국가가 독립된 상태로 있는 게 에스파냐의 식민지이던 시절보다 무역하기에 훨씬 좋았거든. 결국 아메리카의 여러 나라는 영국 덕택에 독립을 지킬 수 있었단다."

"에이, 그럼 먼로 선언은 별로 중요한 것도 아니네요."

"처음에는 그랬지. 미국의 힘이 보잘것없었으니까. 그런데 미국

은 불과 수십 년 사이에 무서울 정도로 발전했어. 유럽에서 꾸준히 이민자를 받아들이고, 아메리카 원주민을 내쫓으며 서쪽으로 빠르게 영토를 넓혀 나갔지. 그 과정에서 멕시코와 전쟁을 벌여서 어마어마하게 많은 땅을 빼앗기도 했거든. 이건 예전에 얘기했는데 혹시 기억하니?"

"음…… 네. 텍사스를 빼앗고 캘리포니아도 빼앗았다고 하셨어요."

나선애가 정리노트를 들여다보며 대답했다.

▲ 멕시코가 미국에 빼앗긴 영토

"그래. 이 전쟁 때문에 멕시코는 국토를 절반 가까이 빼앗기며 몰락했어. 반면 미국은 태평양에서 대서양에 이르는 광활한 영토를 가진 강대국이 되었지. 이렇게 미국이 아메리카 대륙을 아우르는 강대국으로 성장하자 먼로 선언의 의미도 조금 변했단다."

◀ 멕시코시티 함락
미국-멕시코 전쟁에서 미국은 승승장구하며 한때 멕시코의 수도 멕시코시티를 점령하기도 했어.

라틴 아메리카가 독립을 쟁취하다 **109**

"어떻게 변했는데요?"

"미국이 남아메리카 대륙을 포함한 아메리카 전체를 은근히 자신들이 휘젓고 다닐 앞마당쯤으로 여기기 시작했거든. 그러니까 원래 먼로 선언은 '미국은 유럽 일에 간섭하지 않을 테니 유럽도 미국 일에 간섭 말라!'는 의미 정도였는데, 이제는 '아메리카는 미국 것이니, 유럽은 손대지 마라!'는 의미처럼 되어 버린 거야."

"헉, 그럼 미국이 라틴 아메리카를 점령하려고 했다는 말씀이세요?" 곽두기의 눈이 휘둥그레졌다.

"흐흐. 전쟁을 일으켜서 땅을 막 빼앗은 건 아니야. 그래 봐야 다스리기만 어렵지 무슨 이득이 되겠니? 미국은 주로 무역을 통해 경제적인 영향력을 넓혀 나갔단다."

"그럼 장사를 하며 이득을 챙겼다는 말씀이세요?"

"응. 라틴 아메리카에는 천연자원이 무척 풍부해. 고무나 목재, 석유나 석탄은 물론이고 철광석이나 구리 같은 각종 광물 자원도 무궁무진하지. 또 부유한 크리오요의 대농장에서 생산되는 농산물도 어

▲ 칠레의 고무 플랜테이션 고무나무에서 고무를 뽑아내고 있어.

◀ 칠레의 구리 광산 칠레에 있는 세계 최대 규모의 노천 광산이야. 남아메리카에는 각종 천연자원이 풍부할 뿐 아니라 비교적 개발도 쉬워.

마어마했단다. 미국은 남아메리카에서 주로 이런 천연자원을 싸게 사들여서 제품을 만들고, 그걸 수출해서 많은 이득을 보았지."

"으음, 그렇게 장사를 했으면 그냥 서로서로 좋은 거 아닌가요?"

"문제는 미국이 경제적인 이득을 보기 위해 라틴 아메리카의 정치에 개입했다는 거야. 미국에 유리한 정책을 펼치는 정치인을 지원하고 때로는 돈과 무기를 대 주기도 했지. 그 결과 라틴 아메리카 각국에서는 미국의 지원을 받은 독재자가 자신을 반대하는 사람들을 무자비하게 탄압하면서 나라를 다스렸단다. 독재자는 대부분 부유한 크리오요 출신의 군인이었지. 하지만 미국은 온갖 이득은 다 챙기면서도, 독재자들의 무자비한 행동은 '다른 나라 일'이라면서 모른 척하기 일쑤였어."

"어휴, 얄미워. 그야말로 단물만 쏙 빼먹은 거네요."

"그래서 독립 이후로도 라틴 아메리카 하층민의 생활은 그다지 바뀐 게 없었어. 크리오요의 대농장과 광산은 고스란히 유지됐고, 대다

용선생의 세계사 돋보기

다만 노예 제도는 1888년 브라질을 마지막으로 모두 폐지됐어. 영국이 노예 무역을 금지한 이후 흑인 노예 공급이 크게 줄어들고, 노예 가격이 점점 오르자 노예를 부려서 보는 이득이 떨어지는 바람에 자연스럽게 노예 제도가 사라졌지.

라틴 아메리카가 독립을 쟁취하다

▲ 부에노스아이레스의 후안 마누엘 데 로사스 저택

▲ 후안 마누엘 데 로사스
(1793년~1877년) 독립 이후 아르헨티나를 지배한 독재자야. 부에노스아이레스의 대농장주 출신으로, 23년 간 독재자로 군림하면서 정적을 탄압했어.

수 원주민과 흑인은 낮은 임금을 받으며 하루하루 힘겹게 살았지. 그나마 에스파냐 식민지 시절에는 크리오요를 견제하는 본토인이나 하층민 편을 드는 예수회 성직자가 있었지만, 이제 그마저 없으니 더 나빠진 셈이었어."

"독립을 이룬 보람이 하나도 없는 것 같아요."

"게다가 독립 이후에 새롭게 생긴 문제도 있단다. 사실 라틴 아메리카의 여러 나라끼리도 그다지 사이가 좋지는 않았거든. 그래서 전쟁으로 많은 사람이 목숨을 잃기도 했지."

 **용선생의 핵심 정리**

미국 대통령 제임스 먼로는 먼로 선언을 통해 아메리카 대륙에 대한 유럽의 간섭을 거부함. 이후 미국이 급성장하며 라틴 아메리카에 대한 미국의 영향력이 커짐.

분란이 끊이지 않는 라틴 아메리카

"휴, 그럼 자기들끼리도 전쟁을 벌였다는 말이에요?"

"그래. 사실 이렇게 많은 나라가 한꺼번에 독립을 했으니 초반에 어느 정도 문제가 생기는 게 당연했지. 일단 우루과이와 파라과이 문제부터 살펴보도록 하자."

용선생이 지도를 펼치고선 설명을 이어 갔다.

"지도를 보면 브라질과 아르헨티나라는 큰 나라 사이에 우루과이와 파라과이가 끼어 있는 게 보이지? 이 네 나라는 굉장히 밀접한 관

계가 있는 나라야. 왜냐하면 우루과이강과 파라나강을 통해 서로 연결되기 때문이지."

"뱃길로 쉽게 서로 오갈 수 있었겠어요."

"이 네 나라는 독립 초기부터 치열하게 신경전을 벌였어. 특히 강대국인 아르헨티나와 브라질은 제각기 우루과이와 파라과이를 세력권에 넣으려 노력했지. 그러다가 1821년에 브라질이 우루과이를 점령해 버렸단다. 그러자 아르헨티나는 우루과이의 독립을 지원하며 브라질과의 전쟁을 선포했어. 이게 1825년에 터진 '500일 전쟁'이야."

↑ 강으로 연결된 네 나라

"결국 우루과이가 독립한 걸 보면 아르헨티나가 이겼나 봐요?"

"응. 브라질은 대패해서 해군 대부분을 잃었고, 심지어 전쟁에 나설 군인이 부족할 정도로 궁지에 몰렸어. 그런데 일이 이렇게 되자 영국과 프랑스가 끼어들었지."

"영국이랑 프랑스가 갑자기 왜요?"

"이 당시 영국과 프랑스는 라틴 아메리카의 신생 독립국에 영향력을 넓히려 하고 있었단다. 그런데 혹시라도 브라질이 멸망해서 아르헨티나가 너무 강해지면 부담이 될 수 있거든. 두 나라가 끼어든 덕에 브라질도 완전히 망하는 걸 면하고, 우루과이도 독립을 이룰 수 있었지. 영국과 프랑스는 덩치

↓ 훈칼 해전 아르헨티나 수도인 부에노스아이레스 근방에 있는 훈칼섬에서 벌어진 전투야. 이 해전에서 승리한 아르헨티나는 브라질 남부를 헤집으며 큰 피해를 안겼지.

라틴 아메리카가 독립을 쟁취하다

큰 두 나라 사이에 우루과이를 완충 지대로 놓아두기로 했어. 하지만 전쟁 이후로도 브라질과 아르헨티나는 우루과이 정치에 끊임없이 개입했고, 그 통에 우루과이는 거의 40여 년 동안 내분에 시달렸단다."

"휴, 그럼 파라과이도 마찬가지인가요?"

"파라과이는 좀 더 복잡해. 에스파냐 식민지 시절 파라과이는 예수회가 자치권을 가지고 다스린 독특한 지역이었거든. 예수회는 파라과이의 노예 제도와 원주민 강제 노동을 모두 폐지하고 원주민을 적극적으로 보호했지. 이런 전통 때문에 파라과이는 원래 크리오요의 세력이 강하지 않았고, 원주민과 혼혈인의 목소리가 컸어."

"아메리카에도 그런 지역이 있었군요."

"그래. 파라과이는 독립 이후에도 자기만의 길을 걸어갔단다. 다른

> **용선생의 세계사 돋보기**
> 파라과이 지역 원주민들은 식민 지배에 유독 끈질기게 저항했대. 그래서 에스파냐에서 예수회 선교사에게 자치권을 넘겨 버린 거란다.

↑ **파라과이의 예수회 선교단 마을 유적** 이 유적에는 거주지와 성당, 원주민이 섬세한 조각으로 장식한 돌벽이 여러 곳에 흩어져 있어.

신생 독립국과는 달리 유럽에 빚도 거의 지지 않았고, 사탕수수나 커피 같은 상품 작물 재배를 줄이고 식량과 가축 생산을 늘려서 식량도 자급자족하려고 했지. 이런 정책들이 성공을 거둔 덕택에 독립 직후의 파라과이는 경제적으로 꽤 튼튼한 강국이었어. 의외로 군사력도 강력했지. 이웃한 브라질과 아르헨티나에 밀리지 않으려고 꽤 많은 투자를 했거든."

"크기는 작아 보이는데, 제법이네요?"

"흐흐. 하지만 파라과이에는 한 가지 한계가 있었어. 바로 내륙 국가인 탓에 바다로 통하는 길이 없다는 점이었지. 바다로 통하는 길이 있어야 무역을 좀 더 수월하게 할 수 있을 테니까 말이야. 이 문제를 해결하기 위해 파라과이는 우루과이에 손을 뻗었단다. 그런데 한 가지 문제는 아까 이야기했다시피 아르헨티나와 브라질도 우루과이의 정치에 개입하고 있었다는 거지."

"그럼 파라과이도 아르헨티나, 브라질과 경쟁해야 하는 건가요?"

"맞아. 파라과이는 1864년에 브라질을 향해 전쟁을 선포했어. 우루과이 정치에 간섭을 중단하라는 구실이었지. 그런데 전쟁을 벌이는 과정에서 파라과이군이 아르헨티나의 영토를 무단으로 통과했단다. 이걸 괘씸하게 여긴 아르헨티나가 파라과이에 전쟁을 선포했어. 설상가상으로 친브라질 정권이 들어선 우루과이까지 파라과이를 공격했지."

"헉, 그럼 한 번에 세 나라랑 전쟁을 벌였다는 거죠?"

"그래서 이 전쟁을 '삼국 동맹 전쟁'이라고 해. 파라과이 입장에서는 최악의 상황이었어. 결국 파라과이는 브라질과 아르헨티나에 짓밟혀서 완전히 폐허가 되었단다. 이때 파라과이 인구의 약 60퍼센트

◆ **투유티 전투** 파라과이가 세 나라의 군대를 상대한 전투야. 이 전투에서 파라과이는 절반에 가까운 군대를 잃고 도주했어.

◆ **프란시스코 솔라노 로페스** (1827년~1870년) 1862년부터 파라과이를 지배한 독재자야. 삼국 동맹 전쟁을 벌여 파라과이를 파탄으로 몰아넣었지.

◆ **삼국 동맹 전쟁 당시 소년병** 아르헨티나군의 북을 치는 군악병으로 전쟁에 참여한 소년이야. 이처럼 어린이까지 동원될 정도로 치열한 전쟁이었어.

가 사망했어. 특히 파라과이 남성은 90퍼센트가 목숨을 잃었지."

"세상에, 남성의 90퍼센트가 죽었다고요? 무시무시한걸요."

허영심이 눈을 동그랗게 떴다.

"동쪽 지역만 분쟁이 있었던 건 아니었어. 이번에는 시선을 서쪽으로 돌려서 페루와 볼리비아, 칠레 사이에서 벌어진 전쟁을 살펴보자. 여기서는 자원을 둘러싸고 전쟁이 일어났어."

"무슨 자원인데요?"

"바로 안데스산맥에 풍부한 초석과 구아노였어. 초석은 화약의 재료라서 무기를 만드는 데에 필수품이었고, 구아노는 효과 좋은 천연 비료여서 농산물 생산을 늘리기 위해서 꼭 필요한 자원이었지. 이 두 가지 자원은 남아메리카 서부 해안의 안토파가스타라는 지역에 풍부했단다."

허영심의 상식 사전

초석 화약과 비료의 재료로, 전 세계에서도 중국과 인도, 안데스산맥 등 몇몇 지역에서만 구할 수 있는 귀한 자원이야.

구아노 바닷새의 배설물이 오랜 세월 쌓여 굳은 덩어리야. 1840년대부터 천연 비료로 사용할 수 있다는 게 밝혀지면서 중요한 자원으로 취급됐어.

↑ **구아노** 바닷새의 배설물이 해안 절벽에 쌓여서 굳은 자원이야. 아메리카 대륙에서는 옛 잉카 제국 시절부터 천연 비료로 사용했대.

↑ **안토파가스타 광산 열차** 최근까지도 안토파가스타는 칠레의 주요 광산 지역이었어.

"아하, 그럼 그 지역을 서로 갖겠다고 싸운 거군요?"

"맞아. 원래 안토파가스타는 볼리비아의 영토였어. 그런데 볼리비아의 힘만으로는 광산을 짓고 자원을 옮길 철도를 건설할 자금과 시간이 부족했지. 그래서 볼리비아는 이웃한 칠레와 돈 많은 영국의 기업인에게 이 지역의 자원을 개발할 권리를 주는 대신 한동안 세금을 걷지 않기로 했어. 그런데 나중에 마음이 바뀐 볼리비아가 세금을 걷겠다고 나서면서 전쟁이 터진 거야. 이 전쟁을 '태평양 전쟁', 또는 '초석 전쟁'이라고도 해."

"그럼 볼리비아랑 칠레가 싸운 건가요?"

↑ **태평양 전쟁 이후 세 나라의 국경**

라틴 아메리카가 독립을 쟁취하다 **117**

< 1800년대 후반 남아메리카 >

용선생의 세계사 돋보기

볼리비아와 페루는 잉카 제국의 심장부에 자리를 잡은 나라야. 그래서 둘 다 잉카 제국의 후예를 자처할 정도로 사이가 좋아.

"정확히는 페루가 볼리비아 편을 들며 끼어들었고 영국과 프랑스가 칠레를 은근히 도왔어. 결국 칠레가 승리를 차지했지. 칠레는 안토파가스타 지역을 손에 넣으며 지금과 같이 남북으로 길쭉한 국토를 완성했어. 그리고 볼리비아는 바다로 통하는 유일한 통로를 잃어버리며 내륙 국가가 되고 말았단다."

"어휴~ 그렇게 허구한 날 전쟁만 하니 다들 엄청 살기 힘들었겠어요."

허영심이 눈살을 찌푸렸다.

"그래도 1800년대 후반이 되면 남아메리카 전 지역이 꽤 안정을

← 세계 최초의 냉장선 더니든호(왼쪽)와 냉장선 내부 모습(오른쪽)
뉴질랜드에서 유럽으로 고기를 나르는 데에 성공한 냉장선이야. 항구에서 수천 마리의 양을 얼린 후 98일 뒤 영국에 도착할 때까지 언 채로 운송했지. 이후 냉장선이 활발하게 바다를 누비며 오스트레일리아와 남아메리카가 세계적인 목축업 지대가 되었어.

되찾았어. 일단 유럽의 인구가 너무 많아지는 통에 굶주림과 가난을 피해 라틴 아메리카로 향하는 이민자가 많이 늘었는데, 이 사람들이 소중한 노동력이 되어서 국가 발전에 앞장섰지. 특히 남아메리카에서 가장 넓은 초원이 있는 아르헨티나는 축산업 분야에서 눈부신 성장을 이루었단다. 때마침 냉장선이 등장하면서 신선한 고기를 대량으로 유럽에 팔 수 있게 됐거든."

↓ 소를 방목하는 아르헨티나의 평원 아르헨티나에 위치한 대초원 지대를 '팜파스'라고 불러. 이곳에서는 주로 대규모 목축업이 이뤄지지. 지금도 아르헨티나는 세계에서 첫손에 꼽히는 축산물 수출국이야.

"신선한 소고기라니! 맛있겠다!"

장하다가 입맛을 다시며 말했다.

"흐흐. 맞아. 물론 라틴 아메리카의 사회 문제는 여전했어. 극소수의 대지주가 대부분의 땅과 부를 독차지했고, 독재자가 권력을 잡고 미국 같은 강대국의 비위를 맞춰 가며 하층민을 괴롭히고 개혁을 방해하기 일쑤였지. 그리고 공업을 발전시켜 자체적으로 물건을 만들어 팔기보다는, 광석이나 곡물 같은 원자재를 수출하는 산업에만 매달리다 보니 원자재를 사 가는 미국 같은 나라의 경제 사정에 너무 많은 영향을 받는 것도 고질적인 문제가 되었어."

"어휴, 그런 문제들은 언제쯤 해결이 되나요?"

"그건 오늘날의 문제와 밀접한 관련이 있는 얘기라 나중에 해야 할 것 같구나. 오늘은 여기까지만. 다들 고생 많았어!"

용선생의 핵심 정리

남아메리카 나라들 사이에서 분란과 전쟁이 계속 벌어짐. 그러나 1800년대 후반부터 남아메리카는 대체로 안정을 찾고 유럽에서도 이민이 늘어나며 발전을 거듭함.

나선애의 **정리노트**

1. ### 라틴 아메리카의 독립을 꿈꾼 크리오요
   - 소수의 본토인과 크리오요가 라틴 아메리카 식민지의 상류층을 차지함.
     → 본토인은 크리오요(아메리카에서 태어나고 자란 백인)를 차별함.
   - 에스파냐 펠리페 5세의 개혁 정책
     → 원주민의 저항이 커지고 크리오요의 반발을 삼.
     → 본토인의 차별과 원주민의 저항 사이에 끼인 크리오요는 미국 독립과 프랑스 대혁명의 영향을 받아 독립을 꿈꾸게 됨.

2. ### 라틴 아메리카의 독립
   - 나폴레옹 전쟁으로 에스파냐가 혼란한 틈을 타 크리오요 주도로 독립 전쟁이 벌어짐.
     → 시몬 볼리바르와 산마르틴의 활약으로 여러 나라가 독립
     → 멕시코는 미겔 이달고 신부가 이끈 농민 봉기와 뒤이은 크리오요 독립 운동으로 독립
   - 브라질은 페드루 1세가 브라질 제국을 세우며 독립

3. ### 미국의 영향력 아래 놓인 라틴 아메리카
   - 미국 대통령 제임스 먼로는 먼로 선언을 통해 유럽의 간섭을 거부함.
   - 미국은 영토 확장과 무역을 통해 아메리카의 최강대국으로 성장
     → 경제적 이익을 위해 라틴 아메리카의 정치에 간섭하고 독재를 묵인함.

4. ### 라틴 아메리카의 갈등과 경제 발전
   - 독립 후 삼국 동맹 전쟁, 태평양 전쟁 등 나라 간에 갈등이 계속 발생함.
   - 이민자가 증가하고 냉장선의 등장으로 축산업이 발달하며 경제가 발전함.

세계사 퀴즈 달인을 찾아라!

1 라틴 아메리카 사회에 대한 설명으로 옳지 <u>않은</u> 것은? (   )

〈라틴 아메리카의 인종 구분도〉

① 크리오요는 아메리카에서 태어난 백인이다.
② 메스티소는 원주민보디 낮은 대우를 받았다.
③ 본토인은 혼혈인을 세세히 구분하고 대우를 달리했다.
④ 본토인은 같은 유럽 혈통임에도 크리오요를 감시하고 차별했다.

2 다음 지도를 통해 알 수 있는 것으로 옳지 <u>않은</u> 것은? (   )

① 에스파냐는 부왕을 통해 식민지를 통치했을 거야.
② 에스파냐의 왕은 식민지 원주민의 자치권을 인정했을 거야.
③ 오늘날 라틴 아메리카의 많은 나라는 에스파냐어를 쓸 거야.
④ 에스파냐의 라틴 아메리카 식민지는 네 개의 부왕령으로 이루어졌을 거야.

3 빈칸에 알맞은 이름을 순서대로 써 보자.

① ○○ ○○○○는 콜롬비아, 볼리비아 등 여러 나라의 독립에 기여하며 라틴 아메리카의 해방자라는 칭호를 얻은 인물이야. '볼리비아'라는 나라 이름은 이 사람의 이름에서 따온 거란다. ② ○○○○은 비슷한 시기에 아르헨티나, 칠레, 페루의 독립에 큰 공을 세운 독립 영웅이야.

(① _____ , ② _____)

5 지도의 네 나라에 대한 설명으로 옳지 <u>않은</u> 것은? ( )

① 네 나라는 독립 과정에서 잦은 분쟁을 겪었다.
② 독립 후 우루과이는 아르헨티나와 브라질의 정치 간섭에 시달렸다.
③ 우루과이는 삼국 동맹 전쟁으로 인구의 절반 이상을 잃고 폐허가 되었다.
④ 삼국 동맹 전쟁은 브라질, 아르헨티나, 우루과이가 연합해 파라과이를 공격한 전쟁이다.

4 라틴 아메리카의 독립에 대해 잘못 설명한 친구는? ( )

 ① 대부분의 라틴 아메리카 독립 운동은 부유한 본토인이 주도했어.

 ② 이달고 신부가 이끈 농민 봉기는 멕시코의 초기 독립 운동을 이끌었어.

 ③ 나폴레옹 전쟁으로 에스파냐가 혼란한 틈을 타 독립 운동이 시작되었어.

 ④ 대콜롬비아 연방은 지금의 베네수엘라, 콜롬비아, 에콰도르가 연합한 나라야.

정답은 267쪽에서 확인하세요!

> 용선생 세계사 카페

<엄마 찾아 삼만리>와 아르헨티나 이민자 이야기

혹시 '엄마 찾아 삼만리'라는 말 들어 본 적 있니? <엄마 찾아 삼만리>는 일본에서 1976년에 만들어진 애니메이션 제목이야. 이탈리아 소년 마르코가 아르헨티나로 일하러 떠난 어머니를 찾아 라틴 아메리카 곳곳을 여행하는 이야기지. 이 애니메이션은 일본에서 방영 당시 많은 사랑을 받았고, 우리나라에서도 큰 인기를 끌었어. 그래서 원래 애니메이션의 내용과는 상관없이 '~찾아 삼만리'라는 표현이 종종 사용되기도 해.

원작 <엄마 찾아 삼만리>는 1886년에 나온 이탈리아 소설 《사랑의 학교》에 실려 있는 짧은 에피소드였어. 이 소설은 평범한 이탈리아 소년의 일상 이야기와 선생님이 들려주는 여러 에피소드로 구성돼 있는데, 그중 <아펜니노산맥에서 안데스산맥까지>라는 에피소드에 어머니를 찾아 대서양을 건너는 마르코의 이야기가 담겨 있지.

<엄마 찾아 삼만리>에 등장하는 마르코의 어머니는 가난을 피하기 위해 아르헨티나로 떠났어. 이처럼 당시 유럽에는 대서양을 건너 아메리카로 이민을 가는 사람이 많았지. 1800년대 후반이 되면 라틴 아메리카의 여러 나라가 어느 정도 안정되어 정책적으로 이민자를 환영했어. 라틴 아메리카는 땅이 넓고 자원도 많은데 노동력이 부족한 탓에 발전을 이루기 힘들었거든.

그중에서도 아르헨티나는 유럽에서 유독 많은 이민자들이 이주해 온 나라야. 아르헨티나는 자연환경이 유럽과 흡사해서 이민자들이 적응하기가 비교적 수월했거든. 그래서 아르헨티나의 유명인 중에는 1800년대 말에서 1900년대 초 유럽에서 온 이민자 가정 출신이 상당히 많지. 어떤 사람들이 있는지 한번 살펴볼까?

↑ 일본에서 방영된 <엄마 찾아 삼만리> DVD 커버

↓ 《사랑의 학교》 1886년에 출판된 책 표지야.

↑ 《사랑의 학교》의 작가 에드몬도 데 아미치스

프란치스코 교황

프란치스코 교황은 이탈리아에서 아르헨티나로 이민 온 회계사의 아들이야. 2013년 교황으로 선출됐는데, 최초의 아메리카 대륙 출신 교황이자 유럽 이외의 지역에서는 약 1,300년 만에 등장한 교황이었지. 늘 검소하고 소탈한 성품, 가난한 이들과 함께하는 활동 덕분에 많은 사랑을 받았단다.

↑ 프란치스코 교황
(1936년~2025년) 2014년 한국을 방문했을 당시의 모습이야.

축구의 신 마라도나와 역대 최고의 선수 리오넬 메시

아르헨티나를 대표하는 두 명의 축구 선수도 유럽 이민자의 후손이야. 디에고 마라도나는 증조할아버지가 크로아티아 출신 이민자였고, 메시 역시 증조할아버지가 이탈리아 출신 이민자거든. 마라도나는 1980년대에 활발한 활약을 펼쳤어. 특히 이탈리아 리그에서 중위권을 맴돌던 소속 팀을 두 번이나 우승시키는 대활약으로 '축구의 신'이라는 영광스러운 별칭을 얻었고, 1986년 월드컵에서는 아르헨티나의 우승을 이끌기도 했지. 2020년에 사망했지만 아르헨티나에서는 여전히 국민의 사랑을 받는 인물이란다.

리오넬 메시는 마라도나, 브라질의 펠레와 더불어 역대 최고의 선수로 꼽히는 인물이야. 그해 최고의 선수에게 수여하는 발롱도르 상을 8번이나 수상했어. 월드컵을 비롯해 코파 아메리카, 유럽 챔피언스리그 등 수십 번의 우승 경험도 가지고 있지.

← 디에고 마라도나
1986년 월드컵 우승컵을 들어 올리는 장면이야.

↑ 리오넬 메시

아르헨티나 제50대 대통령 카를로스 메넴

카를로스 메넴은 서아시아 출신의 이민자야. 부모님이 시리아 출신이거든. 아르헨티나에서 태어난 메넴은 1989년에 아르헨티나 대통령이 되어 쿠데타와 경제 불안정으로 혼란했던 아르헨티나를 다스렸단다.

↑ 제50대 아르헨티나 대통령 카를로스 메넴

용선생 세계사 카페

아이티 혁명을 이끈 검은 나폴레옹
투생 루베르튀르

이스파니올라섬은 콜럼버스가 아메리카에서 처음으로 상륙한 섬이야. 물론 에스파냐의 식민지였지. 그런데 루이 14세가 다스리던 프랑스의 전성기에 섬 서쪽 3분의 1이 프랑스의 차지가 되었단다. 이곳이 오늘날의 아이티, 당시 이름으로 생도밍그 식민지야.

프랑스 사람들은 생도밍그에 사탕수수와 커피를 기르는 대농장을 만들었어. 한때는 전 세계 설탕의 40퍼센트, 커피의 60퍼센트가 생도밍그에서 생산될 정도로 생산량이 어마어마했지. 프랑스에게는 그야말로 황금 알을 낳는 거위 같은 땅이었단다.

하지만 당시 생도밍그는 전체 인구의 90퍼센트가 흑인 노예였어. 이들은 농장에서 혹사당하며 하루하루 힘겹게 살아갔지. 백 년이 넘게 쌓인 분노는 프랑스 대혁명을 계기로 폭발했단다. 1791년 생도밍그의 흑인 노예들이 일제히 반란을 일으키자 유럽인들은 혼비백산해서 도망쳤지.

↑ 수확한 사탕수수에서 즙을 짜내는 아이티 사람들 사탕수수를 짜면 설탕의 원료인 단맛이 나는 즙이 나와. 오늘날도 아이티에서는 사탕수수를 많이 재배하지.

▲ 반란을 일으킨 흑인 노예들

하지만 그걸로 끝이 아니었어. 혼란을 틈타 영국이 생도밍그를 공격했거든. 그런데 때마침 프랑스 혁명 정부에서 '노예를 해방한다.'는 결정을 내렸어. 생도밍그를 장악한 흑인들은 프랑스 혁명 정부와 힘을 합쳐 영국 침략자에 맞섰지. 이때 투생 루베르튀르라는 지도자가 등장해 영국과의 전쟁을 승리로 이끌었어.

투생 루베르튀르는 생도밍그에서 태어난 흑인 노예였어. 하지만 어릴 적에 예수회 선교사들을 통해 교육을 받은 적이 있어서 글도 쓸 줄 알고 약간의 의학 지식도 가지고 있었지. 그 덕에 농장주의 신임을 받아서 농장에서는 감독관으로 일했고, 33세에는 자유를 얻었단다. 영국이 쳐들어왔을 때 투생은 의학 지식을 활용해 군의관으로 활약했는데, 나중에는 생도밍그의 흑인 저항군을 이끄는 총사령관에까지 올랐어. 전쟁을 승리로 이끈 이후 투생은 자치 정부의 총독이 되었지.

▲ 영국군 장군과 협상을 하는 투생 루베르튀르

하지만 프랑스에 나폴레옹이 등장하면서 상황이 다시 악화되었어. 나

↑ 아이티를 침공한 프랑스군에 맞서 싸우는 흑인들

나폴레옹은 폐지됐던 노예제를 부활시키고, 흑인 자치 정부에 넘어간 생도밍그도 직접 다스리려고 했거든. 설탕 생산량이 어마어마했던 생도밍그를 포기할 수 없었던 거지. 하지만 투생은 자치 정부의 헌법을 만들어 통보하며 나폴레옹에 맞섰어. 이때 투생은 나폴레옹에게 보내는 편지 첫머리에 이렇게 적었대.

흑인들의 1인자가 백인들의 1인자에게.

그야말로 자신감이 넘치는 표현이었지. 이때부터 투생은 나폴레옹과 맞서는 '검은 나폴레옹'이라고 불리기도 했어.

나폴레옹은 생도밍그에 2만 명의 원정군과 35척의 대함대를 보내 투생과 자치 정부를 제압하라고 명령했어.

◀ 투생의 초상화
유명한 <알프스를 넘는 나폴레옹>의 구도를 모방해서 그린 그림이야. 투생은 이처럼 당대 유럽 최고의 유명 인사였던 나폴레옹과 비교되곤 했어.

투생의 저항군은 포병대까지 동원해 격렬하게 버텼지만 패배하고 말았단다. 오랜 노예 반란으로 생도밍그의 경제가 무너져 더 이상 싸울 여력이 없었던 게 결정타였지. 결국 투생은 포로가 되어 프랑스로 끌려가 감옥에 갇혔어. 그리고 1년 만에 생을 마쳤단다.

하지만 투생이 세상을 떠난 뒤로도 생도밍그의 독립군은 끈질기게 저항을 이어가 1804년에 마침내 독립을 쟁취했단다. 세계 최초로 흑인 노예의 독립 운동이 성과를 이루는 순간이었지. 이렇게 만들어진 나라가 바로 라틴 아메리카 최초의 독립국인 '아이티 공화국'이야.

오늘날 투생 루베르튀르는 아이티의 국민적 영웅이야. 특히 백인의 도움을 받지 않고 성공한 흑인 지도자라는 점 때문에 세계사적으로도 중요한 인물로 평가받지. 그러나 200년 넘는 세월이 흐른 오늘날까지도 백인들 사이에서는 여전히 외면받는 영웅이기도 하단다.

↑ 투생 루베르튀르 (1743년~1803년) 아이티에 세워진 기념 동상이야. 몸집은 왜소했지만, 뛰어난 말솜씨와 지혜로 프랑스 사람들을 놀라게 했대.

↓ 아이티 독립 200주년 기념비

3교시

내전의 시련을 딛고
일어서는 미국

독립 이후 미국은 빠른 속도로 발전을 거듭했어.
세계 각지에서 이민자가 몰려들었고,
나라 곳곳엔 운하와 철도가 놓이며 산업이 발달하고 도시가 급성장했지.
하지만 대농장이 많은 남부와 도시가 발달한 북부 사이의
갈등이 폭발하며 나라가 위기에 처하기도 했단다.
오늘은 미국이 숱한 시련을 딛고 강대국으로 성장하는 현장으로 떠나 보자!

1825년	1830년	1850년 무렵	1861~1865년	1863년	1869년	1890년
이리 운하 완공	볼티모어-오하이오 철도 개통	캘리포니아 골드러시	미국 내전 (남북 전쟁)	게티즈버그 전투	대륙 횡단 철도 개통	독점 금지법 제정

풍요로운 땅 캘리포니아

캘리포니아는 미국 서부 태평양 연안에 위치하고 있어. 1800년대 서부 개척 시대에 수많은 모험가가 금을 찾아 모여들었던 곳으로, 현재는 첨단 산업과 영화 산업, 상품 작물 재배가 활발히 이루어져 미국에서 가장 잘사는 주가 되었단다. 크기는 한반도의 2배 가까이 되고, 국내 총생산(GDP)은 무려 인도, 영국보다 높은 수준이야. 1년 내내 온화하고 쾌적한 기후 덕분에 미국에서 인구도 가장 많은 주로 약 4천만 명이 산단다. 주요 대도시로는 로스앤젤레스, 샌프란시스코가 있어.

▲ **샌프란시스코의 상징 금문교** 샌프란시스코 앞바다에 건설된 길이 2.8킬로미터의 다리야. 한때 세계에서 가장 긴 현수교였어. 이곳에는 안개가 자주 끼기 때문에 다리를 눈에 잘 띄는 주황색으로 칠했단다.

▼ 샌프란시스코 전경

첨단 산업의 중심지

캘리포니아에는 세계 1위의 첨단 산업 단지 '실리콘 밸리'가 있어. 온화한 기온과 습도 변화가 적은 쾌적한 기후가 반도체 생산에 적합하고, 캘리포니아 대학 버클리 캠퍼스, 스탠퍼드 대학교 등에서 쏟아져 나오는 풍부한 전문 인력, 주 정부의 적극적인 지원이 맞물린 결과지. 샌프란시스코는 세계적인 첨단 산업 중심지일 뿐 아니라 미국에서 학력 수준이 가장 높은 도시야.

▲ **실리콘 밸리 구글 본사** 실리콘 밸리는 샌프란시스코 남쪽 팰로앨토에 있어. 이곳은 현재 반도체 기업뿐만 아니라 구글, 테슬라 같은 기술 혁신 회사들이 대거 자리 잡은 명실상부 세계 최고의 첨단 산업 기지야.

▲ **캘리포니아 대학교 버클리 캠퍼스** 미국 골드러시 때 설립된 대학으로, 오늘날 미국을 대표하는 주립 대학이야.

◀ **스탠퍼드 대학교** 미국 서부를 대표하는 명문 사립 대학이야.

문화 산업의 중심지

캘리포니아의 또 다른 대도시 로스앤젤레스(LA)는 1년 내내 비가 거의 오지 않는 맑은 날씨 덕에 영화 산업이 발달했어. 영화의 본고장 '할리우드'에는 유니버설 픽처스, 월트 디즈니, 워너 브러더스 픽처스 등 세계적인 영화사가 들어서 있지. 영화, 연극, 음악 등 각종 문화 산업에 기여한 유명인의 이름을 새겨 놓은 '명예의 거리'도 볼 수 있단다.

↑ 할리우드

↑ 유니버설 스튜디오 테마 파크 유명 영화사 유니버설 픽처스가 운영하는 테마 파크야. 영화 세트장을 구경하며 다양한 놀이 기구를 신나게 즐길 수 있지.

↑ 명예의 거리

↓ 디즈니랜드 디즈니 유명 캐릭터의 퍼레이드를 보러 매년 약 1,500만 명이 찾는 관광 명소야.

↑ 미국 와인의 자존심 나파 밸리

세계적인 포도주 생산지

미국 포도주의 90퍼센트는 캘리포니아에서 생산돼. 그중에서도 샌프란시스코 북동쪽에 있는 나파 밸리는 세계에서 손꼽히는 고급 포도주 산지야. 나파 밸리는 남북으로 40킬로미터, 동서로 12킬로미터에 이르는 광대한 포도밭으로 크고 작은 양조장이 무려 1,800개 이상 들어서 있지. 나파 밸리의 와인은 세계적으로도 인정받고 있단다.

↑ 포도주 생산자 로버트 몬다비
제조 기술의 혁신으로 캘리포니아 포도주를 세계적인 수준으로 높인 인물이야.

↑ 나파 밸리 와인 트레인 기차를 타고 포도주를 맛보며 드넓은 포도밭을 구경하는 관광 상품도 유명해.

미국 곳곳에 운하와 철도가 건설되다

"지난 시간에 미국이 엄청 큰 나라가 됐다고 말씀하셨죠? 프랑스한테 루이지애나도 사고, 멕시코한테 땅도 뺏어서 태평양까지 영토를 넓혔다고 하셨어요."

나선애가 노트를 뒤적이며 말하자 용선생은 씩 웃음을 지었다.

"잘 기억하고 있구나. 하지만 아직 문제가 있었어. 1800년대 초 미국에는 이 드넓은 땅을 구석구석 연결할 만한 마땅한 교통수단이 없었거든. 그래서 뉴욕이나 보스턴 같은 미국의 주요 도시는 전부 다 대서양과 접한 미국의 동부에 몰려 있었고, 동부 해안에서 멀리 떨어진 내륙 지역은 말은 미국 땅일지 몰라도 알려진 게 많지 않은 미지의 땅이었지. 그래서 미국이 발전하려면 우선 대서양과 미국의 내륙

▶ 이리 운하
1842년에 그려진 이리 운하야. 그림 속에 보이는 것처럼 이 무렵까지만 해도 미국 내륙은 대부분 한적한 농촌이었어.

을 쉽게 오가는 교통로부터 마련해야 했단다."

"그거야 미국도 영국이나 독일처럼 철도를 놓으면 되지 않나요?"

"그야 그렇지. 하지만 미국이 발전을 시작할 무렵은 아직 증기 기관차가 발명되지도 않았을 때였어."

"그럼 바다와 내륙을 뭐로 연결했는데요?"

"운하를 파서 뱃길을 만들었어. 배를 이용하면 한 번에 많은 사람과 짐을 나를 수 있으니까. 미국은 1800년대 초반부터 거대한 운하를 속속 건설했단다. 그중에서도 대표적인 게 1825년에 건설된 이리 운하야."

"어디에 건설된 운하인데요?"

"이리 운하는 허드슨강과 오대호 중 하나인 이리호를 잇는 운하야. 길이가 584킬로미터니까 대충 서울-부산 거리의 1.5배쯤 되지. 이리 운하를 이용하면 허드슨강 하구에 위치한 뉴욕에서 배를 타고 곧장

왕수재의 지리 사전

허드슨강 미국 뉴욕주 동부를 흐르는 길이 490킬로미터의 강이야. 뉴욕을 관통해 대서양으로 흘러들어 가기 때문에 중요한 교통로로 쓰였지.

오대호 미국과 캐나다 국경 사이에 위치한 다섯 개의 커다란 호수를 가리켜. 각각의 이름은 온타리오호, 미시간호, 휴런호, 이리호, 슈피리어호야.

내전의 시련을 딛고 일어서는 미국 **139**

▲ 오대호 운하

오대호까지 거슬러 갈 수 있단다. 육로를 이용할 때보다 운송 비용도 20분의 1로 줄어들었지."

"그럼 대서양에서 바로 아메리카 대륙 깊숙이 들어가는 빠른 길이 생긴 거네요?"

"그래. 이리 운하가 개통된 뒤 오대호를 이루는 다섯 호수를 하나로 연결하는 운하도 잇따라 건설되었어. 나중에는 오대호 전체가 운하를 통해 하나의 뱃길로 연결되었지. 이제 오대호 연안의 항구에서 배를 타고 대서양으로 빠져나가 세계 어디든 갈 수 있게 된 거야."

"그런데 오대호 주변이 하나의 뱃길로 연결되면 뭐가 좋아요?"

"그야 교통과 물자 수송이 편해지니까 산업 발전에 큰 도움이 되지. 특히 오대호 주변에는 철광석이 풍부해서 각종 기계를 만드는 공장이나 제철소가 들어서기에 좋았는데, 이런 공장을 운영하는 데에

곽두기의 국어사전

수송 보낼 수(輸) 보낼 송(送). 기차나 자동차, 배로 사람이나 물건을 실어 옮기는 것을 말해.

← 1800년대의 뉴욕 항

수많은 배가 오가는 1800년대 중반 뉴욕 항의 모습이야. 이리 운하의 건설과 함께 뉴욕은 아메리카 대륙 내부로 향하는 뱃길의 입구가 되었지.

필요한 석탄을 뱃길로 쉽게 운반할 수 있었지. 물론 도시에서 만든 제품을 운반하고, 해외로 수출하기도 손쉬워졌어. 오대호 연안에 시카고, 디트로이트와 같은 공업 도시들이 들어서며 급성장한 것도 운하 덕택이지. 그리고 이리 운하의 종착지 뉴욕은 미국을 대표하는 국제 항구 도시가 되었단다."

"와, 운하 하나 연결됐을 뿐인데, 그렇게 큰 효과가 있다니 정말 놀라워요."

"흐흐. 이건 시작에 불과해. 점차 증기선의 사용이 활발해지며 배들이 바람이나 물살에 구애받지 않고 더욱 손쉽게 아메리카 내륙을 들락날락할 수 있게 됐거든. 그리고 1830년대에는 드디어 미국에서도 철도 건설이 시작됐어. 철도 건설에 앞장선 도시는 뉴욕과 경쟁하던 볼티모어였지."

"볼티모어요?"

"볼티모어는 뉴욕과 함께 미국 동부의 주요 무역항이었어. 뉴욕이

왕수재의 지리 사전

시카고 오대호와 미시시피 강을 이어 주는 교통 요충지로, 오늘날 미국에서 세 번째로 큰 도시야.

디트로이트 오대호 연안의 도시로 미국 미시간주에서 가장 큰 도시. 한때 세계적인 자동차 생산지로 유명했어.

볼티모어 오늘날 메릴랜드주에 있는 도시로, 워싱턴 D.C.와 뉴욕 등 미국 동부의 주요 도시와 매우 가까운 곳에 자리 잡고 있단다.

↑ '엄지손가락 톰'(재현) 1830년 미국에서 최초로 만들어진 열차야. 이 열차는 볼티모어-오하이오 구간을 운행하는 데에 성공하며 미국의 철도 시대를 열었지. 그런데 속도는 달리는 말보다 느렸대.

운하를 건설하며 한발 앞서 나가자, 볼티모어는 새로 발명된 철도로 오하이오강 유역의 내륙 도시를 하나씩 연결해 나가려고 한 거야. 미국 동부 해안에서 오하이오강 유역에 이르는 길은 애팔래치아산맥이 가로막고 있어서 운하를 건설하기 힘들었거든."

용선생은 당시 지도를 띄우며 설명을 이어 나갔다.

"볼티모어 사람들은 볼티모어-오하이오 회사를 세워 투자자를 모았어. 그리고 1830년에 처음 철도를 개통한 뒤 서쪽으로 꾸준히 노선을 확장해 나갔지. 1870년대면 오대호 연안의 주요 도시와 대서양 동부 연안의 주요 도시뿐 아니라, 동부 내륙 도시까지 모두 철도로 연결됐어. 그사이 다른 철도 회사도 우후죽순으

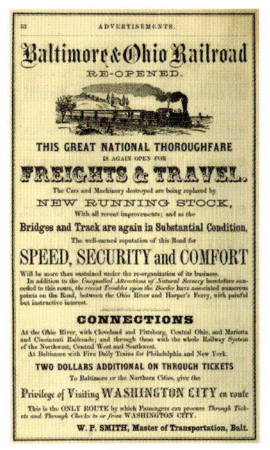

↑ 1860년대 볼티모어-오하이오 회사 광고
철도를 이용하면 훨씬 안전하고 편안하게 여행할 수 있다는 점을 강조하는 광고야.

→ 1870년대 볼티모어-오하이오 회사의 철도 노선

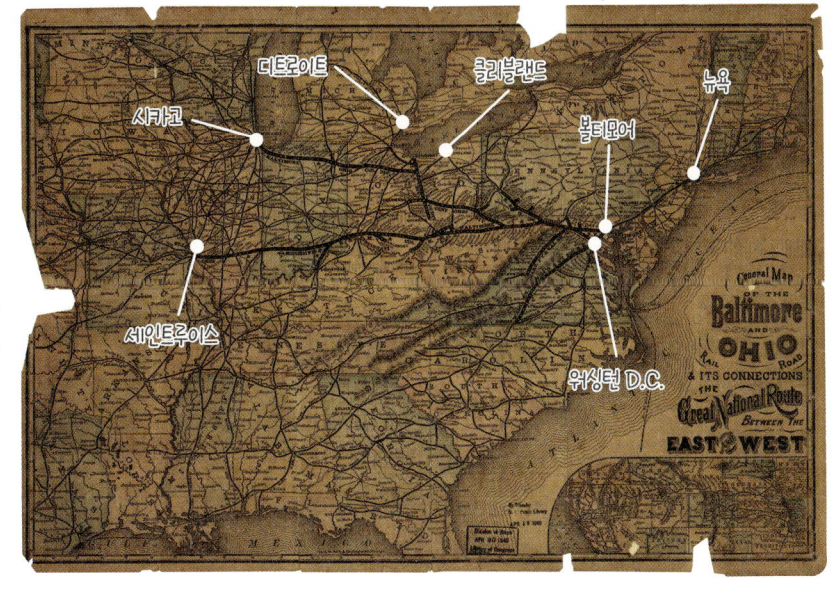

로 생겨나서 미국 곳곳에 거미줄처럼 철도를 깔았단다. 그 결과 미국 북동부 해안과 오대호 연안을 중심으로 불과 수십 년 사이에 수만 킬로미터나 되는 철도가 깔렸지."

"우아, 그럼 예전보다 이동하기가 훨씬 수월해졌군요."

"그럼~. 말을 타고 이동하면 며칠씩 걸리던 거리를 기차를 타고 단 몇 시간 만에 오갈 수 있게 된 거야. 운하에 이어 철도까지 건설되자 오대호 연안 도시의 성장에도 더욱 가속도가 붙었어. 그래서 시카고, 클리블랜드, 디트로이트 같은 도시는 미국을 대표하는 공업 도시로 확실히 자리매김했지. 이 도시들은 이후 100년 가까이 미국 경제를 이끌어 나가는 든든한 힘이 된단다."

용선생의 세계사 돋보기

미국의 철도 건설 속도는 유럽보다 훨씬 빨랐어. 유럽에서 철도를 깔려면 여러 땅 주인과 협상을 거쳐야 했지. 때로는 건물도 철거 하고 길도 다시 깔아야 했어. 하지만 역사가 짧고 개발이 덜 된 미국에서는 그런 과정을 대부분 생략할 수 있었고, 그만큼 철도 건설도 수월했단다.

왕수재의 지리 사전

클리블랜드 미국 오하이오주의 도시야. 1800년대 철도와 운하 개통으로 제조업 중심지가 되었어.

용선생의 핵심 정리

미국에서는 1800년대 초반부터 운하가 놓이고 철도가 깔리며 오대호 연안이 동부 해안 지대와 연결되었음. 그 결과 오대호 연안의 디트로이트, 시카고 등의 도시들이 미국을 대표하는 공업 도시로 성장함.

골드러시를 계기로 서부 개척이 시작되다

"선생님, 그런데 미국은 엄청 넓잖아요. 오대호 주변까지 철도가 뚫린다고 해 봐야 아직 절반도 안 돼요."

나선애의 말에 용선생은 빙긋 웃으며 고개를 끄덕였다.

"맞아. 미국의 서쪽 끝, 태평양 연안까지 가려면 여전히 마차를 타고

내전의 시련을 딛고 일어서는 미국 **143**

↑ 미국 서부 그레이트베이슨의 황량한 풍경

← 철도 개척 이전 서부로 가는 길

"석 달 넘게 황량한 땅을 지나야 했어. 그나마 배를 타고 파나마 지협을 거치면 한 달에서 두 달 사이에 도착할 수 있지만, 도중에 전염병이 유행하는 열대 우림을 지나야 했기 때문에 너무나 위험했지. 가장 안전한 길은 남아메리카를 빙 돌아서 가는 뱃길이었는데 이건 꼬박 여덟 달이 넘는 시간이 필요했단다."

"휴, 서부로 가기가 쉽지 않군요."

"그런데 1850년대 들어서 수많은 사람이 갖은 고생을 해 가며 머나먼 서부로 떠나는 일이 벌어졌지."

"길이 그렇게 험한데도요? 갑자기 무슨 일이 있었던 거죠?"

"황금 때문이야! 미국의 서쪽 끝 캘리포니아에서 황금이 발견됐거든. 그러자 금을 캐서 한몫 잡아 보려는 사람들이 몰려들었지. 이 사건을 골드러시라고 해."

"정말 금이 그렇게 많이 나왔어요?"

왕수재의 지리 사전

파나마 지협 북아메리카와 남아메리카를 연결하는 좁은 땅이야. 태평양과 카리브해 사이를 가로막고 있지.

나선애의 세계사 사전

골드러시 금광이 발견된 지역으로 사람들이 몰려드는 현상을 말해. 1850년대 캘리포니아에서 일어난 골드러시가 대표적이고, 이외에 브라질이나 캐나다 등 다른 지역에서도 비슷한 일이 벌어졌어.

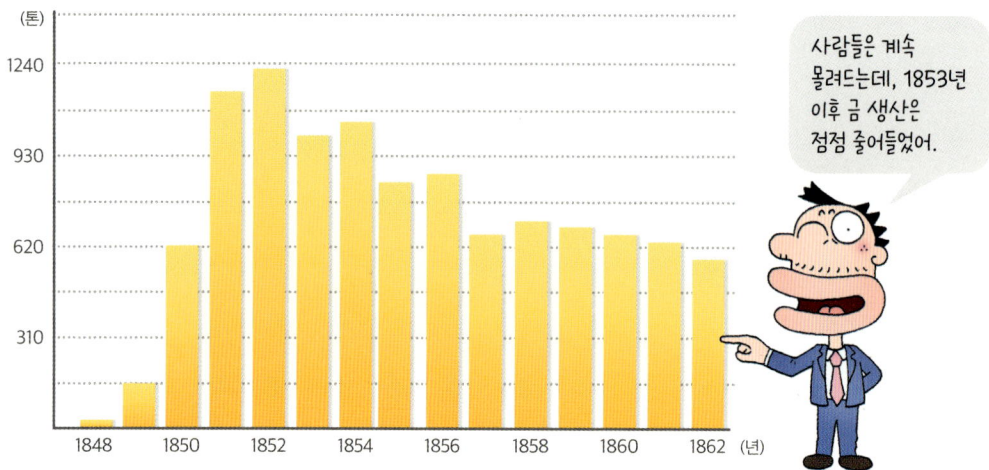

▲ 골드러시 시기 캘리포니아의 금 생산량

"제법 많이 발견된 건 사실이야. 골드러시 초기에는 캘리포니아에서 한 해 캐내는 금이 미국의 한 해 예산보다 많았을 정도였지. 사람들은 금이 발견됐다는 소문을 좇아서 캘리포니아 곳곳을 오갔어. 이따금 금광이 발견되었다는 소식이 퍼지면 사람들이 폭풍처럼 몰려들었고, 서로 금을 차지하겠다며 죽고 죽이는 일도 심심찮게 일어났단다."

"우아, 완전 무법천지였네요."

장하다가 침을 꿀꺽 삼켰다.

"그래도 일단 황금만 발견하면 팔자를 고칠 수 있었지. 그래서 고작 몇 년 사이에 어마어마한 수의 사람들이 캘리포니아로 몰려들었어. 미국뿐 아니라 유럽에서도 이민자들이 몰려왔단다. 이렇게 황금을 찾으러 몰려든 사람이 대략 25만 명이나 되었다고 해."

▲ 신문에 실린 증기선 뱃길 광고
캘리포니아로 가는 뱃길을 홍보하고 있어.

◀ 강가에서 금을 채취하는 사람
이렇게 강가에서 사금을 채취하는 사람도 심심찮게 찾아볼 수 있었어.

내전의 시련을 딛고 일어서는 미국 **145**

"그 사람들이 모두 금을 캐내서 부자가 됐나요?"

왕수재의 질문에 용선생은 고개를 가로저었다.

"아니. 사람들이 기대한 것에 비하면 금 생산량이 그다지 많지 않았거든. 게다가 1853년부터 금 생산은 오히려 줄어들었어. 그래서 금을 캐내서 팔자를 고친 사람은 거의 없었지. 정작 돈을 많이 번 사람은 금을 찾으러 온 사람을 상대로 각종 생필품을 팔았던 상인이었단다."

"에이, 그게 뭐예요?"

"흐흐. 하지만 골드러시를 겪으면서 미국 서부는 크게 변화했단다. 그동안 미지의 땅이나 다름없던 서부에도 드디어 번듯한 정착촌이 생기고 도시가 생겼거든. 금을 찾아 몰려든 사람들이 고향으로 돌아

▲ 1851년 샌프란시스코 정착촌(왼쪽)과 오늘날 샌프란시스코 전경(오른쪽)
캘리포니아의 대표 도시 샌프란시스코. 샌프란시스코는 골드러시가 한창일 때 서부로 향하는 뱃길의 종착점이었어.

가지 않고 그대로 서부에 눌러앉았기 때문이지. 또 수십만 명이나 되는 사람을 실어 나르는 와중에 운송업도 활기를 띠었어. 미국 동부의 보스턴이나 뉴욕 같은 대도시에서 서부로 가는 배편도 늘어났고, 대륙을 횡단하는 철도를 건설하는 방안도 논의됐단다."

"골드러시 덕택에 미국 서부도 발전했다는 거네요."

"그래. 이때 성장한 대표적인 도시가 바로 샌프란시스코야. 샌프란시스코는 오늘날까지도 캘리포니아를 대표하는 대도시로 이름을 날리고 있지."

"그럼 이제 미국 서부에도 동부 못지않은 도시가 만들어진 건가요?"

나선애의 말에 용선생은 어깨를 으쓱해 보였다.

"그건 아니야. 골드러시 이후로도 서부는 아직도 대부분 미개척지였고 동부에 비하면 인구도 턱없이 적었어. 1860년 무렵의 뉴욕 인구가 80만 명에 육박했는데, 비슷한 시기 샌프란시스코의 인구는

5만 명을 조금 넘는 정도였거든. 골드러시는 미국이 드넓은 서부 개척으로 가는 길을 내딛게 된 계기일 뿐이었지. 사실 이 당시 미국에는 서부 개척보다 훨씬 중요한 문제가 있었단다. 이 무렵 북부와 남부 사이의 갈등이 극에 달했거든."

용선생의 핵심 정리

미국 서부 캘리포니아주에서 황금이 발견되자, 수많은 사람이 서부로 몰려듦. 그 결과 서부에도 정착지가 생기고 샌프란시스코 같은 도시가 만들어졌으며, 서부 개척의 첫발을 내딛게 됨.

노예 제도를 두고 미국이 둘로 갈라지다

"남부와 북부의 갈등이라니 그건 무슨 말씀이세요?"
영심이가 어리둥절한 표정으로 물었다.
"일단 미국 북부와 남부가 어떻게 다른지 짚어 보고 넘어가자. 북부는 땅도 척박하고 기후도 추운 편이라 대규모로 농사를 짓기가 어려웠어. 그래서 작은 규모로 농사를 짓는 농부가 많았지. 그 대신 보스턴이나 뉴욕, 필라델피아처럼 전통적으로 상공업이 발달한 도시가 많았단다."

"그럼 남부는요?"

"남부는 기후가 따뜻하고 땅도 기름져서 대농장을 운영하기에 안성맞춤이었어. 유럽

↑ **목화 농장에서 일하는 흑인 노예들**
목화를 따서 운반하고 씨를 털어 내는 작업에는 사람 손이 많이 필요했어. 주로 흑인 노예들이 이런 일을 담당했지.

에서 산업 혁명이 일어나고 면직물 생산량이 급속히 늘어나자, 버지니아나 조지아 같은 남부에서는 면직물의 원료인 목화를 대량 재배해 유럽으로 수출해서 큰돈을 벌었지."

"그러니까 북부는 상공업, 남부는 대농장 중심의 농업이 발달했다는 말씀이시군요."

"그럼 각자 하는 일 잘 하면서 살면 되잖아요. 갈등이 왜 생기는데요?"

장하다가 뒷머리를 긁적이며 물었다.

"몇 가지 이유가 있지만 우선 유럽과의 무역을 두고 북부 주와 남부 주의 입장이 서로 달랐어. 북부는 이제 막 걸음마를 시작한 미국의 산업을 보호하기 위해 연방 정부가 적극 개입해야 한다고 주장했어. 수입품에 높은 관세를 매겨서 미국인들이 국산품을 쓰도록 해야 한다는 주장이었지. 이 당시 미국의 주요 공업 지대가 북부에 집중되어 있었기 때문에 이런 주장이 나온 거야. 하지만 남부는 이와 정반대로 자유 무역을 주장했단다."

"그건 왜죠?"

"남부는 목화를 유럽에 수출하고 대부분의 생필품을 유럽에서 수입해 사용했어. 그런데 관세를 올려 버리면 생필품 가격이 오르니 당연히 관세 문제를 놓고 북부와 대립할 수밖에 없었지."

"아하, 그런 이유가 있었군요."

"근데 북부와 남부 사이를 결정적으로 갈라놓은 문제가 있어. 바로 노예 제도였지."

용선생의 세계사 돋보기

정부가 자국의 산업을 보호하기 위해 수입품에 관세를 붙이거나 수입량을 제한하는 방식으로 국제 무역에 개입하는 무역 제도를 '보호 무역'이라고 해. 이와 반대로 국제 무역에 정부가 간섭을 거의 하지 않는 무역 제도를 '자유 무역'이라고 해.

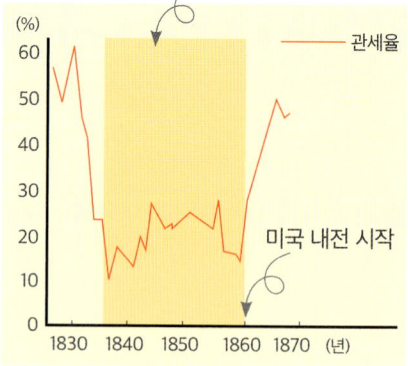

▲ 미국의 관세율 변화
연방 정부는 북부와 남부의 갈등이 심하던 시기를 제외하고는 높은 관세를 유지하며 보호 무역을 계속 펼쳤어. 국가 발전을 위해 농업보다는 공업을 더 키워야 한다고 여겼거든.

↑ **솔로몬 노섭** 뉴욕의 자유민 바이올리니스트였다가 남부로 납치돼 12년 동안 노예 생활을 한 인물이야. 자신의 경험을 《노예 12년》이라는 책으로 담아내서 큰 파장을 일으켰지.

"아프리카에서 끌려온 흑인 노예 말씀이세요?"

아이들의 눈이 휘둥그레졌다.

"응, 사실 이 무렵 유럽 각국에서는 노예 무역을 차례로 금지하고 있었어. 계몽사상의 영향으로 노예 무역을 도덕적으로 비난하는 목소리가 점점 커졌거든. 특히 영국이 앞장서서 1807년에 노예 무역을 금지했고, 해군을 동원해 노예 무역 단속에 나섰지. 미국에서도 여러 주가 차례로 노예제를 폐지했고, 1808년에는 연방 정부가 미국 전 주에서 노예 무역을 금지했단다. 그러자 미국에서 노예제를 완전히 폐지하는 문제를 두고 북부와 남부의 입장이 완전히 엇갈린 거야."

"입장이 어떻게 달랐는데요?"

"북부의 양심 있는 사람들은 노예를 부리는 건 사람으로서 차마 할 수 없는 짓이라고 생각했어. 그래서 노예 무역 금지에 그칠 게 아니라, 아예 노예제를 없애야 한다고 주장했지. 여기에 남부의 노예들이 자신들이 겪은 끔찍한 체험을 증언한 책이 나오며 노예제 폐지 운동에 불을 지폈단다. 하지만 남부 사람들은 한사코 노예제를 유지하겠다고 했어."

"남부 사람들이 굳이 노예제를 유지하려고 한 이유가 뭐죠?"

"대규모 농장이 많은 남부는 주로 흑인 노예를 동원해 농사를 지었거든. 흑인 노예가 없으면 그 넓은 농장을 운영할 수 없었지. 게다가 남부에서는 전체 인구의 절반 가까이가 흑인

> 북부는 흑인 인구 비율이 1퍼센트 남짓에 불과한 반면에 남부는 인구 절반이 흑인 노예였어.

↑ **1850년대 미국의 지역별 흑인 인구 비율**

 노예였고, 백인 농장주 입장에서는 흑인 노예가 비싼 값에 거래되는 재산이기 때문에 도저히 양보할 수가 없었지. 한마디로 노예제를 폐지하면 남부의 백인 농장주는 어마어마한 피해를 보게 되는 거야."

"그냥 연방 정부가 결정을 내려 주면 되지 않나요? 노예 무역은 연방 정부가 금지했다면서요."

영심이의 말에 용선생은 고개를 내저었다.

"세계의 바다를 휘어잡은 영국이 노예 무역 단속에 나섰기 때문에 어차피 노예 무역은 불가능했어. 하지만 미국 안에서 노예제를 폐지하는 건 문제가 다르지. 미국은 각 주의 자치권을 보장해 주며 탄생한 나라라서 연방 의회에서 합의를 보지 않는 한, 함부로 다른 주에 노예제를 폐지하라고 요구할 수 없었거든. 그래서 일단 노예제 문제는 각 주가 알아서 결정하는 것으로 갈등을 봉합했어. 근데 미국이 점점 커지면서 노예 제도를 두고 남부와 북부의 갈등이 커졌단다."

용선생의 세계사 돋보기

남부와 북부 대표는 1820년에 노예제를 폐지한 주와 유지하는 주의 수를 같게 유지하기로 타협했어. 이렇게 하면 연방 의회 상원에서 노예제 찬성하는 주와 반대하는 주의 의원 수가 같게 되어 세력의 균형을 이룰 수 있었어.

"어, 나라가 커지는 거랑 노예 제도랑 무슨 상관이 있죠?"

나선애가 고개를 갸우뚱했다.

"1820년 무렵에는 노예제를 유지하는 주와 폐지한 주의 수가 같았어. 그래서 연방 의회의 상원에서 북부와 남부의 세력이 균형을 이뤘지. 근데 미국이 영토를 점점 넓혀 나가면서 새로운 주가 계속 생기자 상원에서 힘의 균형이 깨어지기 시작했어. 새로운 주들은 대부분 노예 제도를 폐지하려고 했거든. 노예 제도 폐지가 이미 세계적 흐름이었기 때문이지."

"노예 제도 폐지를 찬성하는 주가 늘어나다니 다행이네요."

"하지만 남부로서는 발등에 불이 떨어졌지. 거기다 뉴욕 같은 북부 도시가 크게 성장하면서 인구가 늘자 인구수에 따라 의원을 뽑아 구성하는 하원에서도 북부의 세력이 커졌어. 이러다가 노예 제도가 완전히 폐지되는 건 시간문제였던 거야. 그래서 남부 주들은 더욱 완강하게 버텼단다."

➜ **《톰 아저씨의 오두막》**
1852년에 출간돼 노예제 반대 돌풍을 일으킨 책이야. 이 책에는 특히 도망노예법 때문에 곤란을 겪는 노예들의 모습이 생생하게 나와 있지.

↓ **해리엇 비처 스토**
《톰 아저씨의 오두막》을 저술한 인물이야.

"에이, 버텨 봤자 별 뾰족한 수가 있겠어요?"

"아니, 남부 주들은 노예 제도를 폐지한다면 연방을 탈퇴하겠다며 노골적으로 협박했어."

"나라를 쪼개겠다고요? 북부 입장에서는 난감하겠네요."

"그래. 노예 제도를 폐지하는 것도 중요하지만 그렇다고 해서 막 자리를 잡아 가는 나라를 둘로 쪼갤 수도 없는 일이었으니까. 북부는 남부의 요구대로 관세를 낮추기도 하고, '도망노예법'도 합의해 주면서 남부의 불만을 달랬어."

"도망노예법? 그건 무슨 법인데요?"

"원래 남부의 흑인 노예들은 노예제가 폐지된 북부로 도망치면 노예 신분에서 해방되어 자유롭게 생활할 수 있었거든. 도망노예법은 그렇게 도망친 노예를 도로 잡아 올 수 있도록 한 법이야. 이 법에 따르면 도망친 노예를 숨겨 주거나 도와주는 북부 사람도 무거운 벌을 받을 수 있었지."

"세상에! 그건 너무하는데요."

"법이 통과되자 노예 사냥꾼들이 북부에서 활개치며 도망친 노예를 붙잡아 목에 사슬을 채워 끌고 다녔지. 그동안 소문으로만 들었던 노예 사냥이 눈앞에서 벌어진 거야. 충격을 받은 북부 사람들은 더욱 거세게 노예제 폐지 운동을 펼쳤고, 어떤 북부 주에서는 노예 사냥꾼을 유괴와 납치로 고소할 수 있는 법을 만들기까지 했지."

"갈등이 점점 커지는군요."

"응. 1854년에는 미국 한가운데 위치한 캔자스주에서 북부와 남부 사람들 사이에 무력 충돌까지 벌어졌어."

"무력 충돌? 무슨 일이 있었나요?"

"새롭게 미국의 주가 된 캔자스주에서 주민 투표를 통해 노예 제도 폐지 여부를 결정하기로 했거든. 그러자 남부와 북부에서 각각 캔자스에 이주민을 잔뜩 보내서 투표에 참여하게 한 거야. 그뿐만 아니라 이들은 각각 총과 대포 같은 무기로 중무장한 채 아직 의견을 결정하지 못한 캔자스 주민들

▲ 노예 제도를 둘러싼 유혈 충돌 1854년 캔자스주에서 노예제 폐지론자와 찬성론자의 유혈 충돌이 일어나 많은 사람이 목숨을 잃었어. 이 사건을 계기로 남부와 북부 사이의 감정의 골은 더욱 깊어졌지.

↑ **에이브러햄 링컨**
(1809년~1865년) 미국의 제16대 대통령이야. 노예 제도를 두고 남북이 치열하게 대립하는 상황에서 혼란한 미국을 이끌었고, 오늘날 미국인에게 널리 존경받고 있어.

을 협박해 투표를 유리하게 이끌려고 했단다."

"그래서 어떻게 됐어요?"

"투표 결과 캔자스주에서는 노예제를 유지하기로 했어. 근데 이 결과를 놓고 대규모 충돌이 벌어져 200명이 넘는 사람이 목숨을 잃었단다. 이 사건을 계기로 양쪽의 감정은 더욱 험악해졌지. 이제 북부와 남부의 갈등은 언제 터질지 모를 시한폭탄이나 다름없었어. 양측의 갈등은 1860년에 치러진 제16대 대통령 선거로 고스란히 이어졌단다."

"흠, 남부랑 북부가 각각 다른 후보를 내세워 싸웠던 모양이죠?"

"그래. 양측 모두 필사적으로 선거 운동에 매달렸어. 선거 결과 북부에서 지원한 에이브러햄 링컨이 새로운 대통령으로 당선되었지. 그러자 남부에서는 이제 곧 노예 제도가 폐지되고 연방 정부도 북부 위주의 정책을 펼칠 거라는 공포가 번져 나갔단다. 링컨 대통령은 노예제 반대론자로 유명했거든."

"우아, 그럼 남부 사람들도 가만히 있진 않았겠네요."

북부 대부분의 주는 노예제를 반대했지만, 남부의 모든 주는 노예제를 찬성했어.

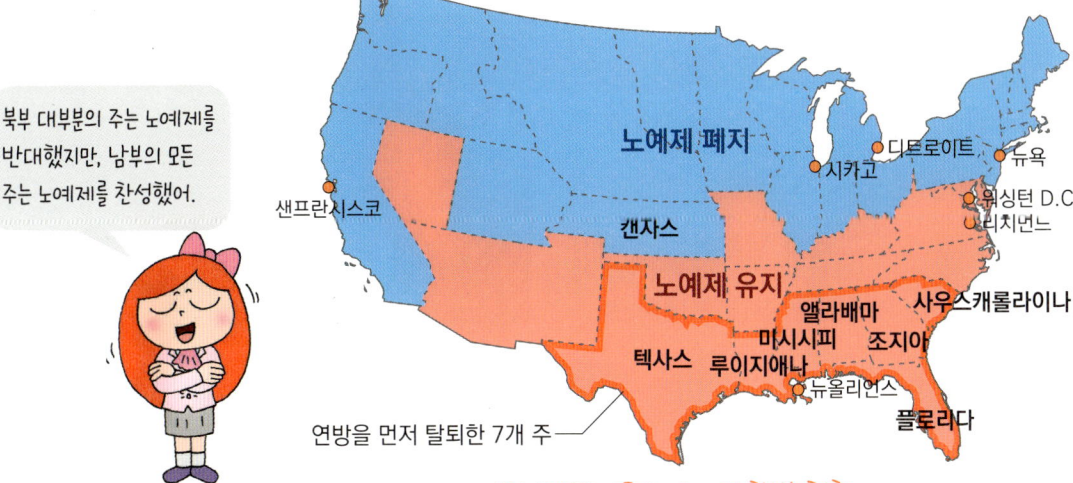

↑ 1861년의 미국 노예 제도 찬반 현황

"응. 남부의 지도자들은 앉아서 당할 수 없다고 생각하고는 결단을 내렸단다."

"결단이라면 설마……?"

"연방을 탈퇴해 독립하기로 한 거야. 조지아와 사우스캐롤라이나, 텍사스를 비롯한 일곱 개 주가 먼저 연방 탈퇴를 선언했어. 미국이 남과 북으로 나눠진 거야."

용선생의 핵심 정리

대농장이 많은 남부에서는 노예제가 유지됐고, 상공업 중심의 북부에서는 노예제 폐지 운동이 벌어짐. 양측의 갈등은 서부가 개척되며 점점 심해졌고, 결국 1860년, 링컨 대통령 당선을 계기로 남부 일곱 주가 연방을 탈퇴해 독립함.

미국 내전이 일어나다

"북부 사람들은 남부의 독립을 인정하지 않고 반란으로 여겼어. 링컨 대통령은 남부가 연방 탈퇴를 취소하지 않으면 무력으로 진압하겠다고 위협했단다. 하지만 남부 일곱 개 주는 아랑곳 않고 독립 절차를 착착 밟아 나갔어. '아메리카 연합국'이란 나라 이름도 짓고, 대통령도 새로 뽑고 정부도 따로 조직했단다. 군대도 만들었지."

"정말 나라가 두 개로 쪼개진 거네요."

곽두기가 걱정스러운 표정을 지었다.

"남부군은 남부에 머물던 연방군을 내쫓기 시작했어. 북부로 돌아가라는 거였지. 근데 1861년 4월 12일에 사우스캐롤라이나의 섬터

↑ **아메리카 연합국의 국기**
이 국기는 미국 남부에서 1861년부터 2년 동안 사용됐어.

▲ **섬터 요새 포격** 섬터 요새를 향해 남부군이 포격을 가하고 있어. 이 공격으로 4년에 걸친 미국 내전이 시작됐지.

곽두기의 국어사전

내전 안 내(內) 싸울 전(戰). 한 나라 안에서 벌어지는 전쟁을 가리켜.

허영심의 상식 사전

군수품 군사적인 목적으로 사용되는 물건을 모두 가리키는 말이야. 총이나 탄약은 물론, 군인들이 입는 옷이나 이불, 치료에 쓰이는 약품도 모두 군수품이지.

▲ 미국 내전 당시 둘로 나뉜 미국

요새를 지키던 연방군이 철수를 거부하고 저항하는 일이 벌어졌어. 남부군은 요새를 향해 포격을 가했고, 이로써 북부와 남부 사이에 내전이 시작됐단다. 북부와 남부의 전쟁이라고 해서 남북 전쟁이라고 하기도 해."

"결국 전쟁이 터졌군요!"

"일단 전쟁이 터지자 노예제를 유지하고 있는 4개 주가 추가로 연방 탈퇴를 선언하고 아메리카 연합국에 붙었어. 이로써 미국의 31개 주 가운데 11개 주가 떨어져 나갔지."

"그럼 누가 유리한 거죠?"

"북부가 유리했어. 북부에 도시와 인구가 집중되어 있었기 때문이지. 병력도 북부가 두 배나 많았고, 각종 군수품이 생산되는 공장, 병력과 군수품을 실어 나를 철도도 북부에 훨씬 많았지."

"그럼 북부가 쉽게 승리했겠네요."

"링컨 대통령은 물론이고 북부 시민들도 다들 전쟁이 북부군의 승리로 금방 끝날 거라고 예상했단다. 하지만 이런 예상은 전쟁 초기에 완전히 뒤집혔어. 남부군이 로버트 리 장군의 지휘 아래 북부군에 맞서 여러 차례 승리를 거두었거든."

"정말요? 그 장군이 엄청 지휘를 잘했던 모양이네요."

"그것도 사실이지만…… 더 중요한 건 남부

시민들이 정말 적극적으로 전쟁에 뛰어들었다는 거야. 남부 시민들은 자신이 북부의 부당한 간섭과 침입에 맞서서 고향을 지키는 수호자라고 생각했어. 그래서 열악한 상황에서도 헌신적으로 군대에 지원해 목숨을 바쳐 싸웠지. 탄약도, 식량도 모자라고, 때로는 신발이 없어서 맨발로 행군을 해야 할 지경이었지만 정신력 하나만큼은 엄청났지. 그만큼 남부 사람들은 북부에 대한 반감이 심했단다."

"우아, 뜻밖인데요. 남부 사람들이 그렇게 생각했을 줄은 몰랐어요."

"하지만 전쟁을 정신력만으로 할 수는 없는 일이지. 시간이 흐르면서 전쟁은 점점 북부군에 유리해졌어. 북부군은 우세한 해군으로 남부를 꽁꽁 봉쇄해서 모든 물자의 수출과 수입을 틀어 막아 버리는 전략을 썼지."

"아하, 나폴레옹의 대륙 봉쇄령 같은 그런 작전이에요?"

▲ 로버트 에드워드 리
(1807년~1870년) 남부 연합의 총사령관으로, 뛰어난 지휘력을 바탕으로 전쟁 초 북부군을 압도했어.

▲ 햄튼 로즈 해전 세계 최초로 철갑선이 동원된 해전이야. 뉴포트뉴스 앞바다에서 벌어진 이 전투에서 북부가 승리해 남부의 바다를 봉쇄하고 유럽의 개입을 막는 데 성공했어.

◀ 아나콘다 계획 전쟁 초기 북부군이 세운 작전 계획이야. 덩치 큰 뱀 아나콘다처럼 강과 바다를 꽁꽁 봉쇄해 남부를 옭아매는 작전이었지.

"맞아, 북부군의 봉쇄 때문에 남부는 수출입의 95퍼센트가 막히는 타격을 입었어. 남부는 사실상 경제가 마비돼서 더 이상 전쟁을 이끌고 나가기가 어려워졌단다."

"북부가 무난히 승리를 거두겠군요."

"아직은 아냐. 한 가지 변수가 남아 있었거든. 바로 외국의 개입이야. 이 무렵 미국 남부는 세계에서 제일가는 목화 생산지였어. 세계 목화의 70퍼센트가 미국 남부에서 재배돼 유럽의 면직물 공장으로 수출됐지. 그래서 유럽 국가들은 자연스럽게 남부와 관계가 돈독했단다. 특히 목화를 많이 수입해 가는 영국과 프랑스는 남부의 수출입이 봉쇄되는 바람에 덩달아 피해를 입었어."

"아하, 영국이나 프랑스가 전쟁에 끼어들 염려가 있었던 거군요."

"그래서 링컨 대통령이 꺼내든 수가 1863년의 노예 해방 선언이란다. 남부의 모든 노예를 해방시키겠다는 선언이었지."

"그게 전쟁이랑 무슨 상관이 있죠?"

"큰 상관이 있지. 노예 해방 선언 때문에 영국이나 프랑스가 남부 편을 들 가능성이 사라졌기 때문이야. 당시 영국이나 프랑스는 국제적으로 노예 제도 폐지에 앞장서고 있는 나라들이라서, 남부의 편을 들어 북부를 공격한다면 세계 곳곳에서 비난이 쏟아질 게 분명했으니까."

"헤헤. 링컨이 머리를 잘 썼네요."

"여기에 추가적인 효과도 있었지. 노예 해방 선언 소식을 들은 남부의 흑인 노예들이 대거 북부로 도망친 거야.

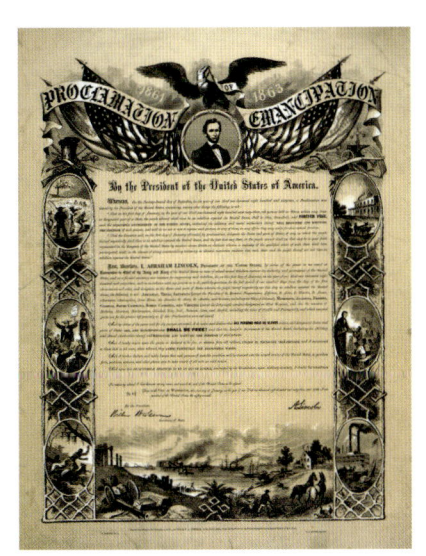

↑ 노예 해방 선언서 링컨의 노예 해방 선언은 남부의 흑인 노예 사이에 널리 퍼져 나갔고, 유럽에서도 큰 지지를 얻었어.

 북부는 이렇게 도망쳐 온 흑인을 병사로 활용해 전쟁에 투입하기도 했단다. 그러잖아도 북부군의 수가 훨씬 많았는데 이제는 더 큰 차이가 나게 되었지."

 "남부군이 완전히 궁지에 몰렸네요."

 "결국 남부군의 리 장군은 최후의 결전을 벌이기로 했어. 북부의 주력군을 상대해서 한 번에 결판을 내기로 한 거야. 1863년 7월, 펜실베이니아 남부의 게티즈버그에서 남부군과 북부군은 사흘간 치열한 전투를 벌였지. 여기서 목숨을 잃은 사람만 5만 2천 명이나 되었대."

 "헉, 사흘 만에 그렇게 많은 사람이 죽었어요?"

 "서로 그야말로 운명을 건 전투였어. 하지만 결국 승리는 북부군에

링컨의 게티즈버그 연설

게티즈버그 전투는 미국 내전에서 가장 큰 인명 피해가 일어난 전투야. 전투가 끝난 뒤 북부는 게티즈버그에 전사한 병사들을 매장할 국립묘지를 만들고 전투 기념비를 세웠어. 1863년 11월 19일은 국립묘지 봉헌식이 있는 날이었어. 미국 상·하원 의원들과 대통령을 비롯한 주요 인물이 초대됐지. 링컨 대통령은 봉헌식이 있기 불과 17일 전에 추모 연설을 부탁받았단다. 그래서 행사 당일 연단에 서서 짧은 연설을 남겼어. 이 연설이 바로 유명한 게티즈버그 연설이야. 링컨의 게티즈버그 연설은 전체 300단어가 채 되지 않고, 연설 시간도 길어야 3분 정도로 몹시 짧았어. 하지만 이 연설은 오늘날 미국 역사상 가장 위대한 연설로 손꼽히지. 미국 독립 선언서에 나타난 인간 평등의 원칙과 자유의 소중함이 짧은 문장 안에 고스란히 녹아 있기 때문이야. 특히 '시민의, 시민에 의한, 시민을 위한 정부'라는 표현은 민주주의의 원칙을 함축적으로 담아낸 명문으로 많이 인용되고 있지. 그래서 미국 학교에서는 학생들이 이 연설을 반드시 외우고 그 뜻을 가슴에 새긴단다. 우리도 어떤 내용인지 한번 살펴보자.

> 지금으로부터 87년 전 우리의 선조들은 이 대륙에 자유의 정신으로 잉태되고 만인이 평등하게 만들어졌다는 믿음으로 새 나라를 세웠습니다.
> 지금 우리는 바로 그 나라가, 아니 자유의 정신과 신념을 가진 어느 나라이든지, 오래도록 버틸 수 있는가 시험받는 내전을 치르고 있습니다. 그리고 우리는 바로 그 전쟁의 격전지인 이곳에 모였습니다. (……)
> 이 나라는 신의 보호 아래 자유의 새로운 탄생을 지켜보게 될 것이며, **시민의, 시민에 의한, 시민을 위한 정부**는 이 땅에서 결코 사라지지 않을 것입니다.

▲ 게티즈버그 전투

▲ 연단에 선 링컨 대통령
게티즈버그 국립묘지 봉헌식에 참석한 링컨 대통령이 연설을 하기 위해 대중 앞에 서 있어.

게 돌아갔어. 게티즈버그 전투를 기점으로 남부군은 본격적으로 몰락했단다."

"휴, 그럼 이제 전쟁이 끝나나요?"

"아직 아니야. 전쟁은 그 후로 몇 년을 더 질질 끌었어. 그만큼 남부 사람들이 끈질기게 저항했지. 1865년에는 남부의 수도 리치먼드가 함락되고 리 장군도 항복했지만 그 이후로도 산발적인 저항은 계속됐어. 결국 북부군은 남부의 농장과 마을을 모조리 불태워 가며 남부를 초토화시켰단다. 그 결과 남부는 폐허가 되었어. 거리마다 도적 떼가 들끓고 전쟁 통에 불구가 된 병사들이 즐비했지. 전쟁 도중 목숨을 잃은 미국인은 모두 63만 명에 이르렀단다. 미국 내전은 미국 역사상 가장 많은 인명 피해가 일어난 전쟁이야."

"63만 명이나요? 대체 왜 그렇게 사람이 많이 죽었나요?"

깜짝 놀란 곽두기가 눈을 동그랗게 뜨며 물었다.

◀ 내전 직후 폐허가 된 남부
남부의 수도였던 리치먼드의 모습이야. 큰 건물은 모두 쓰러져 폐허가 되었고, 기둥만 앙상하게 남아 있지.

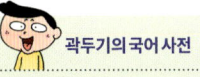

곽두기의 국어사전

사상자 죽을 사(死) 상처 상(傷) 사람 자(者). 전쟁이나 사고로 죽거나 다친 사람을 가리켜.

"산업이 급속도로 발전하면서 무기의 성능이 놀라울 정도로 좋아졌거든. 특히 기관총 같은 무기가 본격적으로 사용되면서 많은 생명을 빼앗아 갔지. 그리고 철도 덕분에 쉴 새 없이 군인들이 전쟁터로 나가면서 사상자 수가 급격히 늘어났어. 앞으로는 다른 전쟁에서도 이렇게 많은 인명 피해가 발생하게 될 거야."

"기술 발전 때문에 전쟁의 피해도 더 커진 거네요."

나선애가 입술을 지그시 깨물었다.

용선생의 핵심 정리

미국 내전은 국력이 우세한 북부군이 앞설 것으로 예상되었음. 그러나 남부 시민의 저항이 거셌던 탓에 예상을 뒤엎고 4년간 이어졌으며, 그 결과 미국 역사상 가장 많은 인명 피해를 일으킨 전쟁이 되었음.

미국이 하나의 나라로 다시 태어나다

"그렇게 처절하게 싸웠으니 서로 감정이 엄청 안 좋았겠어요."

"안타깝지만 그랬단다. 남부 사람들은 이를 갈며 속으로 복수를 다짐했어. 반면 북부 사람들은 남부에 전쟁 책임을 제대로 물어야 한다고 생각했어. 남부 농장주의 땅을 모조리 빼앗아서 해방된 흑인 노예에게 나누어 주어야 한다고 주장하는 사람도 있었지. 하지만 링컨 대통령은 더 이상 남부를 몰아붙이지 말자고 했단다."

"왜요? 남부가 먼저 연방을 탈퇴하고 전쟁을 벌인 거잖아요."

"잘못을 따지기에는 전쟁의 상처가 너무 컸기 때문이야. 링컨 대통령은 이제 서로 적개심을 버리고 전쟁의 상처를 치유하자고 했어. 그래야 갈라진 미국을 다시 하나의 나라로 묶을 수 있다고 여긴 거지. 하지만 링컨 대통령은 뜻을 이루지 못했어. 내전이 완전히 마무리되기도 전에 암살당하고 말았거든."

"헉, 누가 링컨 대통령을 죽였어요?"

아이들이 눈을 동그랗게 떴다.

↑ 암살당하는 링컨 사람들의 증언을 토대로 재연한 링컨의 암살 장면이야. 암살범은 연극배우였는데, 극장에서 연극을 관람하던 링컨을 등 뒤에서 총으로 쏘아 죽였대.

"범인은 노예제와 남부 연합을 지지하는 평범한 연극배우였어. 북부의 정치인들은 링컨 암살 사건으로 남부 사람들의 증오가 얼마나 심각한지 실감했단다. 그래서 링컨의 뒤를 이은 앤드루 존슨 대통령은 남부를 적극 끌어안았어. 내전에 대해 어떤 책임도 묻지 않고, 노예제를 폐지하기만 한다면 연방 의회에서도 예전과 똑같은 발언권을 누릴 수 있게 하겠다고 약속했단다. 거기다 폐허가 된 남부를 재건하기 위해 지원을 아끼지 않았지."

"우아, 정말 파격적인데요?"

"이런 조치 덕분에 남부의 여러 주는 빠르게 원래의 모습을 되찾았어. 그런데 문제는 남부의 주 정부가 다시 권력을 잡으며 흑인의 대우도 예전으로 돌아갔다는 거야. 노예제는 폐지됐지만, 흑인은 남부에서 법적으로 온갖 차별을 받았어. 흑인은 백인과 결혼할 수 없었고, 농장을 갖거나 빌릴 수도 없었지. 농장 노동자 이외에는 다른 직업을 갖지 못하게 하고, 투표도 맘대로 하지 못하게 했지."

 장하다의 인물 사전

앤드루 존슨 (1808년~1875년) 미국 제17대 대통령. 남부 출신이지만 노예제를 반대해 링컨 대통령의 부통령이 되었어. 링컨이 암살당한 뒤 대통령 자리를 이어받았지.

 곽두기의 국어 사전

재건 다시 재(再) 세울 건(建). 무너진 건물이나 조직을 다시 일으켜 세우는 작업을 가리켜.

내전의 시련을 딛고 일어서는 미국 **163**

▲ 흑인 전용 정수기에서 물을 마시는 흑인

1940년대에 찍은 사진이야. 정수기에 '유색 인종 전용'이라는 푯말이 붙어 있어. 이처럼 흑인들은 백인과 다른 화장실, 정수기를 써야 했고, 식당과 버스에서도 다른 좌석에 앉아야 했단다. 심지어 줄을 서 있다가도 백인이 오면 차례를 양보해야 했지.

"그게 뭐예요? 노예제 때문에 전쟁까지 했는데, 바뀐 게 없잖아요."

다들 불만스러운 표정을 지었다.

"노예제는 어쩔 수 없이 폐지했지만, 한때 노예로 부려 먹던 흑인을 평등하게 대우해 주긴 싫었던 거야. 그래서 백인의 농장에서 계속 힘든 일만 하도록 했고, 백인과 전혀 어울리지 못하게 했지. 심지어 KKK단이라는 테러 단체가 등장해 흑인을 폭행하고 흑인과 흑인 인권 운동가의 집에 불을 지르기까지 했단다. 내전의 패배로 쌓인 울분을 힘없는 흑인에게 풀었던 거지."

"어휴, 북부 사람들은 그걸 보고만 있었어요?"

"연방 의회는 흑인에게 투표권과 같은 기본 권리를 보장하지 않는

다면 남부의 재건을 돕지 않겠다고 으름장을 놓았어. 또 연방 의회의 의석 수를 줄이겠다며 남부를 압박했지. 하지만 일상생활에서 흑인을 차별하는 것까지 뭐라고 할 수는 없었어. 주의 자치권을 침해한다고 남부가 다시 반발할 것을 걱정했기 때문이지. 그 때문에 미국 남부의 흑인들은 1950년대까지도 차별을 받았어. 오늘날처럼 법적으로 흑인이 권리를 인정받기까지

▲ 행진 중인 KKK 단원들 KKK단은 백인 우월주의와 인종 차별을 내세운 테러 단체야. 미국 일부 지역에서는 아직도 KKK단이 버젓이 활동하고 있단다.

정말 많은 시간과 노력이 필요했단다. 사실 지금 이 순간에도 미국의 흑인들은 자신의 권리를 인정받기 위해 꾸준히 싸우고 있어."

"어휴, 답답해. 그럴 거면 전쟁은 왜 한 건지 모르겠네요."

나선애가 씩씩대며 말하자 용선생은 살며시 미소를 지었다.

"흐흐. 그래도 미국 내전이 가져온 큰 변화가 하나 있어. 미국이 보다 단단한 나라로 거듭날 수 있었다는 거야."

"그건 무슨 말씀이세요?"

"미국 내전이 벌어지기 전까지 미국은 여러 주가 공동의 이익을 위해 뭉친 동맹에 가까웠어. 그래서 연방의 정책이 자기 이익에 도움이 되지 않는다 싶으면 어떤 주든지 연방을 탈퇴할 마음을 먹을 수도 있었지. 하지만 참혹한 내전을 겪은 뒤에는 자기 주에 이득이 되지 않는다고 연방을 탈퇴하는 건 상상할 수도 없었어. 그래서 미국 전체가 살아도 같이 살고 죽어도 같이 죽는 하나의 국가로 똘똘 뭉치게

되었지."

"하긴, 그렇게 끔찍한 전쟁을 또 할 수는 없었겠죠."

"그래서 1865년에 미국 내전이 끝난 뒤로 북아메리카에서는 전쟁이 벌어진 적이 없어. 미국 내전이 마지막 전쟁이었지."

"그럼 유럽과 달리 전쟁 없이 평화를 누렸다는 거네요."

"맞아. 미국은 미국 내전 이후 지금까지 150년이 넘도록 기나긴 평화를 누리고 있어. 미국은 이 평화를 발판 삼아 그야말로 눈부신 발전을 이룩했지. 특히 연방 정부는 남부 재건 사업을 지원하는 동시에 전쟁으로 잠시 미뤘던 서부 개척에 다시 앞장섰단다. 본격적인 서부 개척 시대가 열린 거야."

 **용선생의 핵심 정리**

미국 내전이 끝난 뒤 연방 정부는 남부를 포용하며 재건을 시도함. 그러나 남부 각 주에서 주 정부가 다시 권력을 잡으며 남부에서는 흑인 차별이 사라지지 않고 오랫동안 이어짐. 한편 내전의 시련을 겪은 뒤 미국은 더욱 단단한 나라로 거듭나 발전을 이룩함.

대륙 횡단 철도가 놓이고 서부 개척이 이루어지다

"미국 내전이 끝나고 4년이 흐른 1869년, 미국의 동부와 서부를 잇는 대륙 횡단 철도가 완공됐어. 총 길이 2,800킬로미터! 서울에서 부산 거리의 7배가 넘어. 공사에 걸린 기간도 꼬박 6년이나 됐지."

"우아, 어마어마한 공사였네요."

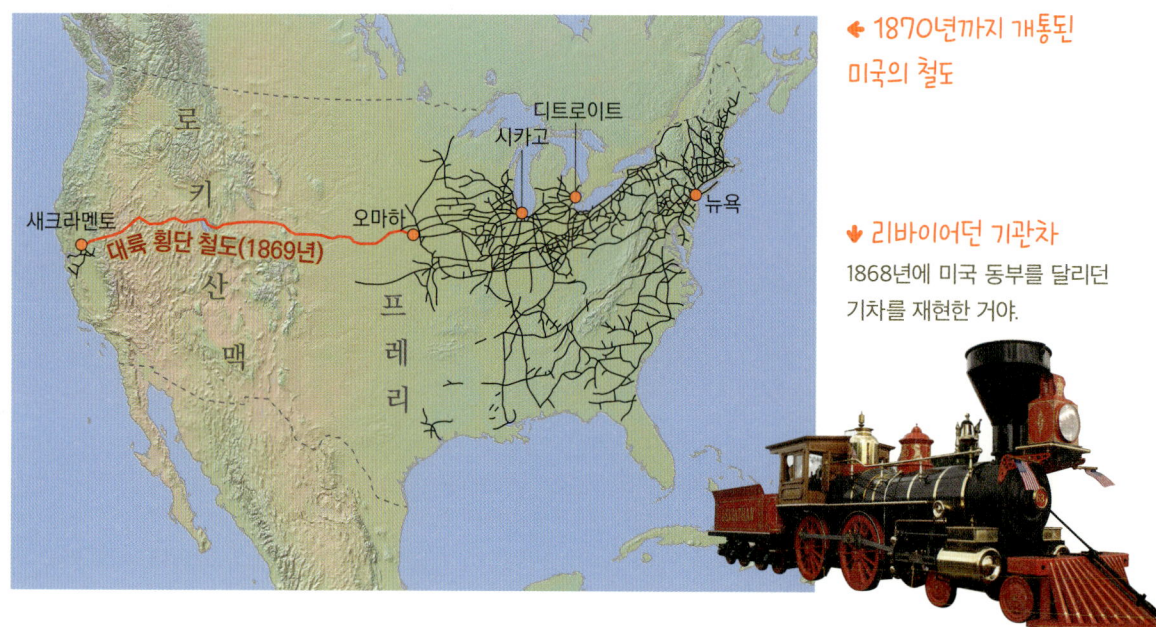

◀ 1870년까지 개통된 미국의 철도

▼ 리바이어던 기관차
1868년에 미국 동부를 달리던 기차를 재현한 거야.

"미국 연방 의회는 서부 개척을 위해 내전 중에도 대륙 횡단 철도 건설을 밀어붙였단다. 철도 공사 업체에 철도가 건설되는 지역의 땅을 아무 대가 없이 넘겼고, 건설비의 상당 부분을 국가 예산에서 지원했지."

"근데 공사에 일손도 무지 많이 필요했을 것 같아요."

"맞아, 엄청난 노동력이 필요했지. 철도 건설에 뛰어든 건 주로 가난한 이민자였단다. 특히 유럽에서 온 아일랜드 사람들, 그리고 태평양을 건너온 중국 노동자들이 먹고살기 위해 피땀을 흘려 가며 철도 공사에 뛰어들었지."

"이야, 중국에서 온 사람까지요?"

"철도 건설 과정도 결코 순탄하지 않았어. 철도 공사 때문에 사는 땅에서 내쫓긴 원주민들이 공사 현장을 습격했거든. 노동자들은 일

 용선생의 세계사 돋보기

철도 건설은 센트럴 퍼시픽 회사와 유니언 퍼시픽 회사가 맡았어. 센트럴 퍼시픽 회사는 서쪽의 캘리포니아 구간을 건설했고 유니언 퍼시픽 회사는 동쪽의 미국 중부 구간을 건설했지.

내전의 시련을 딛고 일어서는 미국 **167**

▲ **대륙 횡단 철도 개통식** 1869년 5월 10일에 프로몬토리 포인트에서 열린 대륙 횡단 철도 개통식 사진이야.

을 하다가도 원주민과 맞서 싸워야 했지. 또 높고 험한 산맥에 다리를 놓고, 폭약을 설치해 터널을 뚫는 일을 하다가 많은 노동자가 목숨을 잃기도 했어.”

“이민자들이 피와 땀으로 대륙 횡단 철도를 놓은 거군요.”

“이렇게 대륙 횡단 철도가 건설되면서 미국에는 본격적으로 서부 개척 시대가 열렸어. 이전에는 서부로 가려면 아무리 빨라도 한 달이 넘게 걸렸는데, 기차를 타면 열흘이면 갈 수 있었거든. 게다가 전염병이나 도적 떼의 습격 같은 위험도 피할 수 있으니 훨씬 안전했지.”

“근데 굳이 서부로 가는 철도를 놓을 필요가 있었나요? 혹시 금광이 다시 발견된 거예요?”

“하하, 그건 아니지만 서부가 미국 발전에 꼭 필요했기 때문이야. 미국의 서부 내륙, 로키산맥의 동쪽에는 그야말로 광활한 평원이 펼

서부 개척에 희생된 아메리카 원주민

▲ 아메리카 원주민의 저항

미국은 서부 개척 덕분에 거대한 나라로 성장했어. 하지만 이 과정에서 수많은 원주민이 희생당했지. 백인이 목장과 광산을 운영하기 위하여 서부의 대평원과 산악 지역에 살던 수십만 명의 원주민을 내쫓고 땅을 빼앗았거든. 심지어 학살을 벌이기도 했어.

서부 개척 열풍은 1869년 대륙 횡단 철도 개통으로 절정에 달했어. 당시 대평원에는 수족과 코만치족 같은 원주민이 사냥을 하며 살았고, 남서부 산악 지역에는 아파치족이 살고 있었지. 이들은 모두 말타기에 능수능란한 전사 집단이었단다. 원주민 중에서도 미네소타주에 살던 수족이 가장 큰 피해를 입었어. 수족은 경기도 크기의 넓은 땅을 빼앗긴 뒤, 미국 정부의 밀가루 배급으로 근근이 생활해야 했지. 근데 미국 정부의 무관심으로 배급마저 끊긴 거야. 이에 분노한 수족은 1862년 폭동을 일으켰어. 링컨 대통령은 폭동의 책임을 물어 38명의 수족을 처형했단다. 이 사건을 계기로 원주민 보호 구역 곳곳에서 원주민이 학살당하는 일이 잇달았어.

1870년대 사우스다코타주에서 금이 발견되면서 백인들은 더욱 노골적으로 원주민 보호 구역을 침략했어. 원주민과 맺은 조약은 휴지 조각이 되어 버린 지 오래였지. 수족은 똘똘 뭉쳐 기병대를 상대로 몇 차례 승리를 거두긴 했지만, 기관총과 같은 신무기와 체계적인 전투 훈련을 받은 미국 기병대에게 무릎을 꿇고 말았어. 그 이후로도 원주민은 백인에 맞서 여러 차례 싸웠지만 돌아오는 건 처절한 보복뿐이었지. 살아남은 원주민은 더 구석으로 쫓겨나 격리되고 말았단다.

여러 차례 원주민과 전쟁을 치른 뒤 미국 정부는 원주민을 미국식으로 교육해 저항을 사전에 차단하려고 했어. 원주민 아이들을 어렸을 때부터 강제로 기숙 학교에 넣어 미국식 교육을 시킨 거야. 아이들은 원주민 언어 대신 영어로만 말해야 했고, 오로지 크리스트교만 믿어야 했지. 부모로부터 떨어진 아이들은 오로지 '미국인'이 되도록 강요받으며 커야 했단다.

◀ **수족의 대추장 타탕카 이오타케** 원주민 저항을 상징하는 대표적 인물. '앉아 있는 소'란 별명을 가지고 있어.

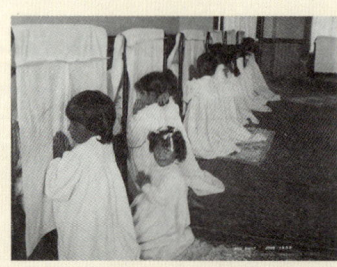

◀ **원주민 기숙 학교의 기도 시간** 어린 원주민 학생들은 전통 신앙을 버리고 크리스트교를 믿도록 강요받았어.

↑ 카우보이의 모습 서부 개척 시대에 등장한 카우보이는 미국 개척 정신의 상징이 되었단다. 때로는 날뛰는 소나 말 등에 올라탄 채 버티는 묘기를 선보이기도 했지.

곽두기의 국어사전

방목 놓을 방(放) 기를 목(牧). 가축을 초원에 풀어놓고 기르는 것을 가리켜.

쳐져 있거든. 좁게는 한반도의 6배, 넓게는 한반도의 10배쯤 되는 넓은 땅이지. 이 평원 지대는 1년 강수량이 500밀리미터가 채 되지 않을 정도로 비가 적게 내리는 곳이라 농사를 짓기에는 그다지 적합하지 않았어. 다만 키 작은 풀이 많이 자라는 초원이라서 가축을 기르기에는 안성맞춤이었지."

"무슨 가축을 기르는데요?"

"소! 미국 사람들은 이 드넓은 초원에 수백만 마리가 넘는 소를 풀어놓고 방목했어. 그리고 소가 다 자라면 기차에 싣고 도시로 가져가서 팔았지. 소를 운반하기 위해서는 철도가 반드시 필요했단다. 이때 수천 마리나 되는 소 떼를 끌고 기차역까지 이동하는 사람들이 등장했는데, 이 사람들을 '카우보이'라고 해."

"아하! 카우보이가 이때 등장한 거구나."

"그렇게 소를 많이 키웠으면 소고기는 엄청 먹을 수 있겠네요."

장하다가 입맛을 다시자 용선생은 미소를 지어 보였다.

"시간이 흐르면서 서부에는 농사를 짓는 사람들도 늘어났어."

"어, 비가 적게 내려서 농사는 짓기 어렵다면서요?"

"빗물에만 의존해 농사를 짓는 옛날이라면 큰 문제였겠지. 하지만 기술 발전 덕택에 일단 농사를 지으려는 사람과 의지만 있다면 그게 큰 걸림돌은 아니었어. 기계를 이용해 지하수를 퍼 올리거나, 강물을 끌어와도 되니까."

"그럼 농사지을 사람은 어디서 구해요?"

↑ **미국 내륙 대초원(프레리)의 밀 농장** 프레리는 미국 내륙 중앙부에 자리한 비옥한 곡창 지대야. 이곳에서 생산된 밀 덕분에 미국은 오늘날 세계에서 제일가는 밀 수출국이 되었단다.

"연방 정부는 1862년 '자작농지법'을 만들어서 농지를 개간할 미국인을 적극 유치했단다. 자작농지법은 미국인이 5년 동안 서부에서 땅을 개간하고 농사를 지으면 그 땅을 아주 싼값에 주는 법이었지. 이 법 덕택에 자기 땅이 없는 가난한 농민들이 앞다퉈 서부로 몰려와 밀농사를 지었단다. 그리하여 1800년대 말이면 소와 농산물을 가득 실은 증기 기관차가 드넓은 평원을 달리게 되었어."

"이야, 소고기면 소고기, 밀이면 밀! 전부 서부에서 가져왔나 봐요."

곽두기의 말에 용선생이 고개를 끄덕였다.

"서부에서 생산된 농산물과 축산물은 미국 대도시뿐만 아니라 유럽과 아시아를 비롯한 전 세계로 수출됐어. 미국은 오늘날까지도 세계에서 제일가는 농산물과 축산물 수출국이지. 우리가 먹는 소고기와 밀도 미국에서 수입한 게 많아."

"어머, 미국에는 고층 빌딩이랑 도시만 많은 줄 알았는데 농사도

많이 짓는 나라였구나."

영심이가 놀란 듯 눈을 동그랗게 떴다.

"물론 오늘날 미국은 세계 최고 수준으로 도시가 발달한 나라야. 하지만 그걸 뒷받침한 것이 바로 서부 개척이었어. 1800년대 말에는 미국도 산업화가 진행되면서 인구가 크게 증가했어. 근데 인구 대부분이 공장이 있는 동부 상공업 도시에 모여 살았기 때문에, 동부는 늘 식량이 부족했단다. 그래서 서부의 대평원이 식량 생산을 책임진 거야. 서부를 개척해 도시에 식량을 안정적으로 공급하지 않았더라면 아마 미국은 지금처럼 크게 성장하기 어려웠을 거야."

용선생의 핵심 정리

1869년 대륙 횡단 철도가 개통되며 서부 개척 시대가 본격적으로 열림. 서부 이주민들은 미국 내륙의 초원에서 소를 방목하고 밀을 키워서 도시에 공급함. 서부의 안정적인 식량 공급은 미국 발전의 밑거름이 되었음.

미국이 급속도로 산업화를 이루고 독점 기업이 등장하다

"서부 개척이 한창일 때, 동부에서는 어떤 모습으로 도시가 바뀌고 있었는지 알아볼까?"

"근데 미국 사람들이 서부에도 살고 동부의 도시에도 많이 살았으면, 그 많은 사람이 전부 어디서 왔어요?"

"흐흐. 내전 후 출산율이 꾸준히 늘긴 했지만 그게 전부는 아니야. 미국으로 이민자가 정말 많이 찾아왔거든. 특히 내전이 끝난 1865년부터 50년 남짓한 기간 동안 미국을 찾아온 이민자는 무려 2,750만 명에 육박해."

↑ **뉴욕 항을 찾아온 이민자들** 뉴욕은 유럽에서 건너온 이민자를 받아들이는 관문이었어. 이민자는 대부분 특별한 기술이나 지식이 없고 가난한 사람들이었지.

"으아, 2,750만 명이라고요?"

아이들의 눈이 휘둥그레졌다.

"응. 대부분이 유럽에서 온 이민자들이었어. 이들은 주로 동북부의 도시에 정착해 공장에서 일하는 노동자가 되었지."

"도시에 노동력이 넘쳤겠네요."

"응, 노동자를 값싸게 고용할 수 있으니 산업 발전에 큰 도움이 되었지. 게다가 평화를 되찾은 미국은 산업화를 이루기에 여러모로 안성맞춤인 나라였어. 어마어마한 영토와 풍부한 지하자원, 잘 갖추어진 철도 교통, 풍부한 노동력…… 게다가 연방 정부도 기업가들의 자유

↓ 2016년 월드시리즈에서 우승한 뒤 기뻐하는 시카고 컵스

로운 기업 활동을 팍팍 지원했단다. 미국에는 우후죽순으로 각종 공장이 들어섰고, 1900년에 이르러 영국, 독일과 어깨를 나란히 하는 세계 최고의 공업국이 되었어."

"영국, 독일이랑 비교할 정도였다고요?"

"그래. 그만큼 미국의 잠재력이 컸던 거야. 뉴욕과 보스턴, 시카고와 필라델피아 같은 미국의 주요 도시에는 하늘 높이 치솟은 고층 빌딩이 들어서며 런던이나 파리 못지않은 휘황찬란한 도시로 성장했단다. 도시의 노동자들은 백화점과 슈퍼마켓을 오가면서 마음껏 쇼핑하고, 휴일에는 동네 운동장을 찾아서 여가를 즐겼어. 미국인이 사랑하는 국민 스포츠인 프로야구 메이저리그가 시작된 것도 이때야."

← 시카고 프로 야구팀의 팀 소개 유인물
1870년 창단된 '시카고 화이트스타킹스'의 유인물이야. 이 팀은 오늘날까지도 '시카고 컵스'라는 이름으로 메이저리그에서 활약하지.

↓ 시카고 오대호 연안의 대표적인 산업 도시야. 원래 수백 명의 개척민이 살아가는 조그만 마을이었지만, 1800년대 중반부터 성장을 거듭한 끝에 오늘날엔 미국에서 세 번째로 큰 대도시가 되었지.

↑ 1800년대 미국에서 발명된 발명품들
왼쪽부터 차례로 이스트먼의 필름 카메라와 에디슨의 백열전구, 라이트 형제의 비행기야.

▼ 오티스 엘리베이터

"히히. 야구가 시작된 게 이때였군요!"

장하다가 눈을 동그랗게 떴다.

"선생님, 그런데 미국에서는 주로 어떤 제품을 만들었나요? 미국도 면직물이에요?"

"물론 면직물도 만들었지만…… 미국은 여러 산업 분야에 걸쳐 새로운 제품을 개발하고 혁신하는 분야에서 앞서 나갔단다. 음, 너희들 발명왕 에디슨 알지?"

"네! 에디슨이 미국 사람이에요?"

"맞아. 에디슨은 1879년에 백열전구를 발명하고 전기 회사를 세워서 도시의 밤 풍경을 완전히 바꿔 놓았지. 전기가 보급되자 지금껏 증기 기관에 의존해 왔던 공장의 기계들이 하나둘씩 전기를 이용하는 기계로 바뀌었단다. 그뿐만 아니라 비행기를 만든 라이트 형제,

➤ 플랫아이언 빌딩 1902년 뉴욕의 타임스 스퀘어에 건설된 높이 82미터의 고층 빌딩이야. 오늘날까지도 뉴욕을 상징하는 명소로 유명해. 이 건물에는 체인이나 로프가 파손되어도 자동으로 정지하는 엘리베이터가 설치되어 화제를 모았어.

전화기를 만든 그레이엄 벨도 모두 미국 사람이야. 이 밖에도 미국에서는 세상을 놀라게 한 혁신적인 발명품이 여럿 쏟아져 나왔지."

"전기, 전화기, 비행기…… 하나같이 엄청난 발명품이네요."

"그렇지? 그런데 이렇게 산업이 발전한 것까지는 좋은데, 산업 발전이 너무 빨랐던 탓에 몇 가지 부작용이 나타났어."

"부작용요?"

"산업 발전에 비해 노동자들이 제대로 대우를 받지 못한 거야. 같은 시기 유럽과 똑같은 현상이 일어난 거지. 특히 특별한 기술이 없는 흑인 노동자나 가난한 이민자들은 하루 16시간씩 노동에 시달려도 겨우 입에 풀칠할 정도의 임금밖에 받지 못했어. 결국 곳곳에서 파업과 시위가 벌어졌단다."

"노동자들이 뭘 요구했는데요?"

"노동자들의 요구는 몹시 단순했지. 임금을 올려 주고 노동 시간을 하루 8시간으로 줄여 달라는 거야."

➜ **시카고 헤이마켓 사건**
1886년 5월 4일 시카고에서 벌어진 폭력 사태야. 이날 경찰의 해산 명령을 시위대가 거부하며 충돌이 빚어졌어. 그 와중에 폭탄이 터지며 수많은 사람이 죽거나 다쳤지.

"그 정도 요구라면 받아 줬겠죠? 미국은 시민의 권리를 잘 보장하는 나라잖아요."

"천만에. 기업가들은 노동자의 요구를 무자비하게 짓밟았단다. 연방 정부도 기업가 편을 들면서 경찰과 군대를 보내서 시위를 진압했지. 1886년 5월 1일에는 시카고에서 공장 노동자의 대규모 시위가 시작됐어. 5월 4일에는 시카고 헤이마켓 광장에서 경찰이 시위대를 진압하던 도중에 대규모 폭력 사태가 발생해서 수백 명이나 되는 노동자가 다치는 일도 벌어졌지."

"어휴, 미국에서도 그런 일이 벌어지다니요."

"급격한 산업 발전으로 또 다른 문제도 생겼어. 여러 기업 사이에 경쟁이 너무나 심해진 거야. 어느 정도 돈을 번 기업들은 경쟁자를 물리치고 시장을 독차지하기 위해서 수단과 방법을 가리지 않았지. 스파이를 고용해서 경쟁사를 염탐하고, 정치인에게 뇌물을 바쳐서 유리한 정보를 빼내거나 정부의 정책도 조정했어."

> 용선생의 세계사 돋보기
>
> 헤이마켓 사건 때문에 5월 1일은 '노동자의 날'이 되었어. 우리나라에서는 '근로자의 날'이란 이름으로 기념하지.

◀ 스탠더드 오일 회사의 독점을 풍자한 그림
강력한 영향력으로 문어발처럼 이곳저곳에 세력을 뻗은 스탠더드 오일 회사의 모습을 풍자한 그림이야.

곽두기의 국어 사전

독점 홀로 독(獨) 차지할 점(占). 개인이나 기업이 경쟁자를 제치고 홀로 이익을 독차지하는 걸 말해.

장하다의 인물 사전

존 데이비슨 록펠러
(1839년~1937년) 미국의 석유 사업가로 한때 미국 내 정유소의 95퍼센트를 지배해 '미국의 석유왕'으로 불렸어.

존 피어폰트 모건
(1837년~1913년) 미국의 금융 자본가야. 1800년대 후반 미국의 공업과 철도 건설을 위한 자금 조달에 중요한 역할을 했대.

↑ **앤드루 카네기**
(1835년~1919년) 가난한 스코틀랜드 이민자 출신으로 자수성가한 기업가야. 한때 철강 산업을 독점하며 '철강왕'이란 별명으로 불렸지.

"쳇, 자기 회사만 돈을 벌겠다는 거네요."

왕수재가 팔짱을 끼며 투덜댔다.

"그 결과 경쟁자를 모조리 물리치고 시장을 독차지하는 독점 기업도 등장했어. 대표적인 독점 기업이 존 데이비슨 록펠러가 세운 석유 회사인 '스탠더드 오일 회사'였지. 록펠러의 석유 회사는 온갖 부정한 방법을 동원해서 미국의 석유 산업을 독점하는 거대 기업으로 성장했단다."

"근데 선생님, 독점 회사가 꼭 나쁜 건가요?"

"소비자 입장에서는 나쁘지. 시장에 석유를 파는 회사가 하나뿐이면, 그 회사에서 석유를 터무니없이 비싸게 팔더라도 소비자는 어쩔 수 없이 사야 하거든. 미국에는 석유 회사 말고도 다른 분야에서 시장을 독점한 기업가가 여럿 등장했어. 앤드루 카네기는 철강 시장을 독점해서 '철강왕'으로 불렸고, 존 피어폰트 모건은 금융 시장을 독점했지. 이렇게 한 분야를 독점한 기업은 아예 여러 분야를 독점하는 거대 기업으로 성장하기도 했단다."

"여러 분야를 독점해요?"

"예컨대 카네기는 철강 공장을 독점한 후, 철광석과 석탄 광산까지 모조리 사들여서 독점했어. 또 철도 회사와 선박 회사까지 사들였지. 한마디로 철광석을 캐내서 철강을 만들고 그걸 운송하는 모든 과정을 독점했던 거야. 그러자 규모가 작은 경쟁자는 카네기에게 도전할 엄두조차 낼 수 없었지."

"그럼 철강 관련 제품은 전부 카네기 제품만 써야 하는 거예요?"

"그래. 이쯤 되자 미국인들의 불만도 커졌어. 연방 정부에 거대 기

업이 시장을 독점하는 걸 막아 달라는 요구도 나왔지. 하지만 연방 정부는 조심스러웠단다. 자칫하면 정부가 자유로운 기업 활동을 막는 꼴이 될 수도 있거든."

"에이, 그렇다고 해서 기업이 뭐든 맘대로 하게 둘 순 없잖아요."

나선애가 눈살을 찌푸리며 말하자 용선생은 빙긋 미소를 지었다.

"바로 그거야. 미국인들은 이 시점부터 그런 생각을 품기 시작했어. 기업의 자유로운 활동도 중요하지만, 거대 기업이 사회 발전을 방해한다면 정부가 나서서 규제해야 한다고 생각했지. 그래서 1890년부터 기업의 독점을 금지하는 법이 제정되기 시작했고, 이때 만들어진 법을 한데 묶어 '독점 금지법'이라고 불러. 그리고 연방 정부의 주도 아래 기업이 비리를 저지르거나 불공정한 거래를 하지는 않는지 철저하게 감시했단다."

"뒤늦긴 했지만 그래도 조금씩 나아지는 거네요."

"그래. 급속한 산업화 때문에 여러 가지 문제가 생기긴 했어도, 1900년대 초반 미국은 세계에서 가장 빠르게 성장하는 나라였어. 세계인들은 미국을 누구나 열심히 일하면 자기 힘으로 부자가 될 수 있는 곳, '기회의 땅'으로 여겼지. 그래서 '아메리칸 드림'이라는 말이 생겨났고, 세계 곳곳에서 더욱더 많은 이민자가 미국으로 몰려들었단다."

▶ **자유의 여신상** 프랑스가 1886년 미국 독립 100주년을 기념해 선물한 동상이야. 지금은 기회의 땅 미국을 상징하는 기념물이 되었지.

세계를 비추는 자유의 여신상?!

"그러다가 결국엔 영국이나 프랑스, 독일 같은 나라를 제치고 세계 최강대국이 되었다는 말씀이시죠?"

"흐흐. 맞아. 물론 그 과정이 좀 복잡하긴 하지만, 그건 다음에 더 자세히 배우자. 오늘은 여기까지! 모두들 수고 많았어!"

용선생의 핵심 정리

미국은 내전 이후 급속도로 산업화를 이루며 영국, 독일과 대등한 공업국이 됨. 그러나 이와 함께 노동자의 불만이 거세졌고, 시장을 독점하는 독점 기업이 등장하는 등 여러 가지 부작용이 나타남.

나선애의 **정리노트**

1. ### 발전을 거듭하는 미국
   - 동부: 오대호를 연결하는 운하와 곳곳에 철도가 생기며 더욱 발전함.
     → 시카고, 디트로이트 등 오대호 연안에서 신흥 공업 도시가 성장함.
   - 서부: 캘리포니아에서 황금이 발견돼 골드러시가 시작됨.
     → 정착촌이 생기고 샌프란시스코가 성장하며 서부 개척이 활발해짐.

2. ### 노예 제도를 둘러싼 북부와 남부의 갈등
   - 대농장이 발달한 남부는 노예제를 유지
     → 상공업 중심의 북부는 노예제를 반대하며 북부와 남부의 갈등이 커짐.
   - 노예제를 반대하는 링컨이 제16대 대통령으로 선출됨.
     → 남부 7개 주가 연방을 탈퇴하며 미국 내전으로 번짐.

3. ### 내전 이후 하나가 된 미국
   - 남북 통합과 미국 발전의 밑거름이 된 미국 내전
     → 내전을 겪으며 남부는 폐허가 되고 많은 사람이 죽음.
     → 승리한 북부는 남부 재건에 힘쓰며 연방을 통합하고 서부 개척에 앞장섬.
   - 노예제는 폐지됐으나 남부는 여전히 흑인을 차별함.

4. ### 서부 개척 이후 더욱 발전하는 미국
   - 대륙 횡단 철도로 서부 개척 시대가 활짝 열림.
   - 서부에서 농·축산업이 발달하며 식량 생산 증가
     → 철도를 통해 동부 상공업 도시로 공급되며 산업이 크게 발전함.
   - 산업이 발전하며 노동자 착취, 독점 기업 등장 등 여러 부작용을 겪음.

세계사 퀴즈 달인을 찾아라!

1 다음 지도를 보고 1800년대 미국에 대해 바르게 설명한 친구는?
(   )

〈오대호 운하〉

 ① 철도가 건설되며 운하 이용은 쇠퇴했어.

 ② 운하는 미국 서부 태평양 연안까지 이어졌어.

 ③ 오대호 연안에 새로운 공업 도시가 성장했어.

 ④ 이리 운하 덕분에 내륙에서 태평양으로 바로 나가는 길이 열렸어.

2 빈칸에 들어갈 알맞은 말을 써 보자.

미국 서부에서 황금이 발견되자 수많은 사람들이 금을 찾아 미국 서부로 몰려들었어. 이 사건을 가리켜 ○○○○라고 해.

(   )

3 다음 그림을 통해 알 수 있는 것으로 옳지 <u>않은</u> 것은?   (   )

〈노예 제도를 둘러싼 북부와 남부의 갈등〉

① 상공업 중심의 북부는 노예제를 반대했다.
② 북부와 남부는 노예제를 폐지하는 데 합의했다.
③ 남부에는 흑인 노예로 운영되는 대농장이 발달했다.
④ 노예제에 기반을 둔 남부 주들은 연방을 탈퇴하려 했다.

4 미국 내전에 대한 설명으로 옳지 않은 것은? (   )

① 미국 내전은 4년이나 이어지며 미국 역사상 가장 많은 인명 피해를 남겼다. ② 게티즈버그 전투에서 승리한 북부는 최종적으로 전쟁에서 승리했다. ③ 그 결과 노예제가 폐지되며 남부의 흑인 차별도 완전히 사라지게 되었고, ④ 내전 후 미국은 하나의 국가로 큰 발전을 이루었다.

6 서부 개척 이후의 미국 사회에 대한 설명으로 옳지 않은 것은? (   )

① 미국에 세계 최초의 운하와 철도가 생겨났다.
② 독점 기업이 등장하고 노동자들은 저임금에 시달리고 있었다.
③ 미국은 영국, 독일과 어깨를 나란히 하는 최고의 공업국으로 성장했다.
④ 전기가 공급되어 도시의 밤은 밝아지고 하늘을 나는 비행기도 만들어졌다.

5 다음 철도가 놓이던 시기 미국에서 일어났던 일로 옳지 않은 것은? (   )

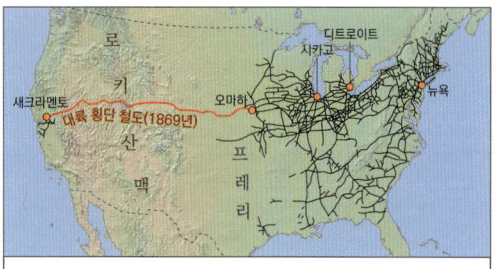

미국 내전이 끝나고 4년이 흐른 뒤 1869년, 미국의 동부와 서부를 잇는 대륙 횡단 철도가 완성되었어. 총 길이는 2,800킬로미터로 공사에 걸린 시간도 꼬박 6년이나 되었지.

① 가난한 이민자들이 주로 철도 건설에 참여했어.
② 아메리카 원주민들도 철도 건설을 적극 환영했어.
③ 서부의 농산물과 축산물이 동부에 안정적으로 공급되었어.
④ 자작농지법으로 수많은 농민들이 서부로 몰려들며 농업이 발전했어.

정답은 267쪽에서 확인하세요!

> 용선생 세계사 카페

미국에 뿌리를 내린 이민자들

미국은 다양한 뿌리를 가진 사람들이 모여 사는 나라야. 특히 1776년 미국이 독립한 이후 급속도로 팽창을 거듭하자 세계 곳곳에서 이민자들이 성공의 꿈을 안고 미국을 찾아왔지. 이민자들은 주로 특별한 기술이 없고 가난한 사람들이었어. 그래서 이들은 주로 항구, 철도 건설 현장, 대농장 등 힘든 곳에서 일하며 고된 삶을 꾸려 갔단다. 특히 1800년대 중반 이후로는 아일랜드인의 이민이 두드러졌고, 태평양 건너 중국에서도 많은 이민자가 미국을 찾았어.

가난을 피해 온 아일랜드인

1820년부터 약 100년간 500만 명에 가까운 아일랜드인이 미국으로 건너왔어. 아일랜드 사람들이 미국으로 건너온 이유는 바로 끔찍한 가난과 굶주림 때문이었지.

문제는 감자였어. 1600년대 들어 영국이 아일랜드를 정복한 이후 아일랜드 땅은 대부분 영국인 지주가 차지했지. 영국인 지주들은 아일랜

▶ 미국으로 떠나는 아일랜드 주민들 많게는 1년에 수십만 명이나 되는 아일랜드 사람들이 대서양을 건너 미국으로 향했어.

드에 밀을 심고 수확해 대부분 영국으로 수출했단다. 영국인 지주의 땅에서 소작농으로 일하는 아일랜드 사람들은 밀을 먹지 못하고, 자투리땅에 심은 감자를 주식으로 삼았지.

그런데 1840년부터 아일랜드에 감자 줄기가 썩어 들어가는 역병이 번졌어. 감자 농사를 망친 아일랜드 사람들은 굶주림에 시달렸지. 하지만 영국 지주들은 밀

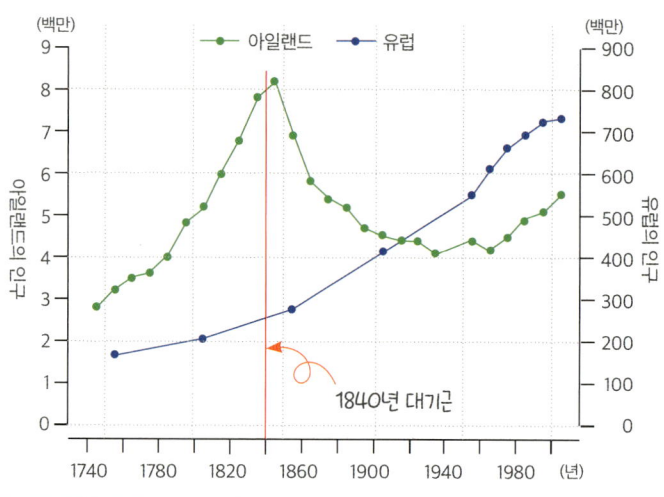

↑ **아일랜드와 유럽의 인구 변화** 꾸준히 인구가 늘어난 유럽과 달리 아일랜드는 대기근이 닥친 1840년대 중반부터 인구가 급격히 감소했어.

을 수확해 계속 영국 본토에 내다 팔면서 아일랜드 사람들의 고통을 모른 척했단다. 여기에 엎친 데 덮친 격으로 혹독한 추위와 폭설이 해를 거듭해 찾아왔어. 이 사건을 '아일랜드 대기근'이라고 하는데, 이때 아일랜드 주민 200만 명이 목숨을 잃었어. 아일랜드 전체 인구가 약 800만 명이었으니, 정말 많은 사람이 굶어 죽은 셈이었지.

굶주림을 견디다 못한 아일랜드 사람들은 살길을 찾아 바다 건너 미국으로 떠나갔어. 하지만 미국으로 건너간 아일랜드 사람들의 삶은 비참했단다. 이들은 재산도 없고 특별한 기술도 없어서 좋은 일자리를 구할 수가 없었거든. 그래서 주로 단순 일자리를 전전하며 온갖 고생을 하며 살았지. 또 종교가 다르다는 이유로 박해를 받기도 했어. 하지만 아일랜드인은 숱한 차별 속에서도 꿋꿋하게 삶을 일구어 나갔어. 그 결과 미국 사회에 온

↑ **방화로 불타는 아일랜드인의 성당** 가톨릭을 믿는 아일랜드인의 수가 늘어나자 아일랜드인의 이민을 반대하는 미국인들이 1844년에 폭동을 일으켰어. 많은 아일랜드인이 죽고 여러 가톨릭 성당이 불탔지.

↑ 존 F. 케네디
(1917년~1963년) 미국의 제35대 대통령 존 F. 케네디는 아일랜드 이민자의 후손으로는 최초로 미국 대통령에 당선됐어.

전히 정착하는 데 성공했지. 1961년에는 아일랜드 이민자의 후손인 존 F. 케네디가 미국의 제35대 대통령으로 당선되기도 했단다.

대륙 횡단 철도 건설의 주역 중국인

골드러시가 한창이던 1840년대, 중국인도 태평양을 건너 아메리카 대륙을 밟았어. 1880년대까지 약 10만 명의 중국인이 미국을 찾아왔는데, 골드러시에서 별 소득을 얻지 못한 이들은 대부분 대륙 횡단 철도의 건설 노동자로 일했어. 별다른 기술이 없었기 때문에 아일랜드 이민자들과 마찬가지로 건설 노동자로 일하거나 항구에서 짐을 옮기는 허드렛일을 하며 미국에 정착했지.

하지만 초기 중국 이민자의 삶은 비참함 그 자체였단다. 숱한 중국인 노동자가 비상식적으로 긴 노동 시간과 가혹한 노동 환경에 시달렸고, 예상치 못한 사고를 당해도 변변하게 보상조차 받을 수 없었어. 조금이라도 항의를 하면 백인 고용주에게 총살당하기도 했지.

➔ 철도 건설 공사에 투입된 중국인 노동자들
중국인 노동자들이 선로를 연결하는 작업을 하고 있어.

↑ **축제 중인 차이나타운** 중국인 이민자들은 뉴욕, 로스앤젤레스 등 대도시에 차이나타운을 만들어 자신의 문화와 생활을 그대로 이어 가지.

미국 정부도 중국인 노동자를 차별했어. 값싼 임금으로 부릴 수 있다는 이유로 받아 주긴 했지만, 정식으로 미국 사람으로 인정해 주지 않고 노골적으로 인종 차별 정책을 실시했단다. 중국인 이민자가 너무 많다며 1882년에는 '중국인 배척법'을 만들어 중국인의 이민을 제한하기도 했어. 그러자 중국 이민자들은 낯선 미국 땅에서 살아남기 위해 자신들끼리 똘똘 뭉쳐 마을을 이루었지. 이렇게 생겨난 마을이 바로 오늘날 미국 곳곳에 자리 잡은 차이나타운이야.

'중국인 배척법'은 1942년이 되어서야 폐지되었어. 그러자 이전보다 훨씬 많은 중국인이 미국으로 몰려들었지. 오늘날 중국인 이민자들은 높은 교육열과 대학 진학률을 바탕으로 IT, 과학 등의 분야에 활발히 진출해 미국의 첨단 산업을 이끄는 구성원으로 자리매김하고 있단다.

↑ **스티브 천** (1978년~)
유튜브 공동 설립자인 스티브 천은 중국에서 온 이민자야.

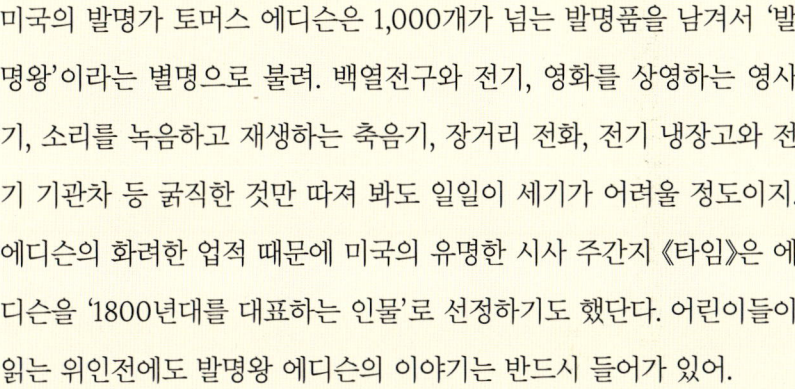

토머스 에디슨은 정말 발명왕일까?

미국의 발명가 토머스 에디슨은 1,000개가 넘는 발명품을 남겨서 '발명왕'이라는 별명으로 불려. 백열전구와 전기, 영화를 상영하는 영사기, 소리를 녹음하고 재생하는 축음기, 장거리 전화, 전기 냉장고와 전기 기관차 등 굵직한 것만 따져 봐도 일일이 세기가 어려울 정도이지. 에디슨의 화려한 업적 때문에 미국의 유명한 시사 주간지 《타임》은 에디슨을 '1800년대를 대표하는 인물'로 선정하기도 했단다. 어린이들이 읽는 위인전에도 발명왕 에디슨의 이야기는 반드시 들어가 있어.

그런데 사실 에디슨은 자신만의 독창적인 아이디어로 발명품을 만들어 낸 발명가가 아니었어. 에디슨의 대표 발명품인 전구는 물론이고, 축음기나 전화기, 영사기 역시 에디슨이 손을 대기 이전에 이미 완성 단계에 이른 발명품이었지. 그렇다면 에디슨은 어떻게 '발명왕'으로 알려지게 된 걸까?

↑ 토머스 에디슨
(1847년~1931년)

기발하고 독특했던 꼬마 사업가

에디슨은 1847년 미국 동부의 오하이오주에서 태어났어. 아버지는 목수이고 어머니는 전직 선생님이었는데, 집안은 가난한 편이었지. 어린 시절 에디슨은 기발하고 독특한 아이였대. 아마 어린 에디슨이 닭이 계란을 품어 병아리가 태어나는 걸 보고 직접 계란을 품으려 했다는 이야기는 한 번쯤 들어 봤을 거야.

에디슨은 학교 공부에 좀처럼 흥미를 갖지 못했어. 선생님의 말씀은 무시한 채 공책에 혼자 이상한 기계를 그리고 엉뚱한 질문만 일삼았지. 당연히 성적은 밑바닥을 기었고, 점점 학교 가는 날도 적어지다가 열두 살에는 학교를 그만두게 돼. 이후 에디슨은 선생님이었던 어머니의 지도 아래 집에서 학업을 이어 갔다고 하는구나. 이때부터 집에 실험실을 만들고 온갖 과학 실험을 해 나갔지.

↑ 어린 시절의 토머스 에디슨

하지만 에디슨이 정말 돋보인 부분은 따로 있어. 바로 사업이야. 집안 사정이 넉넉지 못했기 때문에, 에디슨은 자신의 실험 비용을 벌기 위해 열차에서 과일과 신문을 팔았거든. 또 1861년 미국 내전이 터지자 인쇄기를 구입해 직접 전쟁 소식을 전하는 신문을 제작해 팔기도 했지. 이때 에디슨은 제법 많은 돈을 벌었어. 어려서부터 사업에 소질을 보인 셈이야.

발명가의 길로 뛰어들다

에디슨은 열차에서 일하던 중 우연한 기회에 기차역에서 전신 기술을 익혀서 전신 기술자로 일하게 돼. 그리고 1868년에는 최초의 발명품인 '전기 투표 기록기'를 발명하며 발명가의 길로 뛰어들었지. 이 발명품은 투표자가 버튼을 누르면 전기 신호로 투표 결과를 자동으로 기록하는 기계였어. 에디슨은 미국 의회에서 이 발명품이 유용하게 쓰일 거라고 생각했지만, 정작 이 발명품은 별로 팔리지 않았어. 미국 사람들은 투표 결과를 빠르게 기록해 결론을 내리는 것보다는 충분한 토론을 거치는 걸 더 좋아했거든. 이때 에디슨은 큰 교훈을 얻었대. 무작정 새로운 물건을 만들어 내는 것보다는 '사람들이 필요로 하는 발명품을 만들어야 한다.'는 것이었지.

↑ 전화기를 시험해 보는 에디슨

← 에디슨과 에디슨의 축음기
자신이 발명한 축음기와 함께 찍은 사진이야. 이 축음기는 1878년 파리 박람회에 출품돼서 많은 화제를 낳았지.

이때부터 에디슨은 이미 완성 단계에 이른 발명품을 더 쓸모 있게 개선해서 세상에 내놓기 시작했단다. 알렉산더 벨이 발명한 전화기의 성능을 개량해 장거리 전화를 만들었고, 프랑스의 과학자 샤를 크로스가 발명한 축음기의 부품을 살짝 바꾸어서 새로운 축음기를 만들었지. 에디슨이 발명한 영화 영사기의 원리 역시 이미 50여 년 전에 완성되어 있었어.

에디슨의 대표 발명품인 전구 역시 이미 40여 년 전에 거의 모든 구조가 완성되어 있는 상태였어. 다만 전구의 빛을 내는 부품인 필라멘트가 오래가지 않아서, 어떤 재료로 필라멘트를 만들지를 두고 많은 과학자가 실험을 거듭하고 있었지. 에디슨은 약 1,200가지의 소재를 놓고 실험을 거듭한 끝에 대나무로 필라멘트를 만들었고, 이 전구가 40시간 연속으로 불을 밝히며 성공을 거두었단다. 전구의 대성공을 토대로 에디슨은 전기 회사를 세우고 본격적으로 사업에 뛰어들었어.

↑ 키네토스코프
에디슨이 발명한 최초의 영사기야. 상자 안에서 사진 여러 장을 빠르게 돌려서 움직이는 영상을 만들어 내고, 사람이 구멍을 통해 그걸 들여다보는 장치였어.

성공한 사업가 에디슨

이처럼 에디슨의 발명품은 대부분 남의 발명품이나 아이디어를 조금 손봐서 쓸 만하게 만든 것이었어. 때로는 남의 아이디어를 가로채 고소를 당하기도 했고, 부하 직원의 발명품을 자기 이름으로 등록하는 일도 잦았지. 실제 에디슨의 이름으로 등록된 1,000개가 넘는 발명품 중 상당수는 에디슨이 아니라 에디슨의 회사에서 일했던 사람들의 발명품일 거래. 그러니까 에디슨은 널리 알려진 것처럼 천재적인 발명왕은 아니었던 셈이야.

하지만 에디슨은 그렇게 발명한 물건으로 사업을 확장해 나가는 데에는 천재적인 소질을 보였단다. 예컨대 전구를 만드는 데에 그치지 않고, 발전소와 전기 회사를 세워서 미국 전역에 전기를 공급하며 많은 돈을 벌어들였지. 에디슨의 진짜 업적은 전구를 발명한 게 아니라 오늘날 우리가 일상적으로 전기를 사용할 수 있게 실용화한 데에 있다고 이야기하는 사람도 있을 정도야. 사실 우리나라에 최초로 전구를 설치하고, 발전기를 들여와 전기를 공급한 것도 바로 에디슨의 전기 회사였거든. 에디슨의 전기 회사는 오늘날 '제너럴 일렉트릭'이라는 국제적인 대기업으로 성장했지.

1퍼센트의 영감과 99퍼센트의 노력으로 만든 성과

"사업을 하다 보면 누구나 남의 것을 훔치기 마련이다. 나 자신도 많은 것을 훔치면서 살았다. 하지만 난 어떻게 훔치면 좋은지 그 방법을 알고 있다."

"내 발명 중 우연으로 만들어진 것은 없다. 노력할 만한 것이 있으면, 이뤄질 때까지 시도하고 또 시도하는 것이다. 요약하자면 1퍼센트의 영감과 99퍼센트의 노력이다."

↑ **뉴욕의 제너럴 일렉트릭 본사** 에디슨이 세운 제너럴 일렉트릭은 20세기 세계 최대의 전기 제품 회사가 됐어. 한때는 가전제품부터 비행기 엔진에 이르기까지 전기가 쓰이는 제품은 모조리 취급한다고 할 정도였단다.

둘 다 에디슨이 남긴 말이야. 비록 에디슨이 독창적인 천재 발명가는 아닐지 몰라도, 숱한 고민과 노력을 통해 이미 존재하는 발명품을 훨씬 쓸 만하게 만들어서 세상에 내어 놓은 공로만은 부정할 수 없을 거야. 다만 그 과정에서 에디슨의 화려한 명성에 가려서 잊혀진 사람들이 있었다는 것도 기억하면 좋겠지?

산업 혁명의 그림자와 사회주의의 등장

산업 혁명을 거치며 세상은 빠르게 변했어.
곳곳에 거대한 도시가 탄생했고, 부유한 부르주아들은
호화로운 생활을 즐기며 세계가 무한히 발전할 거라고 믿었지.
하지만 그러는 사이 노동자들은 가혹한 노동 환경과
적은 임금에 시달리며 하루하루를 힘겹게 버텨 내야 했어.
오늘은 산업 혁명 시기 새롭게 고개를 든 사회 문제와,
이를 해결하기 위한 움직임을 들여다보도록 하자.

1819년	1832년	1838년~1848년	1848년	1871년	1875년	1883년
피털루 학살	영국, 1차 선거법 개정	차티스트 운동 전개	마르크스, 《공산당 선언》 출판	파리 코뮌	독일 사회민주당 탄생	독일, 사회 보장법 제정

버밍엄

영국 제2의 도시. 노동자들의 투표권 보장을 요구하는 운동이 거세게 일어난 곳이야.

맨체스터

산업 혁명기 영국의 대표적인 산업 도시. 정부가 노동자들의 시위를 강경하게 진압하며 수많은 사람이 목숨을 잃었어.

영국

리버풀 ● 맨체스터

● 버밍엄

● 런던

● 올드 사름

대 서 양

올드 사름

영국 남부의 농촌. 대표적인 '썩은 선거구'로, 1832년 당시 인구가 7명에 불과했지만 의원을 2명이나 선출했지.

파리

파리 시민들은 1871년에 사회주의 자치 정부인 파리 코뮌을 세웠어.

역사의 현장 지금은?

영국의 심장부 런던에 가다

런던은 영국의 수도이자 정치·경제·문화의 최대 중심 도시야. 정부 기관이 모여 있는 행정 중심구, 세계 금융의 중심인 시티 오브 런던, 공연장이 즐비한 웨스트엔드가 모두 런던에 모여 있지. 런던은 영국의 황금기인 1800년대에 세계에서 가장 부유한 도시로 이름을 날렸고, 오늘날도 금융, 첨단 산업, 문화 예술 등 다양한 분야에서 세계적인 명성을 떨치고 있지. 국제도시답게 런던은 전 세계에서 온 다양한 이민자들이 살고 있는 다문화 도시이기도 해.

웨스트민스터 사원에 있는 런던의 상징 '빅벤'

→ 런던 전경 런던은 북해로 연결되는 템스강 하구에 자리 잡은 교통 요지로 일찍부터 영국의 중심지로 발전했어.

↑ 워털루역의 유로스타 런던은 도버 해협 아래를 달리는 국제 열차 '유로스타'로 프랑스의 파리, 벨기에의 브뤼셀과 바로 연결된단다.

런던 시내를 한눈에 볼 수 있는 관람차 '런던 아이'

영국에서 가장 붐비는 기차역 '워털루역'

영국의 정치 중심지

런던은 영국 정치의 심장이야. 국회 의사당으로 쓰이는 웨스트민스터궁, 왕이 사는 버킹엄궁을 비롯해 각종 주요 정부 기관이 모여 있거든. 그뿐만 아니라 왕가의 무덤이자 주요 국가 행사가 열리는 웨스트민스터 사원과 세인트 폴 대성당도 자리 잡고 있어.

↑ **버킹엄궁** 영국 국왕이 사는 버킹엄궁은 영국의 상징적인 정치 중심지야.

← **세인트 폴 대성당** 런던에서 가장 큰 성당이자 주요 왕실 행사가 열리는 공간이야. 영국 전 수상 윈스턴 처칠의 장례식, 찰스 왕세자와 다이애나 왕세자비의 결혼식이 치러진 장소로 유명해.

금융업과 첨단 산업의 중심지

런던 한복판에 있는 특별 자치구 '시티 오브 런던'은 뉴욕의 금융가 월스트리트와 어깨를 나란히 하는 세계 금융의 중심지야. 하지만 영국이 2016년에 유럽 연합 탈퇴(브렉시트)를 결정한 이후 여러 글로벌 투자 은행들이 유럽의 다른 도시로 옮길 예정이라 시티 오브 런던의 위상은 위협받고 있어.

런던 북동부에는 정부가 만든 첨단 산업 단지인 '테크 시티'가 있단다. 이곳은 산업 혁명 때 번영했다가 쇠락한 공업 지대였어. 하지만 현재는 영국 정부의 지원 아래 세계 첨단 산업을 선도하는 곳으로 탈바꿈했어.

↑ **세계 금융업의 중심 시티 오브 런던** 여의도와 비슷한 면적에 영국 중앙은행을 비롯한 전 세계의 주요 금융 회사가 밀집되어 있어.

→ **영국의 실리콘 밸리 테크 시티** 이곳에는 구글을 비롯해 약 1,470개의 글로벌 IT 기업들이 입주해 있어.

→ **테크 시티에서 탄생한 딥마인드** 테크 시티에 입주한 딥마인드는 세계적으로 유명한 인공 지능 개발 회사야. 특히 천재 바둑기사 이세돌과 인공 지능 바둑 프로그램 알파고의 대결을 통해 세계적인 명성을 얻었지.

문화 예술 볼거리가 넘치는 관광 도시

런던에서는 전 세계 각 문화권의 방대한 유물을 소장한 영국 박물관, 세계적인 미술관인 내셔널 갤러리와 테이트 모던 등 수많은 문화 공간을 공짜로 즐길 수 있단다. 뮤지컬의 본고장 웨스트엔드에서 보는 뮤지컬도 백미지. 런던을 배경으로 한 수많은 영화와 유명 소설인 《셜록 홈스》, 《해리 포터》 시리즈의 팬들도 런던의 관광 수입을 올려 주는 1등 공신이야.

▲ 소설 속 '셜록 홈스'가 살았던 베이커 거리

▶ **내셔널 갤러리** 1200년대 중반부터 1900년대 초기까지의 유럽 회화 작품을 많이 소장하고 있어.

▼ **영국 박물관** 세계 최초의 국립 박물관이야. 인류의 시작부터 현대까지 역사, 미술, 문화와 관련된 유물 1,300만여 점을 소장하고 있어.

◀ 뮤지컬이 탄생한 웨스트엔드 극장가
웨스트엔드는 영화관, 극장, 레스토랑 등 다양한 상점이 들어선 번화한 상업 지구야.

▼ 킹스크로스역의 9와 4분의 3 승강장
해리 포터가 기차를 타러 간 가상의 승강장이야. 많은 사람이 찾아오자 이렇게 영화 속 모습을 재현해 두었지.

▲ 런던의 새 명물 해리 포터 스튜디오 《해리 포터》 시리즈를 소재로 삼은 테마파크야. 세계 각지의 많은 관광객이 찾는 곳이지.

▼ 테이트 모던
세계 최대 규모의 현대 미술 갤러리야. 원래 이 건물은 런던 화력 발전소였지.

테러로 몸살 앓는 다문화 도시

런던은 270개국에서 온 이민자가 인구의 3분의 1 이상을 차지하는 다문화 도시야. 2016년에는 파키스탄 이주민 가정 출신이자 이슬람교도인 사디크 칸이 런던 시장으로 뽑혔단다. 또 영국 왕실의 왕자가 영국인도 아닌 흑인 혼혈 여성과 결혼을 선택해 화제가 되기도 했지. 그러나 최근에는 런던에서 이슬람 극단주의자가 저지른 각종 테러가 잇따르며 다문화 사회에 대한 우려의 목소리도 있단다.

▲ 해리 왕자와 메건 마클 부부

▲ **유럽 최대의 거리 축제 노팅힐 카니발** 런던의 노팅힐 지역에서 1966년부터 매년 8월에 열리는 거리 축제야. 카리브해 지역 출신 흑인 이민자들이 자신들의 문화와 전통을 알리려고 시작한 이 축제는 오늘날 런던의 전통 축제로 자리 잡았지.

▲ **노팅힐 카니발이 열리는 그레이트 웨스턴 로드** 축제를 보기 위해 1백만 명이 넘는 관람객이 몰린대.

▲ **런던 브리지 테러의 희생자를 추모하는 꽃다발**
2017년 6월, 런던의 런던브리지에서 세 명의 테러리스트가 차량과 흉기를 이용해 행인 8명을 살해했어.

▲ **런던 시장 사디크 칸** 이슬람교 신자로서 최초로 런던 시장으로 당선됐어.

노동자들이 가혹한 환경으로 고통받다

"지난 시간에 산업 혁명이 진행되는 동안 대부분의 노동자가 임금을 제대로 받지 못해 고생했다고 했지?"

"맞아요. 심지어 임금을 적게 주는 게 좋은 거라고 이야기한 사람도 있었어요."

나선애가 노트를 뒤적이며 대답하자 용선생은 고개를 끄덕였다.

"임금 문제도 심각했지만 다른 문제도 임금 문제 못지않았어. 오늘은 여러 유럽 국가 중에서도 먼저 산업 혁명을 겪었던 영국을 중심으로 어떤 사회적 문제가 나타났는지 꼼꼼히 알아보자꾸나."

"네! 알겠습니다."

장하다가 힘차게 대답했다.

◆ 맨체스터의 노동자 아파트
맨체스터의 노동자들을 위해 지어진 아파트촌이야.

"일단 영국에서는 맨체스터, 리버풀 같은 산업 도시가 짧은 시간 동안 너무나도 빨리 성장한 게 문제였어. 도시 크기에 비해 너무 많은 사람이 몰려들다 보니 집이 매우 부족했거든. 런던 같은 대도시도 인구가 너무 빨리 늘다 보니 집이 부족하기는 마찬가지였지."

"그렇다면 집을 더 많이 지으면 되잖아요?"

"물론 그게 정답이지. 하지만 집을 지을 공간이 부족했어. 그래서 영국 정부는 한 가구가 살던 단독 주택을 여러 가구가 방 하나씩 쓸 수 있는 아파트 형태로 개조했단다. 이것도 부족해 새로 공장이 들어선 지역 주변으로는 작고 허름한 주택을 다닥다닥 건설했지."

설명을 마친 용선생이 스크린에 사진 한 장을 띄웠다.

"영국 노동자들이 사는 집의 크기는 보통 14제곱미터 정도였어. 우리가 지금 공부하

↑ 1872년의 런던 뒷골목 풍경 사람들이 발 디딜 틈도 없이 몰려들었고, 길거리에는 쓰레기가 마구 널려 있어. 아이들은 그 사이에 모여서 놀았지.

산업혁명의 그림자와 사회주의의 등장 **207**

는 교실의 3분의 1 정도이지. 이 정도 공간에서 네댓 명이나 되는 가족이 지내는 일이 흔했단다."

"어휴, 꽤 답답했을 것 같아요."

"답답하기도 했겠지만, 주택을 급히 짓다 보니 시설이 너무 열악했어. 화장실이나 부엌 같은 시설을 제대로 갖추지 못한 경우가 많았고, 조명도 없어서 하루 종일 방 안이 어두컴컴했지. 결정적으로 위생 상태가 심각하게 나빴어. 하수도 시설이 제대로 갖춰져 있지 않았고, 쓰레기 처리도 엉망이었기 때문이야. 가난한 노동자들이 몰려 사는 뒷골목에는 쓰레기 썩는 냄새가 진동하고, 쥐 떼가 몰려다니기 일쑤였단다."

"으으, 쥐 떼라고요!"

영심이가 몸서리를 치자 용선생은 심각한 표정으로 말을 이어 나갔다.

"이렇게 위생 상태가 안 좋다 보니 툭하면 온갖 전염병이 번지곤 했어. 특히 수질 오염이 심각했기 때문에, 런던 같은 대도시에는 콜레라 같은 전염병이 수시로 발생해서 많은 사람이 목숨을 잃었단다. 설상가상으로 나쁜 공기 때문에 병을 앓는 사람도 늘어났어."

허영심의 상식 사전

콜레라 오염된 물을 마시거나 더러운 손으로 음식을 먹었을 때 세균에 감염되어 걸리는 전염병이야. 병에 걸리면 심한 설사와 구토가 일어나고 심하면 목숨을 잃기도 하지.

← 전염병 경고 삽화(왼쪽)와 콜레라 예방 기사(오른쪽)

콜레라는 산업 혁명 시기 도시에서 가장 흔하게 유행하던 전염병이야. 콜레라는 대개 오염된 물을 통해 퍼져 나갔기 때문에, 신문에서 이렇게 콜레라의 위험성을 경고하곤 했지.

"공기는 왜요?"

"산업이 발전하면서 석탄 사용이 급증했거든. 특히 도시에 밀집한 공장에서는 석탄을 태우며 하루 종일 매연을 뿜어냈지. 요즘에야 미세 먼지 같은 환경 문제가 중요한 이슈지만, 1900년대 초반까지만 해도 공장 매연이 건강에 얼마나 나쁜지 정확히 알지 못했어. 안개가 자주 끼던 영국에서는 오염 물질이 안개와 뒤섞여서 도시를 완전히 뿌옇게 뒤덮어 버리는 일도 잦았단다."

"어휴, 상상만 해도 숨이 막힐 것 같아요."

"노동자의 일터인 공장도 환경이 나쁘기는 마찬가지였단다. 대부분의 노동자는 큰 힘이나 기술이 필요하지 않은 단순 노동에 종사했고, 큰 일은 기계가 했지. 예컨대 직물 공장에서는 기계가 실을 뽑고 천을 짜는 동안, 사람들은 실패를 교환하거나 천 두루마리를 정리하는 일처럼 기계가 하기 어려운 섬세한 일을 맡았어."

곽두기의 국어 사전

매연 그을음 매(煤) 연기 연(煙). 자동차나 공장에서 연료가 탈 때 나오는 그을음이 섞인 연기를 가리켜.

용선생의 세계사 돋보기

이런 현상을 스모그(Smog)라고 해. 연기(Smoke)와 안개(Fog)를 합쳐서 만든 말로, 자동차 배기가스나 화력 발전소, 공장 등에서 나오는 오염 물질 때문에 생겨. 특히 안개가 자주 끼는 영국에서는 스모그 현상이 잦았는데, 1952년에는 런던에 강력한 스모그 현상이 나타나 만 명 넘는 사람이 목숨을 잃었지.

◀ 스모그 현상이 발생한 1952년 12월의 런던
이 사진은 영국 역사상 가장 심각한 스모그가 발생한 날에 찍은 거야. 꼭 새벽이나 한밤중에 찍은 사진 같지만, 놀랍게도 대낮에 찍은 사진이라고 하는구나. 스모그가 워낙 심해서 햇빛조차 들지 않았던 거지.

"그런데 일이 쉬우면 노동자한테는 좋은 거 아닌가요?"

곽두기의 말에 용선생은 고개를 가로저었다.

"아무리 단순한 일이라고 하더라도 기계와 달리 사람들은 이따금 쉬면서 일해야 돼. 하지만 영국 노동자들은 공기도 잘 통하지 않고 냉난방도 잘 되지 않는 공장에서 하루에 꼬박 15시간 넘게 일을 해야 했단다. 정해진 휴식 시간도 없고, 휴가는 꿈도 꿀 수 없었지."

"저런, 사람이 기계도 아닌데……."

"공장에 미세한 먼지가 워낙 많다 보니 기침이 끊이지 않았어. 돌아가는 기계에 끼여서 다치는 사람도 부지기수였지. 하지만 임금이 워낙 적다 보니 이렇게 죽도록 일을 해도 병원비조차 내지 못하는 일이 흔했단다."

"그런 대접을 받아 가면서 어떻게 일을 해요?"

곽두기의 국어사전

부지기수 아니 불(不) 알지(知) 그 기(其) 수 수(數). 그 수를 헤아릴 수 없을 정도로 많다는 뜻이야.

➜ **방직 공장에서 일하는 여성들**
공장 노동자는 냉난방도 잘 되지 않는 답답한 공장에서 15시간 넘게 꼼짝도 못 하며 일해야 했어.

영심이가 울상을 지었다.

"어차피 일이 워낙 단순하다 보니 일할 사람은 항상 넘쳤어. 노동자가 다치거나 병들면 그냥 해고하고 다른 사람을 고용하면 그만이었지. 노동자도 당장 먹고살 일이 급했기 때문에 어떻게든 일을 하려고 아우성이었단다. 심지어 어린아이도 말만 알아들을 수 있으면 공장에 보내서 일을 시켰어. 심하게는 세 살짜리 어린애도 일을 했지."

▲ **직조기의 실패를 교체하는 어린이들** 1909년에 찍힌 사진이야. 이 당시 아이들은 어른과 마찬가지로 가혹한 노동에 시달렸고, 심지어 밤을 새워서 일하는 경우도 많았대.

"세 살짜리 아이가 공장에서 무슨 일을 한다고요?"

아이들은 말문이 막히는지 용선생의 얼굴을 뚫어져라 쳐다봤다.

"단순하게는 공장 청소 정도만 시켜도 되고, 또 아이들이 작은 몸을 이용해서 할 수 있는 일도 있었어. 방직기 사이사이를 오가면서 실패를 교체하거나 기계 부품을 갈아 끼우는 작업 같은 거 말이야. 탄광에서는 좁은 틈을 오가며 석탄을 끌고 나오는 일을 맡았지."

"말만 들어도 엄청 위험할 것처럼 들리는데요?"

"맞아. 게다가 안전장치 같은 것도 없었어. 그래서 크게 다치는 아이도 수두룩했지. 아이들은 어른과 마찬가지로 하루에 10시간 넘게 노동에 시달리고, 심하게는 밤을 새우는 경우도 흔했대. 하지만 아이라는 이유로 임금은 어른보다 적게 받았지."

"아니, 애들까지 그렇게 부려 먹다니…… 국가가 나서서 어떻게 해야 하는 거 아니에요?"

나선애가 기가 막힌다는 듯 책상을 내리쳤다.

▲ **탄광에서 일하는 어린이** 어린이들은 몸집이 작아 탄광의 좁은 틈으로 기어 들어가 석탄을 캐는 일을 했어.

산업혁명의 그림자와 사회주의의 등장 **211**

용선생의 세계사 돋보기

영국 사람들은 일정 수준 이상의 세금을 내야 국가 운영에 참여할 목소리를 낼 자격이 있다고 생각했어. 그래서 소득이 적어 세금을 적게 내는 노동자들에게는 투표권이 없었지.

"영국 정부는 노동자들이 처한 열악한 환경을 자세히 알지 못했어. 영국에서는 시민의 재산에 따라 투표권을 부여했기 때문에 가난한 노동자에게는 투표권이 없었거든. 그래서 의회에 노동자의 입장을 대변할 정치인이 없었단다. 설령 나라에서 노동자를 위한 법을 만들었다 해도, 공장주가 법을 잘 지키지 않아 별 효과가 없었어."

"그럼 다른 방법은 없나요?"

"노동자끼리 스스로 힘을 합치는 수밖에 없었단다. 비슷한 처지에 있는 공장 노동자끼리 모임을 만들고 어려운 일이 있을 때에는 서

➜ **파업하는 노동자들**
공장 노동자들은 공장주가 자신들의 요구를 들어주도록 하기 위해 집단적으로 파업을 벌였어.

로 돕기 시작한 거야. 일을 하다 다친 사람이 있으면 돈을 모아서 병원비를 내 주기도 하고. 이런 식의 노동자 모임이 점차 발전해 노동조합이 탄생했어. 노동자들은 노동조합을 중심으로 힘을 합쳐서 목소리를 내기 시작했지. 노동 환경을 개선해 달라고 요구하고, 임금을 높여 달라며 파업을 통해 힘을 과시하기도 했지."

"이야, 노동조합 덕분에 노동자도 생활이 나아졌겠네요."

"하지만 공장주들은 노동조합 활동을 적극적으로 방해했어. 영국 의회에서는 1799년에 파업을 금지할 뿐 아니라 노동조합조차 세우지 못하도록 했단다. 이로써 노동자들이 그나마 숨 쉴 구멍도 완전히 막아 버렸지."

"정말 너무하네요. 노동자는 죽도록 일만 하란 건가요?"

"공장주들은 그러길 바랐을 거야. 하지만 터져 나오는 불만을 언제까지 막을 수는 없는 법! 1800년대 들어 영국에서는 조금씩 변화가 생기기 시작했단다."

곽두기의 국어사전

파업 그만둘 파(罷) 일 업(業). 노동자들이 자신들의 요구를 전달하기 위해 집단적으로 하던 일을 멈추는 행위를 말해.

용선생의 핵심 정리

산업 혁명이 진행되고 도시로 인구가 집중되며 생활 환경이 급속도로 악화됨. 노동자들은 공장에서 가혹한 노동 환경에 시달렸고, 결국 노동조합이 결성됐으나 정부는 노동조합을 비롯한 노동자들의 활동을 금지함.

러다이트 운동과 차티스트 운동이 벌어지다

용선생은 책을 한 장 넘기며 이야기를 이어 나갔다.

"산업 혁명 이후 승승장구하던 영국에는 1800년대 들어 엄청난 경제 위기가 닥쳐왔어. 나폴레옹의 대륙 봉쇄령 때문이었지. 나폴레옹이 영국을 궁지에 몰아넣기 위해 영국과 유럽 사이의 무역을 막아 버렸던 것 기억나지?"

"아, 기억나요. 근데 결국은 나폴레옹만 손해를 본 거 아니었나요?"

"아냐. 영국도 많이 곤란했어. 공장에서 생산한 면직물 수출이 어려워졌고, 국민들이 먹을 곡물 수입도 어려워졌거든. 프랑스 몰래 밀무역을 하거나 바다 건너 아메리카 시장을 개척하기도 했지만, 그것만으로는 부족했지. 그러지 않아도 힘든 노동자들의 생활은 훨씬 더 힘들어졌어. 면직물이 팔리지 않자 공장주는 임금을 제대로 주지 않거나 노동자를 해고했어. 설상가상 곡물 가격이 오르는 바람에 노동자들은 먹고사는 것조차 힘들어졌지."

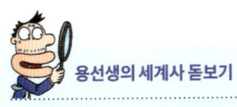

> 용선생의 세계사 돋보기
>
> 산업 혁명이 진행된 이후 인구가 급증하자, 영국은 유럽에서 곡물을 수입해 왔어. 주로 러시아와 오스트리아 등이 영국의 주된 곡물 수입국이었지.

"저런, 일하는 것만도 여간 힘든 게 아닌데."

"결국 참다못한 노동자들이 행동에 나섰어. 특히 면직물 공장의 노동자들은 한밤중에 공장으로 들어가 기계를 부수고, 작업장을 불태웠지."

"어, 죄 없는 기계는 왜 부숴요?"

곽두기가 어리둥절한 표정으로 물었다.

"노동자들은 공장의 기계가 사람이 할 일을 대신 하는 탓에 자신들이 일자리를 빼앗긴다고 여겼어. 그래서 기계를 파괴한

↑ 신문에 실린 러다이트 운동 삽화 분노한 노동자들이 들고일어나 공장을 불태우고 있어.

거지. 1811년부터 2년 가까이 이어진 기계 파괴 운동을 '러다이트 운동'이라고 해."

"어휴, 그게 무슨 짓이에요? 기계가 문제가 아닌데……."

나선애가 입술을 씹으며 중얼거렸다.

"노동조합 활동마저 금지된 마당에, 노동자에게는 이런 방법 이외에는 달리 분노를 표현할 방법이 없었어. 멍하니 앉아 정부가 나서기만 기다리느니 이렇게 해서라도 자신들의 권리를 요구하려 했던 거지."

"러다이트 운동이 효과가 있었나요?"

"그다지 큰 효과가 없었어. 기계가 워낙 비쌌기 때문에 정부와 공장주가 강경하게 나섰거든. 정부는 사람들이 기계를 부수는 걸 법으로 금지했을 뿐만 아니라 경찰과 군대를 동원해 노동자들을 잡아들여 처형했단다."

"별 성과 없이 실패한 거네요."

"하지만 아무런 소용이 없었던 건 아니야. 러다이트 운동 이후로 영국 정부에서 노동자의 목소리를 듣는 척이라도 하기 시작했으니까. 그런데 1815년, 나폴레옹 전쟁이 끝나면서 노동 운동은 새로운 계기를 맞이했어. 노동자들의 상황이 더욱 악화됐기 때문이야."

"대륙 봉쇄령도 사라졌는데 상황이 더 나빠지다니요?"

"전쟁터에서 돌아온 군인들이 일자리를 찾아

용선생의 세계사 돋보기

'러다이트 운동'이란 이름은 이 운동을 주도한 네드 러드(Ned Ludd)의 이름에서 따온 거야. 하지만 이 네드 러드란 사람이 누구인지는 아직 밝혀진 게 없대.

↑ 기계를 부수는 노동자들 기계를 부수는 러다이트 운동은 노동자들이 똘똘 뭉쳐서 자신들의 권리를 요구했던 최초의 노동 운동이었어.

대거 공장으로 몰리면서 임금이 뚝 떨어져 버렸거든. 어떤 곳은 3분의 1까지 떨어졌으니, 노동자들의 살림이 훨씬 팍팍해질 수밖에. 더욱 기막힌 건 전쟁이 끝나서 곡물을 수입하는 데 문제가 없는데도 곡물 가격이 여전히 계속 비쌌다는 거야."

"어, 왜 그랬어요? 가격이 떨어져야 정상일 텐데요."

나선애가 대답을 요구하듯이 용선생을 바라봤다.

"영국의 대지주들이 곡물 가격이 떨어지지 않도록 의회에 압력을 넣었기 때문이야. 전쟁 중에 대지주들은 영국산 곡물 가격이 오른 덕에 많은 이득을 봤거든. 그래서 계속 이득을 보기 위해 일부러 곡물 가격을 높게 유지하는 곡물법을 만들었어. 값싼 수입산 곡물에 높은 관세를 매기거나, 곡물 가격이 오를 때까지 곡물 수입을 금지하는 법이었지."

"그러니까, 대지주들의 이익을 위해 노동자들은 계속 비싼 돈을 주고 곡물을 사라는 거네."

"가뜩이나 힘든 노동자들은 굶어 죽으라는 건가!"

아이들이 기가 찬다는 듯 불만을 내뱉었다.

"근데 곡물법 때문에 면직물 공장주나 기업가와 같은 상공업 계층도 불만이 컸어. 이들은 정부에 하루빨리 곡물법을 폐지하라며 목소리를 높였지."

"오호, 이제 노동자의 입장을 이해하기 시작했나 봐요."

"흐흐, 이유가 조금 달라. 공장주 입장에서는 노동자의 임금을 깎는 게 목적이었지. 그런데 공장주들이 제아무리 비인간적이라고 해도 최소한 굶어 죽지 않을 만큼 돈을 줘야 계속 일을 시킬 수 있지

않겠니? 하지만 곡물법 때문에 곡물 가격이 좀처럼 떨어지지 않는 바람에 임금을 더 깎을 수가 없는 거야. 그래서 공장주들은 곡물법 폐지를 강력하게 주장했어."

"그러니까 곡물법을 반대한 것도 자기들 이익을 위해서였네요. 난 또 좋은 뜻에서 그런 줄 알았네."

장하다가 머쓱한 듯 뒷머리를 긁적였다. 그때 나선애가 손을 번쩍 들었다.

"근데 선생님, 곡물법 같은 법이 어떻게 만들어질 수 있었죠? 대지주 빼고는 다 반대했을 텐데요."

"그건 영국 의회의 의원을 뽑는 선거 제도가 요즘 기준으로 보면 완전히 엉망이었기 때문이야. 대체로 재산에 따라 투표권을 부여하긴 했지만, 지역마다 그 기준이 제각각이었거든. 게다가 비밀 선거

◀ **곡물법을 비판한 만화**
배를 타고 온 상인들이 싼값에 곡물을 사라고 하자, 대지주들이 손을 뻗어서 이를 거부하고 있어. 그러자 상인들이 바다에 밀을 쏟아 붓지. 오른쪽에 배가 고파서 울고 있는 아이들이 보이지?

산업혁명의 그림자와 사회주의의 등장 **217**

같은 원칙도 없어서 누가 누구에게 투표했는지 훤히 알 수 있었지. 돈을 주고 표를 사는 것도 불법이 아니었어. 어떤 지역에서는 대지주가 소작농에게 특정 후보를 찍으라고 대놓고 명령을 내리기도 했단다. 명령을 어기면 당연히 땅에서 쫓겨났지."

"정말요? 진짜 엉망이었네요."

"더 큰 문제가 하나 있었어. 산업 혁명이 일어나면서 많은 사람이 농촌에서 도시로 이동했어. 하지만 선거 제도에는 이런 변화가 전혀 반영되지 않았단다. 수천 명이 살던 마을이 수십 명만 사는 조그만 마을로 바뀌었는데도 예전과 똑같은 수의 의원을 뽑았고, 산업 혁명으로 인구가 수십만 명까지 불어난 대도시에서는 의원을 한 사람도 뽑지 못하는 일이 벌어졌지. 이렇게 현실과 동떨어진 선거 제도 때문에 농촌의 지주들은 자기편을 들어 줄 의원을 많이 뽑아 자기 입맛

▶ 1700년대 중반 영국의 투표장
수많은 사람이 투표소에 몰려서 투표 장면을 구경하고 있어. 어깨를 주무르고 펜을 쥐여 주며 투표를 권유하는 모습도 있지. 비밀 투표의 원칙이 없었고, 돈을 주고 표를 사는 게 일반적이었단다.

에 맞는 법을 만들 수 있었단다."

"에이, 어쩐지 이상하다 했어요."

영심이가 눈을 가늘게 뜨고 야유를 보냈다.

"곡물법 파동을 겪은 뒤 도시에 살던 상공업자들은 변화된 현실에 맞게끔 인구가 많은 도시에서 더 많은 의원을 뽑아야 한다고 주장했어. 또 사과에서 썩은 부분을 도려내듯, 인구가 너무 적은 농촌의 선거구를 없애자고 했지. 공장 노동자들도 이 주장에 찬성했어. 물론 노동자들은 한 걸음 더 나아가서 모든 성인 남성에게 똑같이 투표권을 주길 원했단다. 그래야 노동자도 투표를 해서 자기들을 대변해 줄 의원을 뽑을 수 있을 테니까 말이야."

"노동자까지 힘을 합쳤으니까 선거 제도도 바뀌었겠죠?"

"아냐. 이미 의회를 장악한 대지주들은 절대로 양보하지 않았어. 그러자 영국의 주요 산업 도시에서는 선거법 개정을 요구하는 시위가 잇따랐단다. 1819년 8월 16일에는 맨체스터에서 대규모 시위가 열렸

용선생의 세계사 돋보기

이렇게 인구 대비 의원 수가 불합리한 선거구를 '썩은 선거구', '부패 선거구'라고 불렀어. 영국 상공업 계층의 지지를 받던 휘그당은 선거 제도를 바꾸려고 했으나 지주층의 지지를 받던 토리당의 반대로 번번이 실패했어.

용선생의 세계사 돋보기

여성에게도 투표권을 주어야 한다는 주장이 본격적으로 나온 건 이로부터 50년 넘게 세월이 흐른 뒤의 일이야.

▲ **1840년 무렵 영국 남부의 올드 사룸과 맨체스터** 왼쪽이 올드 사룸, 오른쪽이 맨체스터야. 한적한 농촌 마을인 왼쪽의 올드 사룸에서는 두 명의 의원을 뽑았지만 번화한 도시인 오른쪽의 맨체스터에서는 한 명의 의원도 뽑을 수 없었어. 선거 제도가 현실 변화를 전혀 반영하지 못했던 거지.

어. 이 시위에는 무려 7만 명이나 참가했어. 영국 역사상 가장 많은 사람이 모인 시위였지."

"무슨 사고라도 안 났으면 좋겠네요."

왕수재가 안경을 고쳐 쓰며 말했다.

"다행히 시위는 평화롭고 질서 있게 이어졌단다. 그런데 바짝 긴장한 경찰이 갑자기 출동해 집회 지도자를 체포해 가면서 그만 아수라장이 펼쳐졌어. 체포 과정에서 경찰 기병대가 군중 사이로 뛰어들어 닥치는 대로 칼을 휘둘렀거든. 이때 600명 가까운 사람이 다치고 10여 명이 목숨을 잃었지. 사람들은 이 사건을 피털루 학살이라고 부르며 영국 정부를 비난했어. 하지만 영국 정부는 도리어 불법 폭력

용선생의 세계사 돋보기

당시 집회가 열린 장소가 맨체스터의 성 피터 광장이었어. 피털루는 '피터'와 나폴레옹과 영국의 마지막 전투였던 '워털루'를 합쳐서 만들어 낸 이름이야.

시위를 정당하게 진압했을 뿐이라며 정부를 비판하는 사람들을 닥치는 대로 체포했단다."

"너무하네요. 정당한 요구를 그런 식으로 무시하다니!"

나선애의 얼굴이 벌겋게 달아올랐다.

"피털루 학살 이후 영국에서는 선거법 개정을 요구하는 상공업자와 개정에 반대하는 지주들이 더욱 날카롭게 대립했어. 이 와중에 노동자들의 노동 환경은 조금씩 나아졌지. 노동조합 설립과 파업을 금지하던 법이 폐지됐고, 아동과 소년의 노동 시간을 제한하는 법도 만들어졌단다."

"어, 어떻게 그런 일이 벌어졌죠?"

"치열한 대립에서 이기려면 상공업자는 상공업자대로, 지주는 지주대로 노동자들의 지지가 필요했거든. 오랜 대립 끝에 결국 1832년에 드디어 선거법이 개정됐어. 이때 약 50개 정도 되던 농촌의 불합리한 선거구를 없애고 새롭게 성장한 산업 도시에 그만큼 새로운 의석을 배정했지. 상공업자들이 승리한 거야. 하지만 선거법 개정 이후에도 노동자의 싸움은 계속됐단다."

▲ **피털루 학살** 피털루 학살 장면을 묘사한 그림이야. 말을 탄 기병이 군중 사이로 뛰어들어 칼을 휘두르고 있지.

▼ **성 피터 광장** 피털루 학살이 일어났던 곳이야. 이곳에는 피털루 학살이 일어났던 곳임을 알리는 빨간 안내판이 남아 있어.

"왜요? 노동자가 바라는 대로 선거법이 바뀐 거 아니었어요?"

"투표권을 모든 남성에게 준 게 아니라, 여전히 일정 수준 이상의 재산을 갖춘 사람에게만 부여했거든. 물론 재산 기준을 대폭 내린 덕에 원래 16만 명 정도였던 유권자가 65만 명까지 늘어나긴 했어. 하지만 그렇게 늘어난 유권자는 여전히 영국 전체 인구의 4.5퍼센트에 불과했지. 게다가 새롭게 투표권을 얻게 된 사람들은 대부분 도시에 사는 상공업자 계층이었단다."

"쳇, 결국 남 좋은 일만 시킨 거군요."

장하다가 입을 비죽 내밀고는 볼멘소리를 내뱉었다.

"노동자들은 크게 실망했어. 하다 말대로 남 좋은 일만 시킨 셈이었으니까. 그래서 노동자들을 중심으로 선거법을 다시 개정하기 위한 운동이 일어났단다. 이걸 차티스트 운동이라고 해. 차티스트 운동은 특히 1838년부터 10년 동안, 영국 제1의 도시인 런던과 제2의 도시인 버밍엄을 중심으로 활발하게 펼쳐졌지."

"이번에는 노동자도 투표권을 가지는 게 목적이겠죠?"

"그랬지. 차티스트 운동은 모든 성인 남성에게 투표권을 줄 뿐 아니라 보통 선거와 비밀 선거를 보장하라고 요구했어. 또 모든 성인 남성에게 의원 선거에 출마할 수 있는 자격을 줄 것과 의원에게 활동비를 지급할 것을 요구했지. 차티스트 운동을 주도하는 사람들은 이런 요구를 한데 담아서 '인민 헌장'이란 문서를 만들고 노동자들의 서명을 받았단다. 1848년에는 인민 헌장에 서명한 사람의 수가 무려 600만 명에 이르렀지. 런던에서는 노동자가 2만 5천 명이나 모여서 집회를 열고 인민 헌장을 의회에 전달했어. 하지만 영국 정부는 꿈쩍

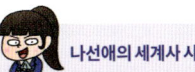

나선애의 세계사 사전
차티스트 영어로 차트(Chart)는 '조항'을 의미해. 차티스트 운동을 진행하는 사람들이 인민 헌장의 여섯 조항(Charter)을 내세웠기 때문에 만들어진 말이야.

허영심의 상식 사전
보통 선거 사회적 신분이나 재산, 교육의 정도에 따라 투표권에 차별을 두지 않는 선거를 뜻해. 우리나라에서는 일정 연령 이상이 된 모든 성인이라면 누구나 1표씩 투표하는 보통 선거 제도를 실시하고 있지.

용선생의 세계사 돋보기
원래 영국 의회의 의원은 보수 없이 일하는 명예직이었어. 그래서 가난한 노동자는 의원이 되더라도 현실적으로 의원 활동을 제대로 할 수 없었지.

▲ **1848년 런던의 차티스트 집회** 이날 집회에는 2만 5천 명이나 되는 노동자들이 모였어. 이들은 의회로 행진해 인민 헌장을 전달했지.

▲ **인민 헌장 전단지**
차티스트 운동을 진행하는 사람들은 자신들의 요구 사항을 여섯 가지로 간략하게 정리해서 사람들에게 알렸고, 큰 호응을 얻었어.

영국의 차티스트 운동과 인민헌장

도 하지 않았고, 또다시 경찰과 군대를 동원해서 시위를 무력으로 짓밟았단다."

"어휴, 그럼 차티스트 운동도 실패로 돌아갔네요."

영심이가 답답한 듯 가슴을 쳤다.

"꼭 그런 것만은 아니야. 이렇게 투표권을 요구하는 운동이 계속되자 결국엔 영국 정부의 태도가 변했거든. 영국은 1800년대 후반 두 차례에 걸쳐서 선거법을 개정했어. 이때 차티스트 운동에서 제기된 요구가 대부분 받아들여졌지."

"그럼 노동자에게도 투표권이 주어진 거예요?"

"응, 그리고 1928년에 이르러서야 모든 남녀 성인에게 투표권이 주어지게 됐단다."

산업혁명의 그림자와 사회주의의 등장 **223**

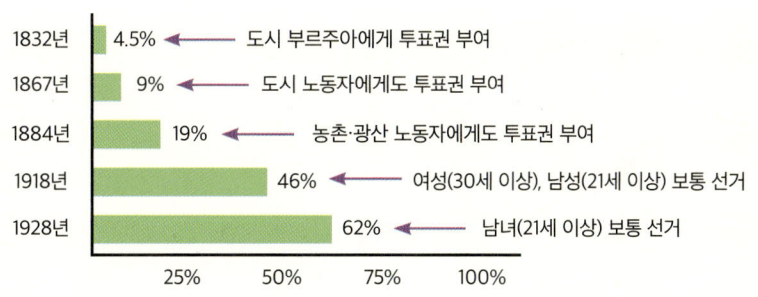

↑ 영국의 전체 인구 대비 유권자 비율 확대 과정

"우아, 이제 노동자의 삶도 좀 나아졌겠네요."
곽두기가 해맑게 웃음을 지었다.
"물론이야. 노동자의 정치적인 목소리가 커지자 도시에는 노동자를 위한 공중목욕탕과 도서관 같은 시설이 많이 들어섰어. 상하수도 시설이 정비돼서 주거 환경이나 위생 상태도 점점 나아졌지. 또 1900년에는 드디어 노동자의 뜻을 대변하는 정당인 '노동당'이 탄생해서 영국 의회에서 활동하게 되었지. 하지만 이런 식의 해결책에 만족하지 못한 사람들도 있었단다."

↑ **영국 노동당** 1906년 영국 의회에 진출한 노동당 지도자들의 사진이야.

용선생의 핵심 정리

생활이 어려워진 영국 노동자들은 공장의 기계를 파괴하는 러다이트 운동으로 불만을 표시함. 나폴레옹 전쟁이 끝난 이후 노동자들은 상공업자들과 함께 의회 개혁을 요구했으며, 차티스트 운동 등을 펼치며 꾸준히 노동자의 권리를 확대시킴.

사회주의가 탄생하다

"만족하지 못하다뇨?"

"노동자가 힘을 합쳐서 정치적인 목소리를 암만 높여 봐야, 노동자의 생활이 근본적으로 바뀌지는 않는다고 생각한 사람들이 있었어. 공장을 운영하는 기업가의 목표가 변하지 않았기 때문이지."

"기업가의 목표가 뭔데요?"

"뭐긴, 사업에서 경쟁자를 이기고 돈을 더 많이 버는 거겠지. 맞죠?"

장하다의 질문에 왕수재가 당연하다는 듯 대답했다.

"맞아. 그러려면 기업가는 노동자를 더 싼 값에 더 오랜 시간 동안 일하게 할 방법을 고민할 수밖에 없어. 그래야 물건값을 낮춰서 시장의 치열한 경쟁을 이겨 내고 돈을 벌 수 있으니까. 그러니까 기업가가 목표를 바꾸지 않는 이상 노동자는 어떤 식으로든 고통받을 수밖에 없다는 결론에 이르게 되지."

"그럼 어떡해요? 돈을 벌지 말라고 할 수도 없고."

왕수재의 대답에 용선생이 히죽 웃어 보였다.

"바로 그 부분에서 달리 생각한 사람들이 있었어. 한번 생각해 보자. 왜 꼭 돈을 벌어야 할까?"

"그거야 먹고살기 위해서죠."

"그렇지? 근데 돈을 벌기 위해 꼭 노동자들의 임금을 깎아 가며 비인간적으로 경쟁을 해야 할까? 경쟁할 게 아니라 서로 도우며 살아가는 사회를 만들 수는 없을까? 이런 의문에서 출발한 새로운 생각을 '사회주의'라고 부른단다."

산업혁명의 그림자와 사회주의의 등장

↑ 로버트 오언
(1771년~1858년) 스코틀랜드와 미국에서 사회주의 공동체를 만들어서 자신의 사회주의 이론을 실험해 보려 했어.

↑ 오언이 만든 '뉴 하모니' 마을의 계획도
오언이 미국에 건설하려 한 마을의 계획도야. 오언은 공장과 농촌이 잘 어우러져 조화롭게 살아가는 공동체를 만들려고 했지만 실패하고 말았어.

"말은 좋은데…… 그런 사회를 어떻게 만들어요?"

용선생의 이야기에 곽두기가 눈을 끔뻑거렸다.

"구체적인 방법에 대해서는 사람마다 생각이 엇갈렸어. 영국의 사업가 로버트 오언은 자신이 이상적으로 생각하는 사회주의 공동체를 직접 만들어 보려고 했단다. 오언은 기를 쓰고 돈을 벌려 하지 않았어. 그 대신 자신의 공장에서 벌어들이는 수익을 노동자와 평등하게 나누려고 했지. 노동자들에게 깨끗한 집을 제공해 주고, 공장 안에 학교를 만들어 노동자의 자녀들이 교육을 받을 수 있도록 해 주었단다. 또 생필품을 값싸게 공급했고 월급도 다른 공장보다 많이 주었지."

"이야, 다들 오언의 공장에서 일하고 싶어 했겠네요."

"오언의 시도는 대성공을 거두었어. 좋은 대우를 받은 노동자들이 훨씬 의욕적으로 일을 한 덕택에 돈도 제법 많이 벌었지. 자신감을 얻은 오언은 영국에 자신의 사회주의 이론을 널리 퍼뜨렸어. 오언은 영국에서 유명 인사가 되었고, 많은 사람이 오언을 칭찬했지. 하지만 거기까지였어. 정작 오언처럼 공장을 운영하겠다고 나서는 사람은 없었단다."

"남이 하는 걸 보기는 쉬워도 직접 나서기는 어려웠던 거군요."

나선애가 몸을 뒤로 젖히며 말했다.

"실망한 오언은 미국으로 건너가 땅을 사서 두 번째로 사회주의 공동체를 만들었어. 이번에는 공장 정도가 아니라 큰 마을이었지. 오언은 마을 재산을 공동으로 소유하고, 서로 도우며 사는 사회를 만들려고 했단다. 하지만 이 시도는 실패했어. 열심히 일할 사람은 안 모이고, 미국 서부를 누비던 부랑자와 범죄자들이 몰려들었거든. 이들은 오언의 말을 듣는 척만 하면서 도둑질을 일삼고 자기 배를 채우기에 급급했지. 결국 오언은 3년 만에 땅을 팔고 영국으로 돌아왔어."

"그것 봐요. 그런 사회는 못 만든다니까요."

왕수재가 잔뜩 잰 체하는 말투로 고개를 내저었다.

"벌써 단정하긴 일러. 로버트 오언 말고도 사회주의 이론을 발전시켜 나간 사람이 많았으니까. 그중에서 가장 대표적인 인물이

▶ **카를 마르크스** (1818년~1883년) 사회주의를 대표하는 사상가야. 마르크스가 만들어 낸 각종 이론들은 오늘날에도 정치, 사회, 경제, 역사 등 다방면에 걸쳐 큰 영향력을 끼치고 있지.

용선생의 세계사 돋보기

원래 '공산(共産)'은 함께 소유하고 생산한다는 뜻이야. 즉 '공산주의'는 어떤 공동체가 재산을 공유하고 각종 물자를 함께 생산하는 것을 추구하는 경제 사상을 말해. 그리고 이런 경제적 생각과 관련된 정치, 사회 사상을 통틀어 가리키기도 해.

바로 독일의 카를 마르크스라는 사람이란다. 마르크스는 《공산당 선언》과 같은 정치 이론서와 《자본론》과 같은 경제 이론서를 써서 유명해진 인물이지. 마르크스의 사회주의 이론을 '공산주의'라고 부르기도 해."

"앗, 공산주의를 마르크스가 만들었어요?"

곽두기가 화들짝 놀라자 용선생은 고개를 끄덕였다.

"응. 마르크스는 다방면에 걸쳐서 학문적인 관심이 깊은 사람이었어. 그래서 단순히 당시 사회를 비판하거나 새로운 사회를 그려 보는 데에서 그치지 않고, 지금까지 인류가 발전해 온 과정을 찬찬히 분석했지. 그 결과 언젠가는 사회주의가 세상을 이끌어 나갈 수밖에 없다고 결론을 내렸단다."

"어떻게 그런 결론이 나온 거죠?"

"조금 어려우니까 잘 들어 보렴. 마르크스는 인간 사회가 크게 두 계급으로 나뉜다고 이야기했어. 우선 물건을 생산하는 데에 필요한 각종 생산 수단을 가지고 있는 계급이 있지. 예를 들어 농사를 지으려면 땅이 필요하고, 공장에서 물건을 만들려면 기계가 필요하겠지? 마르크스는 땅과 기계 같은 생산 수단을 가진 사람이 생산 수단을 가지지 못한 사람을 지배해 왔다고 했어. 즉 생산 수단을 가진 사람은 지배 계급이고, 생산 수단을 가지지 못한 사람은 지배당하는 계급인 거지."

"근데 선생님, 생산 수단을 가진 사람들이 안 가진 사람을 어떻게 지배를 해요?"

용선생이 침을 튀기며 말하자, 영심이가 고개를 갸웃하며 물었다.

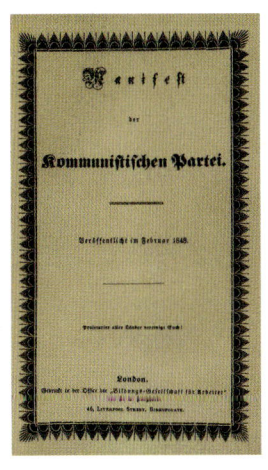

▲ 《공산당 선언》 초판
1848년 런던에서 출간된 《공산당 선언》 초판본이야. 이 초판본은 유네스코가 지정한 세계 기록 유산으로 등록돼 있단다.

"왜냐하면 생산 수단이 없는 사람들은 반드시 생산 수단이 있는 사람에게 의존해야 먹고살 수가 있기 때문이야. 땅이 없는 사람은 지주에게 땅을 빌려야 농사를 지어서 먹고살 수 있고, 기계가 없는 노동자는 공장에 취직해야 임금을 받아서 먹고살 수가 있는 것처럼 말이지. 그래서 생산 수단을 가진 사람들의 명령을 들을 수밖에 없다는 거야. 근데 마르크스는 이 과정에서 생산 수단을 가진 지배 계급이 부당한 이득을 본다고 이야기했단다."

"그게 무슨 말씀이세요?"

"기업가는 노동자가 힘들게 일해서 만들어 낸 물건을 시장에 팔아서 이득을 챙겨. 정작 자기는 물건을 만드는 데 아무런 일도 하지 않으면서 말이야. 노동자가 공장에서 3파운드어치 목화솜을 원료로 면직물을 짰다고 하자. 기업가가 완성된 면직물을 시장에서 10파운드에 판다고 하면, 기업가는 7파운드만큼 이득을 보겠지? 근데 노동자는 이 중 일부만 임금으로 받아. 예를 들어 2파운드를 임금으로 받는다면, 나머지 5파운드는 기업가가 챙겨 가는 거야. 만약 노동자가 기계를 가지고 있다면 5파운드를 빼앗기지 않고 고스란히 챙길 수 있을 텐데 말이야."

"그렇다고 노동자에게 7파운드를 다 줄 순 없잖아요? 기업가가 공장 주인이니까 당연히 이익을 챙겨야 하는 거 아니에요?"

왕수재가 진지한 목소리로 자기 생각을 덧붙이자 용선생은 고개를 끄덕였다.

"그래. 바로 지금 수재가 이야기한 게 자본주의 사회의 중요한 원칙이란다. 사람들이 가지고 있는 재산의 가치를 인정하고, 그 재산을

허영심의 상식 사전

자본주의 개인의 재산권을 인간의 기본권으로 인정하고, 이에 따라 이득을 만들어 가려고 노력하는 경제 체제야.

이용해 벌어들이는 이득도 정당한 것으로 인정하는 거지. 이 원칙에 따르면 기업가는 공장을 가지고 있으니까 집에서 잠만 자고 있어도 돈을 버는 게 당연한 거야."

"그야 잠만 자면 안 되겠지만…… 그렇다고 그게 틀린 건 아니잖아요."

"하지만 마르크스는 다르게 생각했어. 오로지 노동의 가치만 인정했거든. 기업가는 면직물이 만들어질 때 아무런 일도 하지 않았으니, 면직물을 팔아서 생긴 이득 7파운드도 전부 다 노동자에게 돌아가야 한다고 말이야. 그러니까 기업가는 당연히 노동자에게 돌아가야 할 이득 5파운드를 아무런 대가 없이 빼앗는 셈이었지."

"오…… 그렇게 생각할 수도 있군요."

"마르크스는 이 부당한 이득을 '착취'라고 불렀어. 그리고 인류 역

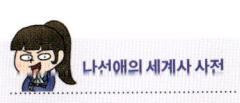

나선애의 세계사 사전

착취 원래 누르거나 비틀어서 짜낸다는 뜻이지만, 계급 사회에서 지배 계급이 피지배 계급에게서 노동의 결실을 대가 없이 받아 내는 일을 가리켜.

사상 지배 계급은 항상 착취를 통해 아무런 일도 하지 않고 부유한 생활을 누려 왔다고 설명했단다. 아주 먼 옛날에는 노예 주인이 노예를 착취했고, 중세 시대에는 영주가 농노를 착취했고, 산업 혁명이 진행된 이후에는 공장을 가진 부르주아가 노동자를 착취한다는 거야. 그러니 이 착취를 막아야만 노동자의 생활이 나아질 수 있다고 주장했지."

"어떡해야 착취를 막을 수 있는데요?"

곽두기가 궁금한 듯 조심스럽게 손을 들면서 질문을 던졌다.

↑ 스위스 잡지에 실린 만평
마르크스의 설명대로 기업가가 노동자를 끊임없이 착취하는 사회 현상을 비판하고 있어.

"간단해. 실제 일을 하는 사람들이 생산 수단을 갖는 거야. 땅은 농사를 짓는 농부가 가지고, 공장은 일을 하는 노동자가 가지는 거지."

"에이~ 지주나 공장주가 순순히 가진 걸 내놓을 리 없잖아요."

왕수재가 안경을 고쳐 쓰며 말하자 다른 아이들도 동의하는 듯 고개를 끄덕였다.

"마르크스는 언젠가 지주나 공장주의 뜻과 무관하게 노동자들이 무력 투쟁을 통해 생산 수단을 강제로 빼앗을 수밖에 없는 상황이 된다고 했어. 지금까지 인류 역사도 이런 식으로 생산 수단을 지키려는 계급과, 빼앗으려는 계급 사이의 투쟁을 통해 발전해 왔다고 봤거든."

"강제로 빼앗을 수밖에 없는 상황이 된다고요? 어떻게요?"

"마르크스의 생각은 이랬어. 기업가가 돈을 벌면 그 돈을 공장에 다시 투자할 거야. 더 좋은 기계를 만들고 훨씬 큰 공장을 지어서 질 좋은 물건을 싸게 만들어 내야 경쟁에서 이길 수 있기 때문이지. 근

데 기업가의 이득은 투자한 만큼 무한정 늘어나지 않아. 어차피 물건을 살 사람은 한정되어 있으니까 말이야. 그렇다고 해서 투자를 줄일 수도 없어. 그랬다가는 다른 기업과의 경쟁을 견디지 못하고 망하게 될 테니까. 마르크스는 이렇게 이득은 점점 줄고 경쟁은 치열해지기 때문에 결국 자본주의 사회가 무너질 수밖에 없다고 말했어."

"자본주의 사회가 망한다고요?"

아이들은 용선생의 진지한 설명에 모두 귀를 쫑긋 세웠다.

"응, 기업 운영이 어려워지면 기업가는 먼저 노동자의 임금을 줄이거나 해고하는 식으로 손해를 줄이려고 할 거야. 그게 가장 쉬운 방법이니까. 하지만 이런 식으로 손해를 줄여도 결국 버티지 못하고 망

하는 기업이 늘어나겠지. 그럼 그만큼 실업자가 증가하고, 노동자의 고통은 더욱 심해지는 거야. 이런 일이 반복되다 보면 결국 언젠가 참다못한 노동자들이 들고일어나 세상을 뒤집는 날이 온다고 마르크스는 확신했단다. 노동자들의 혁명이 일어나는 거지."

"세상이 뒤집어진 뒤에는 어떻게 되는데요?"

"일단 혁명이 일어나면 착취가 사라진 새 시대가 올 거라고 했어. 땅과 기계 같은 생산 수단을 실제 일을 하는 농부와 노동자가 공동으로 소유하고 각자 일한 만큼 생산물을 얻는 거야. 이런 세상이 바로 마르크스가 생각한 사회주의, 혹은 공산주의 사회란다."

"공산주의가 그런 거구나······."

"마르크스 이론의 가장 큰 특징은 인류의 역사를 통째로 분석한 끝에 '결국 공산주의 사회가 오게 된다.'고 결론을 내린 거야. 다른 사상가는 전혀 생각하지 못했던 대담한 결론이었고, 그만큼 영향력도 컸지."

"근데 선생님, 마르크스는 어떻게 공산주의 사회가 올 거라는 확신을 가지게 되었어요?"

왕수재는 여전히 미심쩍은 눈빛이었다.

"1800년대 중반에 유럽과 미국을 중심으로 몇 차례 심각한 경제 위기가 닥쳐왔어. 치열한 경쟁으로 경영이 어려워진 기업이 망하자 그 기업에 돈을 빌려준 은행이 덩달아 망하고, 그 은행에 돈을 예금한 사람

▲ **자본주의의 계급 구조** 제일 위층에 돈 자루가 놓여 있고, 그 아래에는 왕과 정치인, 성직자, 군인이 차례로 서 있지. 그 아래에서는 부르주아들이 흥청망청 놀고 있어. 그리고 맨 아래층에서는 노동자들이 이 모든 사람들을 힘겹게 떠받치고 있지.

산업혁명의 그림자와 사회주의의 등장 **233**

↑ **1873년 영국 경제 위기** 사람들이 문을 닫은 은행 앞에 모여 문을 두들기며 항의하고 있어. 1800년대 들어 산업화가 진행되고 경제가 발달할수록 이런 경제 위기가 점점 자주 발생했단다.

↑ **2009년 경제 위기 당시 시위 모습** 사람들이 런던의 영국 은행 앞에 모여 있어. 붉은 깃발에 새겨진 건 마르크스의 얼굴이지. 오늘날에도 경제 위기가 발생할 때면 마르크스의 경제 이론이 언급되곤 해.

들이 한꺼번에 빈털터리가 돼서 거리로 쫓겨났지. 마르크스는 이런 일을 보고 자본주의가 분명히 망할 거라고 믿었단다. 또 1800년대 들어 유럽에서 일어난 여러 혁명을 보고 노동자도 충분히 그런 혁명을 일으킬 수 있다고 자신한 거야. 실제로 많은 노동자가 마르크스의 이론에 영향을 받아 언젠가 새로운 세상이 열릴 거라는 믿음을 가지고 적극적으로 투쟁에 나섰단다."

"마르크스 덕분에 노동자들의 활동이 더 활발해졌겠네요."

"응. 특히 노동조합 결성이 활발해졌어. 마르크스가 노동자끼리 똘똘 뭉칠 것을 강조했기 때문이지. 처음에는 같은 공장에서 일하는 사람끼리 힘을 합치는 정도였지만, 점차 같은 종류의 일을 하는 사람, 같은 지역에서 일하는 사람들이 힘을 합치는 거대 노동조합이 결성

됐지. 1864년에는 유럽과 미국의 노동조합이 한데 모여 '국제노동자협회'를 만들었단다. 마르크스는 국제노동자협회의 결성 선언문을 쓰면서 노동자의 단결을 적극적으로 지원했지."

"국제노동자협회라면…… 세계의 노동자들을 다 모으려 했다는 말씀이시죠?"

"그래. 이렇게 노동자의 단체 행동이 점점 거세지자, 세계 각국의 지도자들도 신경을 곤두세웠어. 이러다가 혹시라도 마르크스가 이야기한 것처럼 노동자의 혁명이 일어날지도 모를 일이었으니까 말이야. 그러던 1871년, 프랑스에서 큰 사건이 터졌단다."

▲ 1864년 국제노동자협회 총회 모습
런던에서 열린 '국제노동자협회'의 총회 모습이야. 이 총회에는 마르크스를 비롯한 여러 사회주의자와 유럽 각국과 미국에서 온 노동 지도자들이 모였어.

 용선생의 세계사 돋보기

국제노동자협회는 최초의 국제 노동 운동 조직이라는 의미를 담아서 '제1인터내셔널(International)'이라고 부르기도 해.

 용선생의 핵심 정리

사회주의는 노동자들이 고통받게 만드는 사회 구조 자체를 바꿔 보려는 생각에서 탄생함. 대표적인 사회주의자 마르크스는 자본주의가 무너지고 사회주의 사회가 올 것이라고 믿었으며, 마르크스 이론에 힘입어 국제적으로 노동 활동이 활발해짐.

파리 코뮌이 실패하고 사회 민주주의가 퍼져 나가다

"프랑스에서 무슨 일이 벌어졌는데요?"

"예전에 독일 통일 과정에 대해서 배웠던 거 기억나니? 프로이센

은 통일의 마지막 단계로 프랑스와 전쟁을 벌였는데, 이때 프랑스 시민들은 프로이센에 격렬히 맞서 싸웠어. 특히 프랑스의 수도 파리의 시민들은 직접 무기를 들고 시민 방위대를 만들어서 넉 달 동안이나 거세게 저항했지."

"하지만 결국엔 프로이센이 이겼던 걸로 기억해요."

노트 필기를 해 나가며 나선애가 중얼거렸다.

"맞아. 근데 대다수 파리 시민은 휴전이 맺어지는 그 순간까지도 프로이센과 끝까지 맞서 싸우려 했어. 하지만 더 이상 버틸 힘이 없었던 프랑스 정부는 시민의 반대를 무릅쓰고 굴욕적인 조건으로 비밀리에 평화 조약을 맺었단다."

"그 말씀도 하셨어요. 베르사유 궁전에서 독일 황제 즉위식도 했다고 하셨죠?"

"맞아. 파리 시민들은 프로이센 군대가 의기양양하게 파리 한복판을 행진하는 모습까지 지켜봤어. 잇따른 굴욕에 파리는 물론 모든 프랑스 시민들이 금방이라도 폭발할 것처럼 들썩였단다. 프랑스 정부

➜ **파리 한복판을 행진하는 프로이센군**
프로이센군이 개선문을 지나 파리의 중심 거리를 행진하고 있어. 프로이센에 맞서 넉 달 동안이나 죽을 각오로 싸운 파리 시민에게는 대단히 치욕스러운 일이었지.

는 시민들이 혹시나 반란을 일으킬까 봐 걱정했지. 그래서 시민 방위대를 무리하게 해산시키려는 과정에서 일이 터졌단다."

"어떤 일이 터졌어요?"

"프랑스 정부는 시민 방위대의 임금 지급을 중단했고, 전쟁 도중 쌓였던 각종 빚을 이틀 내에 모두 갚으라는 특별법을 만들었어. 이 법에 따르면 전쟁 중에 밀렸던 월세도 한꺼번에 납부해야 했지."

"그렇게 하면 시민 방위대가 해산돼요?"

아이들은 다소 생뚱맞은 이야기에 고개를 갸웃댔다.

"시민 방위대에 참여한 시민은 대부분 가난한 노동자였어. 전쟁 도중에 부자는 대부분 파리를 떠나 다른 도시로 도망갔거든. 그래서 방위대에서 임금이 나오지 않고, 당장 월세를 내야 할 처지가 되면 모두들 방위대를 떠나 일터로 돌아가야 했지."

"치사하게 돈으로 사람을 궁지에 몰아넣다니······."

나선애가 툴툴거리자 용선생이 씩 웃었다.

"그런데 이 조치 이후 시민 방위대는 해산하기는커녕 오히려 규모가 40만 명까지 늘어났어. 분노한 파리 시민들이 다들 방위대에 참여했기 때문이야. 시민 방위대는 파리 시내를 행진하면서 굴욕적인 평화 협상에 반대한다고 목청껏 외쳤지. 당황한 프랑스 정부는 군대를 보내 방위대를 해산하려 했어. 그러자 파리 시

↑ 바리케이드를 치고 있는 파리 시민 방위대
시민 방위대는 파리 시내 곳곳에 이렇게 바리케이드를 설치해 정부군의 침입을 막았어. 시민 방위대가 가지고 있는 대포를 비롯한 무기 대부분은 시민군이 스스로 모금한 돈으로 마련한 것이란다.

산업혁명의 그림자와 사회주의의 등장 **237**

나선애의 세계사 사전

코뮌 코뮌은 원래 '작은 마을'을 뜻하는 프랑스어야. 프랑스 대혁명 당시 가장 작은 행정 구역의 이름으로 프랑스 곳곳에 설치되었지. 우리 식으로는 '~동' 정도에 해당하지만 파리처럼 커다란 구역도 하나의 코뮌으로 묶이기 때문에 완전히 같지는 않아.

민들은 프랑스 정부군과 경찰을 내쫓고 파리에 새로운 자치 정부를 만들었단다. 이렇게 탄생한 정부의 이름을 파리 코뮌이라고 해."

"그럼 파리 시민들이 다시 혁명을 일으킨 건가요?"

"프랑스 정부 입장에서는 반란, 파리 시민 입장에서는 혁명이었지. 그런데 사회주의자들은 파리 코뮌을 세계 최초의 사회주의 혁명으로 생각하기도 했어."

"엥? 사회주의 혁명이라고요?"

"파리 코뮌의 지도자 중에 사회주의자가 많았거든. 이들은 파리 코뮌이 사회주의 원리에 따른 정부라는 점을 명확히 밝히고 앞으로 혁명을 진행하겠다고 선언했단다. 실제로 당시로서는 놀라운 개혁 조치를 잇달아 내놓았어. 노동 시간을 하루 10시간으로 제한하고, 야간 노동을 금지했지. 심지어 여성의 정치 참여를 보장하는 개혁도 실시했단다. 파리 코

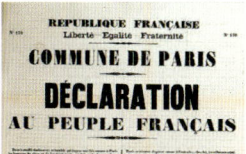

▶ **파리 코뮌에서 배부한 호소문**
정부군에 포위당한 파리 코뮌은 혁명에 참여할 것을 호소하는 전단지를 만들어 풍선에 매달아서 전국으로 날렸어.

▶ **파리 코뮌의 붉은 깃발**
파리 코뮌은 자신들의 상징으로 붉은 깃발을 사용했어. 이후 붉은 깃발은 사회주의 혁명의 상징이 되었지.

뮌 소식이 프랑스 전역으로 퍼지자 마르세유나 리옹 같은 도시에서도 잇따라 자치 정부가 수립됐어."

"우아, 그럼 프랑스가 사회주의 국가가 되는 거예요?"

"아니, 외국이 개입하면서 파리 코뮌은 실패하고 말았어."

"외국이 프랑스 일에 왜 끼어들었어요?"

곽두기가 조심스럽게 손을 들면서 질문을 던졌다.

"이 무렵엔 전 유럽에서 사회주의자가 활발히 활동했어. 그러니 혹시라도 프랑스에서 사회주의 혁명이 성공한다면, 다른 나라에서도 노동자의 혁명이 뒤따를 위험이 있었지. 영국, 벨기에, 러시아는 프랑스 정부를 적극 지원해 파리 코뮌을 진압했단다. 심지어 독일은 포로로 잡아 온 프랑스군 40만 명을 풀어 주기까지 했어. 힘을 얻은 프랑스 정부는 무서운 기세로 파리 코뮌을 진압했지."

"그래도 시민 방위대도 수가 꽤 많았다고 하셨잖아요."

은근히 파리 코뮌의 활약을 기대했던 장하다가 되물었다.

"이렇다 할 훈련을 받은 적도 없는 시민 방위대는 그냥 오합지졸에 불과했단다. 정부군은 약 한 달간의 전투 끝에 5월 21일 파리에 진입했고, 일주일 동안 파리 코뮌을 잔인하게 진압했어. 이때 적게 잡아도 족히 2만 명이 넘는 파리 시민이 목숨을 잃었지. 또 진압이 끝난 후에도 파리

산업혁명의 그림자와 사회주의의 등장 **239**

↑ 정부군의 공격으로 목숨을 잃은 파리 시민들
프랑스 정부군은 파리 코뮌을 잔인하게 진압했어. 5월 21일부터 일주일 동안의 인명 피해가 얼마나 되는지는 아직까지도 정확히 알 수가 없대.

코뮌과 관계가 있는 사람을 일일이 추적해 수만 명이나 되는 사람들을 잡아 가두고 해외로 추방했단다."

"어머, 왜 그렇게 가혹하게 진압했어요?"

영심이가 울상을 지으며 한숨을 내쉬었다.

"당시 지도자들이 그만큼 사회주의 혁명을 경계한 거야. 파리 코뮌 이후로 세계 각국에서 사회주의자들에 대한 탄압이 훨씬 강화됐어. 그래서 국제노동자협회도 점점 활동이 어려워지다가 1876년에 결국 해체됐단다."

"그럼 이제 사회주의 운동도 끝난 건가요?"

"그건 아니야. 사회주의 탄압이 거세지는 와중에도 유럽 각국에서는 사회주의 이론을 받아들인 정치 운동이 더욱 활발히 이루어졌거든. 다만 이들은 단번에 혁명을 이루기보다는 정치에 참여해서 사회를 조금씩 바꾸어 나가려고 했어. 이들을 '사회 민주주의자'라고 부르기도 해. 특히 1875년에 독일에서 만들어진 '독일 사회민주당'이 대표적인 사회 민주주의자 조직이라고 할 수 있지. 독일 사회민주당은 독일의 노동자들 사이에서 빠르게 세력을 넓혀 나갔단다."

"흠, 독일 정부는 가만히 있었나요?"

"그럴 리가 있나. 독일 수상 비스마르크는 점점 세력을 넓혀 나가는 사회주의자들을 눈엣가시로 여겼어. 그래서 1878년에 사회주의자들을 국가의 적으로 선언하며 적극 탄압했단다. 독일에서 사회주의와 관련된 집회를 갖거나 인쇄물을 찍는 게 금지됐어. 평화로운 의

용선생의 세계사 돋보기

1878년에 독일 황제를 암살하려는 시도가 있었어. 범인은 한때 독일 사회민주당에서 활동했던 인물이었는데, 비스마르크는 이 사건을 빌미로 삼아 사회주의자들을 국가의 적으로 선언했단다.

▲ **독일 사회민주당** 2017년 독일 의회 총선거 당시의 사진이야. 독일 사회민주당은 오늘날 독일의 양대 정당 중 하나로 독일 정치를 이끌어 나가고 있어. 독일에서 가장 역사가 오래된 정당이기도 하지.

▲ **사회 민주주의의 상징 붉은 장미**
제2차 세계 대전 이후 각국의 사회 민주주의 정당들은 붉은 장미를 상징으로 채택했어. 오늘날 붉은 장미는 사회 민주주의를 상징하는 아이콘이 되었지.

견 표현까지 모조리 막아 버린 거지. 그리고 그동안 노동자들의 집회를 주도하던 지도자 900여 명을 나라 밖으로 추방했단다."

"너무 억누르면 노동자들이 오히려 더 크게 반발할 텐데요!"

나선애가 팔짱을 낀 채 중얼거리자 용선생은 고개를 끄덕였다.

"비스마르크가 노동자를 탄압만 한 건 아니야. 비스마르크는 여러 가지 사회 보장 제도를 만들어서 노동자의 생활을 개선하기도 했지."

"어떻게요?"

"노동자가 아프거나 다치면 국가 돈으로 치료를 받을 수 있

▲ **독일 제국의 〈사회주의 탄압법〉**
1878년 비스마르크는 의회에서 사회주의자의 활동을 막는 법을 통과시켰어.

산업혁명의 그림자와 사회주의의 등장

도록 해줬어. 여성 노동자가 아이를 낳을 때도 보조금을 줬지. 심지어 70세 이상의 노인에게는 생활비도 줬단다. 이때 독일에서 시행된 각종 사회 보장 제도는 훗날 전 세계의 모범이 되었어. 오늘날 우리나라에서도 건강 보험과 국민연금 제도 등 각종 사회 보장 제도가 실시되고 있지."

"우아, 비스마르크가 갑자기 왜 그렇게 천사가 된 거죠?"

설명을 듣던 곽두기가 고개를 갸웃댔다.

"노동자를 자기편으로 만들기 위해서였어. 사회주의자들이 탄압에도 불구하고 노동자의 지지를 받으며 계속 세력을 키워 나가니, 노동자를 사회주의로부터 떼어 놓을 대책이 필요했던 거야. 자칫 노동자의 불만이 폭발해서 혁명이라도 일으키면 나라가 혼란해질 것이 분명했으니까."

"참, 이래저래 머리를 많이 썼네요."

사회 보장 제도의 기틀을 마련한 비스마르크

국민연금, 건강 보험, 산업 재해 보험, 고용 보험과 같은 4대 보험은 국민이 예상치 못한 질병이나 부상 등을 사전에 대비하도록, 또 더 이상 일할 수 없는 나이가 되었을 때도 최소한의 생활 수준을 유지할 수 있도록 국가가 보장하는 사회 보장 제도의 핵심이야. 근데 이 4대 보험 중 세 가지를 독일의 비스마르크 수상이 최초로 만들었다는 것 알고 있니? 1883년에는 노동자의 건강을 책임지는 건강 보험, 1884년에는 공장에서 일하다 다친 노동자들의 치료를 보장해 주는 산업 재해 보험, 1889년에는 부상을 입거나 나이가 많아서 일을 하지 못하게 된 사람을 위한 연금 보험을 도입했어.

사실 비스마르크는 노동자의 시위를 무력으로 진압하고 사회 민주주의 운동을 탄압하는 법을 만든 강경파였어. 하지만 상인 길드나 광산 노동자 길드에서 어려울 때 서로 돕던 상부상조 시스템을 국가 전역으로 확대해 세계 최초로 정부가 책임지고 노동자 복지를 챙겼단다. 물론 독일 기업가는 비스마르크의 노동자 복지를 위한 정책에 반발했어. 사회 보장 제도에 들어가는 비용 일부를 기업가가 떠맡도록 했거든. 그러나 비스마르크는 강력하게 복지 정책을 밀어붙였어. 노동자의 생활 안정을 돕고 미래에 대한 걱정을 잠재우는 것이 최종적으로 독일 사회가 사회주의 세력의 위협에서 벗어나 안정적으로 발전할 수 있는 지름길이라고 생각했기 때문이야. 비스마르크의 정책은 유럽의 다른 나라의 복지 정책의 모델이 되었어. 영국, 네덜란드 등도 사회 보장 제도를 도입했고, 오늘날 우리도 그 혜택을 누리고 있단다.

▲ 독일 국민연금 100주년 기념우표

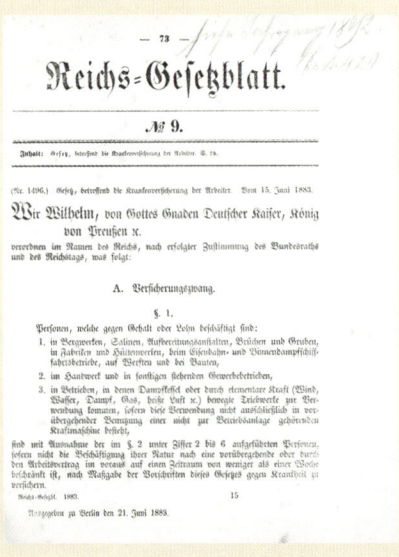

▲ 1883년 독일 노동자 건강 보험법 공보

"흐흐. 영국이나 프랑스 같은 나라에서도 같은 이유로 차츰 정부가 노동자의 요구에 귀를 기울이기 시작했어. 과도한 노동 시간을 제한했고, 어린이의 노동을 금지했지. 또 공장에 감독관을 파견해서 공장주들이 법을 어기지는 않는지, 공장 환경이 일하기에 적당한지 감시했어. 이렇게 조금씩 개혁이 이루어지다 보니 마르크스의 말처럼 노동자들이 지나친 착취를 견디다 못해 혁명을 일으킬 가능성은 점점 사라지는 것처럼 보였단다."

"그럼 결국 마르크스도 틀린 거네요."

"글쎄, 과연 그럴까? 자세한 이야기는 다음에 계속 하자꾸나. 오늘은 여기까지!"

용선생은 싱글거리며 수업 노트를 덮었다.

용선생의 핵심 정리

1871년 프로이센-프랑스 전쟁의 영향으로 파리 시민들이 파리 코뮌을 세움. 파리 코뮌 사건 뒤 유럽 각국에서 사회주의 탄압이 거세졌고, 혁명보다는 정치에 참여해 세상을 조금씩 바꾸려는 사회 민주주의가 퍼져 나감.

나선애의 정리노트

1. ### 산업 혁명 후 고통받는 도시 노동자의 삶
   - 산업 혁명으로 인구가 도시에 집중되며 근로 조건과 생활 환경이 급속도로 악화됨.
   - 정부는 파업과 노동조합을 금지하며 노동자의 고통을 외면함.
     → 노동자에게는 투표권이 주어지지 않음!

2. ### 러다이트 운동과 차티스트 운동
   - 생활이 어려워진 영국의 노동자들은 공장의 기계를 부수는 러다이트 운동을 벌임.
   - 기업가와 노동자가 한편에 서서 선거법 개정을 요구함.
     → 선거법 개정이 이루어졌으나 소수 부르주아에게만 투표권이 주어짐.
     → 노동자는 보통 선거와 비밀 선거를 주장하며 차티스트 운동을 전개함.

3. ### 사회주의의 탄생과 카를 마르크스의 등장
   - 사회 구조를 바꿔 노동자의 삶을 개선하자는 사회주의가 등장함.
   - 마르크스는 《자본론》, 《공산당 선언》을 통해 공산주의를 주장함.
     → 세계 각지에서 노동 운동이 활발해지고, 국제노동자협회가 만들어짐.

4. ### 유럽으로 퍼져 나간 사회주의
   - 사회주의자들을 중심으로 프랑스에 파리 코뮌이 세워졌으나 잔인하게 진압당함.
   - 과격한 혁명보다 정치 참여로 사회를 바꾸려는 사회 민주주의가 퍼져 나감.
   - 독일 수상 비스마르크는 사회주의를 경계하며 사회 보장 제도를 마련함.

세계사 퀴즈 달인을 찾아라!

1 빈칸에 들어갈 말로 알맞은 것은? ( )

나폴레옹의 대륙 봉쇄령으로 영국에 불황이 닥치자 공장주들은 노동자를 해고하고 임금도 제대로 주지 않았지. 그래서 노동자들은 공장의 기계를 파괴하는 운동을 펼쳤어. 1811년에 일어난 이 사건을 ○○○○ 운동이라고 해.

① 러다이트
② 맨체스터
③ 민주주의
④ 차티스트

2 영국의 투표권 확대 과정에 대한 설명으로 옳지 <u>않은</u> 것은? ( )

① 산업 혁명 후 도시 인구가 농촌보다 훨씬 많아졌는데도 선거 제도 때문에 여전히 농촌의 의원 수가 도시의 의원 수보다 많았어. ② 그래서 도시의 상공업자와 노동자는 선거법 개정을 요구하는 시위를 벌였어. ③ 그 결과 일정 연령 이상의 성인 남녀가 모두 투표권을 갖게 됐단다. ④ 노동자들의 노동 환경도 점차 나아져 파업과 노동조합을 금지하던 법이 폐지됐어.

3 빈칸에 들어갈 알맞은 말을 써 보자.

1832년 선거법 개정 이후로도 대다수 노동자에게는 여전히 투표권이 없었어. 그래서 노동자들은 1838년부터 10년 동안 모든 성인 남성의 보통 선거와 비밀 선거를 요구하는 선거법 개정 운동을 벌였단다. 이 운동을 가리켜 ○○○○ 운동이라고 해.

( )

4 유럽의 사회주의에 대해 <u>잘못</u> 설명한 친구는? (　　)

 ① 사회주의 사상이 유럽에 퍼지면서 노동조합 결성이 활발해졌어.

 ② 자본주의 사회 구조를 바꿔 노동자의 삶을 개선하자는 사상이야.

 ③ 파리 코뮌은 사회주의 원리에 따른 정부라는 점을 명확히 밝혔어.

 ④ 비스마르크는 사회주의자들을 지지하고 사회 보장 제도에 반대했어.

5 빈칸에 들어갈 알맞은 인물의 이름을 써 보자.

사회주의를 대표하는 사상가로 《자본론》과 《공산당 선언》을 썼어. ○○○○가 내세운 이론은 1800년대 노동 운동에 큰 영향을 미쳤고 오늘날에도 정치, 사회, 경제 등 다방면에 걸쳐 영향력을 발휘한단다.

(　　　　　　　　　　)

6 다음 그림이 나타내는 시기 영국 사회의 모습으로 옳지 <u>않은</u> 것은? (　　)

① 당시 영국 사회는 어린이도 노동자로 고용했다.
② 공장이 모여 있는 도시는 환경 오염이 심각했다.
③ 노동자에게는 투표권이 없어서 권리를 보장받기 어려웠다.
④ 정부는 노동자의 파업과 노조 활동을 지지하고 보장했다.

정답은 267쪽에서 확인하세요!

용선생 세계사 카페

사회주의 사상가 카를 마르크스의 삶

카를 마르크스는 독일의 사상가로 철학, 정치, 경제, 역사 등 다양한 분야에 업적을 남긴 사람이야. '근현대사를 얘기할 때 마르크스를 빼놓고는 절대 말할 수 없다'는 말이 있을 정도로 마르크스가 끼친 영향력은 그야말로 어마어마하지.

역사와 철학에 관심이 많았던 법학도

▲ **독일 트리어에 있는 마르크스 생가**
마르크스가 어린 시절을 보냈던 곳이야. 현재는 마르크스 박물관으로 쓰이고 있어.

카를 마르크스는 1818년, 프로이센 서부 도시 트리어의 법률가 집안에서 태어났어. 어린 시절 마르크스는 아버지의 책장에 꽂힌 볼테르, 루소 등 계몽사상가의 책을 즐겨 읽었고 문학과 철학, 역사에 매우 많은 관심을 가졌대. 하지만 아버지는 마르크스가 자신의 뒤를 이어 법률가가 되길 바랐지. 고등학교를 졸업한 마르크스는 아버지의 바람대로 베를린의 법대에 진학했지만 곧 법학에 흥미를 잃고 역사와 철학에 심취했어. 결국 마르크스는 법학 공부를 그만두고 철학 논문으로 박사 학위를 받았지.

평생의 친구 엥겔스와의 만남과 런던 생활

▲ **프리드리히 엥겔스**
(1820년~1895년) 엥겔스는 마르크스의 친구이자 든든한 지지자였어. 마르크스가 세상을 떠난 뒤 마르크스가 미완성으로 남긴 《자본론》 2권과 3권을 정리해 출간하기도 했지.

졸업 뒤 마르크스는 라인 지방의 신문 편집장 자리를 얻었어. 하지만 신문을 통해 프로이센 정부를 공공연하게 비판한 탓에 신문은 폐간되었고 마르크스는 실업자가 되었지. 마르크스는 삶의 터전을 프랑스로 옮겨 간간이 정치나 역사와 관련된 글을 신문과 잡지에 기고했어. 파리의 사회주의자들과 교류하며 이들의 사상에 많은 영향을 받기도 했지.

프랑스에 머문 지 1년쯤 되었을 때 마르크스는 죽을 때까지 뜻을 같이 할 친구를 우연히 만났어. 바로 프리드리히 엥겔스야. 마르크스와 함께

《공산당 선언》, 《자본론》을 쓴 사람이지. 엥겔스는 영국 맨체스터에서 공장을 운영하는 아버지 덕분에 당시 노동자들의 비참한 삶과 불합리한 처우를 가까이에서 목격했어. 엥겔스 역시 마르크스처럼 현실을 고발하는 글을 자주 썼지. 마르크스와의 만남 이후 엥겔스는 마르크스의 든든한 지지자이자 동지가 되어 꾸준히 관계를 이어 나갔어.

마르크스는 프랑스에서도 사회 비판적인 활동을 하다 추방당했고, 이후 벨기에를 거쳐 1848년 이후로는 영국의 런던에서 살았어. 마르크스는 런던에서 《자본론》을 비롯해 주요 저술을 남겼지.

↑ 마르크스 부녀와 엥겔스

《자본론》을 두고 세상을 떠나다

1867년, 《자본론》 1권을 출판한 이후 마르크스는 《자본론》 2, 3권 출간에 집중하기 위해 활동을 자제했어. 그러다 1881년에 사랑하는 아내를 먼저 떠나보내는 비극을 겪었어. 아내와 자녀에 대한 사랑이 극진했던 마르크스는 아내의 죽음으로 큰 병을 얻었지. 마르크스는 병을 치료하기 위해 요양을 떠났지만, 병은 나아질 기미가 없었단다. 결국 아내가 세상을 떠난 지 고작 2년 만에 마르크스도 세상을 떠나고 말았어. 마르크스의 죽음으로 《자본론》 2, 3권은 미완성으로 남았지. 마르크스가 남긴 원고는 평생의 친구인 엥겔스의 도움으로 무사히 출간되었어.

마르크스는 런던의 하이게이트 공동묘지의 한구석에 묻혔는데, 오늘날까지도 그를 추모하기 위해 찾아오는 사람들로 묘지가 종일 북적거린대.

➔ 하이게이트에 있는 마르크스 묘비
이 묘비에는 《공산당 선언》의 가장 유명한 구절인 '만국의 노동자들이여, 단결하라!'가 새겨져 있어.

정당 정치가 시작되다

대통령이나 국회 의원을 뽑는 선거철이면 길거리에 후보들의 벽보가 나붙지. 벽보에는 정치인의 얼굴, 후보 기호와 함께 으레 '○○당'이라는 식으로 그 사람의 소속 정당을 표시해. 이처럼 오늘날의 정치인들은 대개 어떤 정당에 소속되어서 정치 활동을 해 나간단다.

정당은 정치적인 뜻이 비슷한 사람들끼리 모여서 만든 단체를 뜻해. 선거를 통해 후보를 선택할 때에는 그 후보가 누구이며 어떤 주장을 하는지 뿐만 아니라, 그 후보가 소속된 정당이 어떤 정당인지도 중요한 판단 기준이 되지. 정당은 언제 등장했고, 언제부터 대부분의 정치인이 정당에 속해 정치 활동을 하기 시작했을까?

↑ 우리나라 19대 대통령 선거 벽보

파벌 싸움에서 시작된 정당

정당의 역사는 시민 혁명과 함께 시작됐어. 절대 권력을 가진 군주 대신 시민의 대표인 의회가 권력을 잡자 의회 내부에서 뜻이 서로 다른 사람들이 서로 편을 갈라 대립했던 거지. 특히 의회의 역사가 오래된 영국에서는 이미 1678년부터 '토리당'과 '휘그당'이라는 두 개의 당이 서로 권력 다툼을 했단다. 미국에서도 독립 직후 '연방파'와 '반연방파'로 나뉘어서 대립했어.

시민 혁명 초기에는 재산이 많은 극소수의 귀족과 부르주아만 투표권을 가지고 있었어. 정치인은 뚜렷한 정치적 목표나 정책이 없더라도

개인적인 인맥과 명성, 때로는 돈을 이용해 귀족과 부르주아만 잘 휘어잡으면 얼마든지 정치 활동을 할 수 있었지. 그래서 초창기의 정당은 엄밀히 말해 '파벌'에 가까웠단다. 정당이 추구하는 공동의 정치적 목표보다는, 특정 인물에 대한 충성이나 각자의 이득에 따라 편을 갈라 뭉쳐서 서로를 비난하며 대립했지. 이런 경향이 당의 이름에 드러나기도 해. '토리당'은 '도적'이라는 뜻이고, '휘그당'은 '반역자'라는 뜻이거든. 정작 자신들이 어떤 목표를 추구하는 집단인지는 명확하지 않고, 서로를 헐뜯으며 붙였던 말이 그대로 당의 이름이 된 거야.

그래서 유럽 각국의 정치인들은 정당 활동을 부정적으로 봤어. 파벌 싸움에만 눈이 벌게서 자칫 나라 전체의 이득을 망칠 수 있다는 이유 때문이었지. 미국의 첫 대통령이었던 조지 워싱턴 역시 대통령 고별 연설에서 정당 간의 지나친 대립이 나라를 망칠 수 있다며 경고했어.

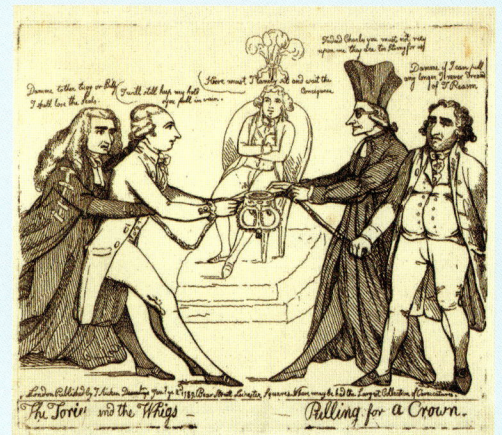

▲ 초기 영국 정당인 토리당과 휘그당
초기 영국 정당으로, 뚜렷한 정치적 목표가 없이 각자의 이익에 따라 모여 정당을 형성했어.

▲ 미국 연방파와 반연방파
오른쪽 구름 위에서 경고하고 있는 인물은 미국 초대 대통령 조지 워싱턴이야.

대중 정당의 등장

1800년대 들어 유럽 각국에서는 정치에 참여할 권리를 요구하는 노동자들의 시위가 줄기차게 이어졌어. 그 결과 극소수의 국민에게만 주어져 있던 투표권이 차츰 확대되었단다. 영국에서는 1832년에 4.5퍼센트에 불과했던 유권자 비율이 1928년에는 62퍼센트까지 늘어났지. 이렇게 유권자 수가 늘어날수록 더 이상은 인맥이나 명성만으로는 정치 활동을 하기가 어려웠어. 자신의 정치적 목표와 정책을 뚜렷이 밝혀야 유권자의 선택을 받을 수 있게 되었지.

이때 노동자의 지지를 받은 사회주의 정당이 새로 등장했어. 독일의

▲ 영국 노동당 당 대표 연설 2017년 총선을 앞두고 당원들 앞에서 연설하는 모습이야. '소수가 아닌 다수를 위해'라는 표어를 내세웠지.

사회민주당이나 영국의 노동당 등이 대표적이지. 이 정당들은 과거 정당에 비해 목표가 뚜렷했지. '노동자의 삶을 더욱 좋게 만드는 것'이 목표였으니까. 이들은 또 노동조합 등 여러 단체를 통해 시민의 대중적인 지지를 받았단다.

그래서 다른 정당도 차츰 변화를 시도할 수밖에 없었어. 정치인의 사적인 파벌에 가까웠던 모습에서 벗어나 저마다 뚜렷한 정치적 목표와 주장을 갖추고, 정책과 공약을 개발해 유권자들의 지지를 받기 위해 경쟁하는 정당으로 거듭난 거지. 또 당원을 모집해 정당의 정책 방향을 토론하고, 중요한 선거에 추천할 후보를 뽑는 등 여러 가지 행사를 진행해 대중적인 지지 기반을 다지게 됐어. 투표권의 확대와 함께 비로소 오늘날 모습과 흡사한 대중 정당이 등장한 거야.

➡ 미국 공화당 전당 대회
2016년 대선을 앞두고 대선 후보로 도널드 트럼프를 선출하는 장면이야. 이처럼 당의 중요한 일을 결정하기 위해 많은 당원을 모아 개최하는 행사를 '전당 대회'라고 해.

정당 정치의 이모저모

오늘날 세계 각국의 정치에서 정당은 매우 중요한 역할을 한단다. 정당은 유권자의 뜻을 종합해 법을 만들고 정책과 공약을 개발할 뿐 아니라, 각종 선거에 후보를 추천해 유권자의 판단을 돕거든. 또 선거에서 승리하면 정권을 잡고 정부를 구성해 한 나라를 책임지고 이끌어 나가지. 이 모든 과정에서 꾸준히 시민들과 소통해서 시민의 정치적 관심을 이끌어 내는 역할도 정당의 몫이야. 유권자는 사실상 정치인 개개인보다는 정당을 통해 정치에 참여하기 때문에 '현대 민주 정치는 곧 정당 정치'라고 이야기하는 학자도 많아. 그럼 정당과 관련된 용어 몇 가지를 알아보자.

1. 여당과 야당

선거를 통해 정권을 잡은 당을 여당, 그렇지 못한 당을 야당이라고 해. 나라마다 기준은 달라. 대통령제를 따르는 우리나라의 경우 대통령 후보를 추천해 당선시킨 당이 여당이 되고, 의원내각제를 따르는 영국의 경우 의회에서 다수 의석을 차지한 당이 여당이 되지. 대개 여당은 정부와 함께 나라를 이끌어가는 역할을 맡고, 야당은 정부의 정책을 감시하며 잘못된 부분을 비판하는 역할을 맡는단다.

2. 양당제

압도적으로 규모가 큰 두 개의 당이 경쟁하는 체제야. 유권자가 두 당의 정책을 비교하여 선택하기 쉽고, 선거에서 이긴 당이 곧바로 정권을 잡게 되기 때문에 정책 결정이 빠르고 효율적이라는 장점이 있어. 미국과 영국이 대표적인 양당제 국가야.

◀ **2015년 영국 의회 구성**

이처럼 두 개의 거대 정당이 경쟁하는 체제를 양당제라고 해.

3. 다당제

세 개 이상의 당이 저마다의 정치적 목표를 가지고 경쟁하는 체제를 말해. 의원내각제 국가의 경우 보통 하나의 당만으로는 정권을 잡기 힘들어서 여러 정당이 연합하는 경우가 많아. 대통령제 국가에서도 여당이 여러 야당의 협조를 받아야 원활히 정치를 할 수 있지. 이 과정에서 소수 정당의 정책도 반영될 수 있다는 게 다당제의 가장 큰 장점이야. 독일, 이탈리아, 프랑스 등이 대표적이야.

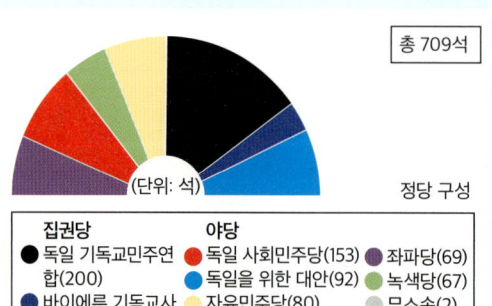

◀ **2017년 독일 연방 의회 구성**

이처럼 여러 정당이 경쟁하는 체제를 다당제라고 해.

한눈에 보는 세계사-한국사 연표

유럽 / 동아시아 / 서아시아 / 아프리카 / 아메리카 / 남아시아, 오세아니아

세계사

연도	사건
1811년	대콜롬비아 연방 공화국 성립
1821년	그리스 독립 전쟁 발발
1822년	과야킬 회담
1823년	미국, 먼로 선언
1834년	독일에서 관세 동맹이 성립됨
1838년	영국에서 차티스트 운동이 일어남
1839년	오스만 제국에서 탄지마트 개혁 시작
1840년	제1차 아편 전쟁 발발
1846년	미국-멕시코 전쟁 발발
1848년	1848년 혁명 발발 / 마르크스, 《공산당 선언》 출판
1850년 무렵	캘리포니아 골드러시
1851년	태평천국 운동이 시작됨
1853년	페리 내항, 일본 개항 / 크림 전쟁 발발
1856년	제2차 아편 전쟁 발발
1857년	세포이 항쟁
1861년	이탈리아 통일, 이탈리아 왕국 탄생 / 미국 내전 발발
1863년	게티즈버그 전투
1866년	프로이센-오스트리아 전쟁
1869년	미국, 대륙 횡단 철도 개통 / 수에즈 운하 개통
1870년	프로이센-프랑스 전쟁 발발 / 파리 코뮌
1871년	독일 통일, 독일 제국 탄생
1883년	독일에서 사회 보장법이 만들어짐
1884년	베를린 회의(아프리카 분할)
1890년	미국에서 독점 금지법이 만들어짐

카를 마르크스

에이브러햄 링컨

독일 제국 선포

한국사

1811년	홍경래의 난 발발
1818년	정약용, 《목민심서》 완성
1831년	로마 교황청, 조선 교구 설정
1834년	헌종 즉위
1839년	풍양 조씨, 천주교도 체포
1849년	철종 즉위
1855년	영국군과 프랑스군, 동해안 측량.
1860년	최제우, 동학 창시
1861년	김정호, 《대동여지도》 제작
1862년	전국적인 농민 항쟁(1862년 농민 항쟁)
1863년	고종 즉위, 흥선 대원군 집권
1865년	경복궁 중건
1866년	프랑스 함대 침입(병인양요)
1871년	미국 함대 침입(신미양요)
1873년	고종이 직접 통치하기 시작
1876년	일본과 강화도 조약 체결
1882년	미국과 조미 수호 통상 조약 체결
1884년	개화파들이 정변을 일으킴(갑신정변)
1885년	영국, 거문도 불법 점령
1886년	신식 교육 기관인 육영 공원과 이화 학당 설립
1894년	갑오개혁 실시

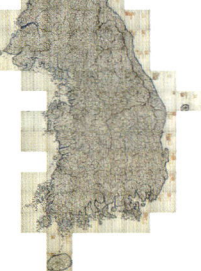

《대동여지도》

황제 제복을 입은 고종

찾아보기

ㄱ
게티즈버그 133, 159~161
곡물법 216~217, 219
골드러시 135, 144~148, 190
과야킬 회담 78, 100~101
관세 동맹 24, 41, 48
국제노동자협회 235, 240

ㄴ
나폴레옹 22~23, 26~27, 29, 33, 41, 53, 68, 73, 98~99, 103, 106, 128~129, 158, 214~215
나폴레옹 3세 12, 26~32, 35, 49, 54~55
낭만주의 68, 70~71
노예 해방 선언서 158
뉴욕 74, 133, 138~139, 141, 147~148, 150, 152, 175~177, 191, 195, 202

ㄷ
대륙 봉쇄령 29, 106, 158, 215~216
대륙 횡단 철도 132, 166~171, 190
대콜롬비아 연방 79, 100, 102~103, 105
독립 선언서 160
독일 제국 12, 24, 45~46, 52, 54, 56~58, 62, 241
디트로이트 141, 143

ㄹ
라 마르세예즈 22
러다이트 운동 214~215
로버트 오언 226~227
루이지애나 138

ㅁ
마르세유 238
마자르인 15, 59~60, 62
맨체스터 198, 207, 219, 248
먼로 선언 108~110
멕시코 제국 104
멕시코시티 102, 109
미겔 이달고 78, 103~104
미국 내전 75, 133, 156, 160~161, 163~167, 175, 193
민족주의 18, 22, 25, 33~34, 37, 40, 46, 53, 58, 60, 62, 68

ㅂ
바이에른 52~53, 56, 61
버밍엄 198, 222
베네수엘라 80~81, 83~84, 99, 102
베르사유 궁전 12, 57, 236
부다페스트 13~15
부르주아 73, 231, 233, 250
북독일 연방 50, 53, 55
비토리오 에마누엘레 2세 38
빈 회의 33, 73
빌헬름 1세 54~57

ㅅ
사르데냐 왕국 33, 35~36, 38~39
사부아 35~36

사회 보장 제도 241~243
사회 민주주의 199, 240
사회주의 198, 225~228, 233, 238~241, 243~244
산마르틴 78, 100~103
산업 혁명 72, 96, 149, 198, 202, 206, 208, 214, 218, 231
삼국 동맹 전쟁 115~116
샌프란시스코 132, 134~135, 137, 147
섬터 요새 133, 155~156
스당 전투 12, 55
시몬 볼리바르 78, 84, 99~103
시카고 133, 141, 143, 176, 178~179

ㅇ
아구스틴 데 이투르비데 104~105
아나콘다 계획 157
아메리카 연합국 155~156
안토파가스타 78, 116~117
알자스, 로렌 12, 56
앤드루 존슨 163
앤드루 카네기 180~181
양 시칠리아 왕국 13, 33, 37~38
에이브러햄 링컨 154, 156, 158, 160, 162~163, 171
에콰도르 78, 80~81, 84~85, 100~102
오대호 133, 139~141, 143, 176
오토 폰 비스마르크 46~57, 63, 199, 240, 242~243

워싱턴 D.C. 141
이리 운하 133, 139~141

ㅈ
자본주의 229, 232~234
제임스 먼로 107~108
조지 워싱턴 251
주세페 가리발디 13, 36~39
주세페 마치니 34~36, 38

ㅊ
차티스트 운동 222~223
1848년 혁명 13, 25, 30, 35, 41, 45~46, 50, 73
청년 이탈리아당 34

ㅋ
카디스 91~92, 95
카르보나리당 33~34
카를 마르크스 199, 227~235, 244, 248~249
카밀로 카보우르 35, 37~38
카우보이 172
캘리포니아 109, 132, 134~137, 144~145, 147, 167
콜롬비아 80~84, 99, 102
쾨니히스그레츠 전투 50
크리오요 87~94, 96~106, 110~112, 114
클리블랜드 143

ㅌ
태평양 전쟁 117
텍사스 109, 155
토머스 에디슨 177, 192~195
투생 루베르튀르 127~129

투팍 아마루 2세 78, 97

ㅍ
파리 코뮌 198, 238~240
페루 부왕령 94, 96~97
펠리페 5세 93~94
프란츠 요제프 1세 59~60
프랑스 대혁명 20~21, 37,
68, 72~73, 98, 107, 126,
238
프랑크푸르트 국민 의회
13, 41~42, 45~47
프로이센-프랑스 전쟁 12
프리드리히 엥겔스
248~249
피털루 학살 220~221
필라델피아 148, 176

ㅎ
허드슨강 133, 139
헝가리 13~17, 59~62
후안 마누엘 데 로사스 112

참고문헌

국내 도서

2022 개정 교육과정에 따른 중학교, 고등학교 사회교과군 교과서.
21세기연구회 저/전경아 역, 《지도로 보는 세계민족의 역사》, 이다미디어, 2012.
E.H. 곰브리치 저/백승길, 이종숭 역, 《서양미술사》, 2012.
R.K. 나라얀 편저/김석희 역, 《라마야나》, 아시아, 2012.
R.K. 나라얀 편저/김석희 역, 《마하바라타》, 아시아, 2014.
가와카쓰 요시오 저/임대희 역, 《중국의 역사》, 혜안, 2004.
강선주 등저, 《마주보는 세계사 교실》, 1~8권, 웅진주니어, 2011.
강희숙, 공수진, 박미선, 이동규, 정기문 저, 《세계사 뛰어넘기 1》, 열다, 2012.
강창훈, 남종국, 윤은주, 이옥순, 이은정, 최재인 저, 《세계사 뛰어넘기 2》, 열다, 2012.
거지엔슝 편/정근희 외역, 《천추흥망》1~8권, 따뜻한손, 2010.
고려대 중국학연구소 저, 《중국지리의 즐거움》, 차이나하우스, 2012.
고처, 캔디스&월트, 린다 저/황보영조 역, 《세계사 특강》, 삼천리, 2010.
교육공동체 나다 저, 《피터 히스토리아》1~2권, 북인더갭, 2011.
권동희 저, 《지리이야기》, 한울, 2005.
금현진 등저, 《용선생의 시끌벅적 한국사》1~10권, 사회평론, 2016.
기노 쓰라유키 외 편/구정호 역, 《고킨와카슈(상/하)》, 소명출판, 2010.
기노 쓰라유키 외 편/최충희 역, 《고금와카집》, 지만지, 2011.
기쿠치 요시오 저/이경덕 역, 《결코 사라지지 않는 로마, 신성 로마 제국》, 다른세상, 2010.
김경묵 저, 《이야기 러시아사》, 청아, 2012.
김기협 저, 《냉전 이후》, 서해문집, 2016.
김대륜, 김윤태, 안효상, 이은정, 최재인 글, 《세계사 뛰어넘기 3》, 열다, 2013.
김대호 저, 《장건, 실크로드를 개척하다》, 아카넷주니어, 2012.
김덕진 저, 《세상을 바꾼 기후》, 다른, 2013.
김명호 저, 《중국인 이야기 1~5권》, 한길사, 2016.
김상훈 저, 《통세계사 1, 2》, 다산에듀, 2015.
김성환 저, 《교실 밖 세계사여행》, 사계절, 2010.
김수행 저, 《세계대공황》, 돌베개, 2011.
김영한, 임지현 편저, 《서양의 지적 운동》, 1-2권, 지식산업사, 1994/1998.
김영호 저, 《세계사 연표사전》, 문예마당, 2012.
김원중 저, 《대항해 시대의 마지막 승자는 누구인가?》, 민음인, 2011.
김종현 저, 《영국 산업혁명의 재조명》, 서울대학교출판문화원, 2013.
김진섭 편, 《한 권으로 읽는 인도사》, 지경사, 2007.
김진호 저, 《근대 유럽의 역사: 종교개혁부터 신자유주의까지》, 한양대학교출판부, 2016.
김창성 저, 《세계사 산책》, 솔, 2003
김태권 저, 《르네상스 미술이야기》, 한겨레출판, 2012.
김현수 저, 《이야기 영국사》, 청아출판사, 2006.
김형진 저, 《이야기 인도사》, 청아출판사, 2013.
김호동 역, 《마르코 폴로의 동방견문록》, 사계절, 2005.
김호동 저, 《아틀라스 중앙유라시아사》, 사계절, 2016.
김호동 저, 《황하에서 천산까지》, 사계절, 2011.
남경태 저, 《종횡무진 동양사》, 그린비, 2013.
남경태 저, 《종횡무진 서양사(상/하)》, 그린비, 2013.
남문희 저, 《전쟁의 역사 1, 2, 3》, 휴머니스트, 2011.
남종국 저, 《지중해 교역은 유럽을 어떻게 바꾸었을까?》, 민음인, 2011.
노명식 저, 《프랑스 혁명에서 파리 코뮌까지 1789~1871》, 책과함께, 2011.
누노메 조후 등저/임대희 역, 《중국의 역사: 수당오대》, 혜안, 2001.
닐 포크너 저/이윤정 역, 《좌파 세계사》, 엑스오북스, 2016.
데라다 다카노부 저/서인범, 송정수 공역, 《중국의 역사: 대명제국》, 혜안, 2006.
데이비드 O. 모건 저/권용철 역, 《몽골족의 역사》, 모노그래프, 2012.
데이비드 아불라피아 저/이순호 역, 《위대한 바다: 지중해 2만년의 문명사》, 책과함께, 2013.
데이비드 프리스틀랜드 저, 이유영 역, 《왜 상인이 지배하는가》, 원더박스, 2016.
도널드 쿼터트 저/이은정 역, 《오스만 제국사》, 사계절, 2008.
두보, 이백 등저/최병국 편, 《두보와 이백 시선》, 한솜미디어, 2015.
라시드 앗 딘 저/김호동 역, 《부족지: 몽골 제국이 남긴 최초의 세계사》, 사계절, 2002,
라시드 앗 딘 저/김호동 역, 《칭기스칸기》, 사계절, 2003.
라시드 앗 딘 저/김호동 역, 《칸의 후예들》, 사계절, 2005.
라이프사이언스 저, 노경아 역, 《지도로 읽는다 세계5대 종교 역사도감》, 이다미디어, 2016.
라인하르트 쉬메켈 저/한국 게르만어 학회 역, 《인도유럽인, 세상을 바꾼 쿠르간 유목민》, 푸른역사 2013.
러셀 쇼토 저, 허형은 역, 《세상에서 가장 자유로운 도시, 암스테르담》, 책세상, 2016.
러셀 프리드먼 저/강미경 역, 《1차 세계대전: 모든 전쟁을 끝내기 위한 전쟁》, 두레아이들, 2013.
로버트 M. 카멕 편저/강정원 역, 《메소아메리카의 유산》, 그린비, 2014.
로버트 템플 저/과학세대 역, 《그림으로 보는 중국의 과학과 문명》, 까치, 2009.
로스 킹 저/신영화 역, 《미켈란젤로와 교황의 천장》, 다다북스, 2007.
로스 킹 저/이희재 역, 《브루넬레스키의 돔》, 세미콜론, 2007.
로저 크롤리 저/이순호 역, 《바다의 제국들》, 책과함께, 2010.
루츠 판다이크 저/안인희 역, 《처음 읽는 아프리카의 역사》, 웅진씽크빅, 2014.
류시화, 《백만 광년의 고독 속에서 한 줄의 시를 읽다》, 연금술사, 2014.

르네 그루세 저/김호동, 유원수, 정재훈 공역, 《유라시아 유목제국사》, 사계절, 1998.
르몽드 디폴로마티크 기획/권지현 등 역, 《르몽드 세계사 1, 2, 3》, 휴머니스트 2008/2010/2013.
리처드 번스타인 저/정동현 역, 《뉴욕타임스 기자의 대당서역기》, 꿈꾸는돌, 2003.
린 화이트 주니어 저/강일휴 역, 《중세의 기술과 사회변화: 등자와 쟁기가 바꾼 유럽 역사》, 지식의 풍경, 2005.
마르크 블로크 저/한정숙 역, 《봉건사회 1, 2》, 한길사, 1986.
마리우스 B. 잰슨 저/김우영 등역, 《현대일본을 찾아서》, 이산, 2010.
마이클 우드 저/김승욱 역, 《인도 이야기》, 웅진지식하우스, 2009.
마이클 파이 저/김지선 역, 《북유럽세계사 1, 2》, 소와당, 2016.
마크 마조워 저/이순호 역, 《발칸의 역사》, 을유문화사, 2014.
마틴 버넬 저/오흥식 역, 《블랙 아테나 1》, 소나무, 2006.
마틴 자크 저/안세민 역, 《중국이 세계를 지배하면》, 부키, 2010.
마틴 키친 편저/유정희 역, 《사진과 그림으로 보는 케임브리지 독일사》, 시공아크로총서, 2001.
매리 하이듀즈 저/박장식, 김동역 역, 《동남아의 역사와 문화》, 솔과학, 2012.
모방푸 저, 전경아 역, 《지도로 읽는다! 중국도감》, 이다미디어, 2016.
문수인 저, 《아세안 영웅들 – 우리가 몰랐던 세계사 속 작은 거인》, 매일경제신문사, 2015.
문을식 저, 《인도의 사상과 문화》, 도서출판 여래, 2007.
미르치아 엘리아데 저/이용주 등 역, 《세계종교사상사 1, 2, 3》, 이학사, 2005.
미셸 파루티 저/ 권은미 역, 《모차르트: 신의 사랑을 받은 악동》, 시공디스커버리총서 011, 시공사, 1999.
미야자키 마사카쓰 저/노은주 역, 《지도로 보는 세계사》, 이다미디어, 2005.
미야자키 이치사다 저, 조병한 역, 《중국통사》, 서커스, 2016.
미조구치 유조 저/정태섭, 김용천 역, 《중국의 공과 사》, 신서원, 2006.
박금표 저, 《인도사 108장면》, 민족사, 2007.
박노자 저, 《거꾸로 보는 고대사》, 한겨레, 2010.
박노자 저, 《러시아는 우리에게 무엇인가》, 신인문사, 2011.
박래식 저, 《이야기 독일사》, 청아출판사, 2006.
박노자 저, 《러시아 혁명사 강의》, 나무연필, 2017.
박수철 저, 《오다 도요토미 정권의 사사지배와 천황》, 서울대학교출판문화원, 2012.
박용진 저, 《중세 유럽은 암흑시대였는가?》, 민음인, 2011.
박윤덕 등저, 《서양사강좌》, 아카넷, 2016.
박종현 저, 《희랍사상의 이해》, 종로서적, 1990.
박지향 저, 《클래식영국사》, 김영사, 2012.
박찬영, 엄정훈 등저, 《세계지리를 보다 1, 2, 3》, 리베르스쿨, 2012.
박한제, 김형종, 김병준, 이근명, 이준갑 공저, 《아틀라스 중국사》, 사계절, 2015.
배병우 등저, 《신들의 정원, 앙코르와트》, 글씨미디어, 2004.
배영수 편, 《서양사 강의》, 한울아카데미, 2000.
배재호 저, 《세계의 석굴》, 사회평론, 2015.
버나드 루이스 편/김호동 역, 《이슬람 1400년》, 까치, 2001.

베른트 슈퇴버 저/최승완 역, 《냉전이란 무엇인가》, 역사비평사, 2008.
베빈 알렉산더 저/김형배 역, 《위대한 장군들은 어떻게 승리하였는가》, 홍익출판사, 2000.
벤자민 킨, 키스 헤인즈 공저/김원중, 이성훈 공역, 《라틴아메리카의 역사 상/하》, 그린비, 2014.
볼프람 폰 에센바흐 저/허창운 역, 《파르치팔》, 한길사, 2009.
브라이언 타이어니, 시드니 페인터 공저/이연규 역, 《서양 중세사》, 집문당, 2012.
브라이언 페이건 저/이희준 역, 《세계 선사 문화의 이해》, 사회평론아카데미, 2015.
브라이언 페이건 저/최파일 역, 《인류의 대항해》, 미지북스, 2012.
브라이언 페이건, 크리스토퍼 스카레 등저/이청규 역, 《고대 문명의 이해》, 사회평론아카데미, 2015.
비토리오 주디치 저/남경태 역, 《20세기 세계 역사》, 사계절, 2005.
사마천 저/김원중 역 《사기 본기》, 민음사, 2015.
사마천 저/김원중 역 《사기 서》, 민음사, 2015.
사마천 저/김원중 역 《사기 세가》, 민음사, 2015.
사마천 저/김원중 역 《사기 열전 1, 2》, 민음사, 2015.
사와다 아시오 저/김숙경 역, 《흉노: 지금은 사라진 고대 유목국가 이야기》, 아이필드, 2007.
새뮤얼 노아 크레이머 저/박성식 역, 《역사는 수메르에서 시작되었다》, 가람기획, 2000.
새뮤얼 헌팅턴 저/강문구, 이재영 역, 《제3의 물결: 20세기 후반의 민주화》, 인간사랑, 2011.
서영교 저, 《고대 동아시아 세계대전》, 글항아리, 2015.
서울대학교 독일학연구소 저, 《독일이야기 1, 2》, 거름, 2003.
서진영 저, 《21세기 중국정치》, 폴리테이아, 2008.
서희석, 호세 안토니오 팔마 공저, 《유럽의 첫 번째 태양, 스페인》, 을유문화사, 2015.
설혜심 저, 《소비의 역사 : 지금껏 아무도 주목하지 않은 '소비하는 인간'의 역사》, 휴머니스트, 2017.
송영배 저, 《동서 철학의 교섭과 동서양 사유 방식의 차이》, 논형, 2004.
수잔 와이즈 바우어 저/꼬마이실 역, 《교양 있는 우리 아이를 위한 세계역사이야기》, 1~5권, 꼬마이실, 2005.
스테파니아 스타푸티, 페데리카 로마놀리 등저/박혜원 역, 《고대 문명의 역사와 보물: 그리스/로마/아스텍/이슬람/이집트/인도/켈트/크메르/페르시아》, 생각의나무, 2008.
시바료타로 저/양억관 역, 《항우와 유방 1, 2, 3》, 달궁, 2003.
시오노 나나미 저/김석희 역, 《로마 멸망 이후의 지중해 세계(상/하)》, 한길사, 2009.
시오노 나나미 저/김석희 역, 《로마인 이야기》, 1~15권, 한길사 2007.
신성곤, 윤혜영 저, 《한국인을 위한 중국사》, 서해문집, 2013.
신승하 저, 《중국사(상/하)》, 미래엔, 2005.
신준형 저, 《뒤러와 미켈란젤로》, 사회평론, 2013.
야사다 미노루 저/이하준 역, 《동인도회사》, 피피에, 2004.
아사오 나오히로 편저/이계황, 서각수, 연민수, 임성모 역, 《새로 쓴 일본사》, 창비, 2013.
아서 코트렐 저/까치 편집부역, 《그림으로 보는 세계신화사전》, 까치, 1997.

아일린 파워 저/이종인 역, 《중세의 사람들》, 즐거운상상, 2010.
안 베르텔로트 저/체계병 역, 《아서왕》, 시공사, 2003.
안병철 저, 《이스라엘 역사》, 기본소식, 2012.
안효상 저, 《미국은 어떻게 만들어졌을까》, 민음인, 2013.
알렉산드라 미네르비 저/조행복 역, 《사진으로 읽는 세계사 2: 나치즘》, 플래닛, 2008.
알렉산드라 미지엘린스카 외 저, 《MAPS 색칠하고 그리며 지구촌 여행하기》, 그린북, 2017.
알렉산드라 미지엘린스카 외 저, 이지원 역, 《MAPS》, 그린북, 2017.
앙투안 갈랑/임호경 역, 《천일야화 1~6》, 열린책들, 2010.
애덤 하트 데이비스 편/윤은주, 정범진, 최재인 역, 《히스토리》, 북하우스, 2009.
양은영 저, 《빅히스토리: 제국은 어떻게 나타나고 사라지는가?》, 와이스쿨 2015.
양정무 저, 《난생 처음 한번 공부하는 미술 이야기 1~4》, 사회평론, 2016.
양정무 저, 《상인과 미술》, 사회평론, 2011.
에드워드 기번 저/윤수인, 김희용 공역, 《로마제국 쇠망사 1~6》, 민음사, 2008.
에르빈 파노프스키 저/김율 역, 《고딕건축과 스콜라철학》, 한길사, 2015.
에릭 홉스봄 저/김동택 역, 《제국의 시대》, 한길사, 1998.
에릭 홉스봄 저/정도영, 차명수 공역, 《혁명의 시대》, 한길사, 1998.
에릭 홉스봄 저/정도영 역, 《자본의 시대》, 한길사, 1998.
에이브러험 애셔 저/김하은, 신상돈 역, 《처음 읽는 러시아 역사》, 아이비북스, 2013.
엔리케 두셀 저/박병규 역, 《1492년, 타자의 은폐》, 그린비, 2011.
역사미스터리클럽 저, 안혜은 역, 《한눈에 꿰뚫는 세계사 명장면》, 이다미디어, 2017.
오토 단 저/오인석 역, 《독일 국민과 민족주의의 역사》, 한울아카데미, 1996.
윌리엄 로 저, 기세찬 역, 《하버드 중국사 청 : 중국 최후의 제국》, 너머북스, 2014.
웨난 저/이익희 역, 《마왕퇴의 귀부인 1, 2》, 일빛, 2005.
유라쿠 천황 외 저/고용환, 강용자 역, 《만엽집》, 지만지, 2009.
유세희 편, 《현대중국정치론》, 박영사, 2009.
유용태, 박진우, 박태균 공저, 《함께 읽는 동아시아 근현대사 1, 2》, 창비, 2011.
유인선 등저, 《사료로 보는 아시아사》, 종이비행기, 2014.
이강무 저, 《청소년을 위한 세계사. 서양편》, 두리미디어, 2009.
이경덕 저, 《함께 사는 세상을 보여주는 일본 신화》, 현문미디어, 2005.
이기영 저, 《고대에서 봉건사회로의 이행》, 사회평론, 2017.
이노우에 고이치 저/이경덕 역, 《살아남은 로마, 비잔틴 제국》, 다른세상, 2010.
이명현 저, 《빅히스토리: 세상은 어떻게 시작되었을까?》, 와이스쿨, 2013.
이병욱 저, 《한권으로 만나는 인도》, 너울북, 2013.
이영림, 주경철, 최갑수 공저, 《근대 유럽의 형성: 16~18세기》, 까치글방, 2011.
이영목 등저, 《검은, 그러나 어둡지 않은 아프리카》, 사회평론, 2014.
이옥순 등저, 《세계사 교과서 바로잡기》, 삼인, 2011.
이익선 저, 《만화 로마사 1, 2》, 알프레드, 2017.
이희수 저, 《이슬람의 모든 것》, 주니어김영사, 2009.
일본사학회 저, 《아틀라스 일본사》, 사계절, 2011.
임태승 저, 《중국 서예의 역사》, 미술문화, 2006.
임승희 저, 《유럽의 절대 군주는 어떻게 살았을까?》, 민음인, 2011.
임한순, 최윤영, 김길웅 공역, 《에다. 북유럽신화》, 서울대학교출판문화원, 2015.
임홍배, 송태수, 장병기 등저, 《독일 통일 20년》, 서울대학교출판문화원, 2011.
자닉 뒤랑 저/조성애 역, 《중세미술》, 생각의 나무, 2004.
장문석 저, 《근대정신은 어떻게 탄생했을까?》, 민음인, 2011.
장 콩비 저/노성기 외 역, 《세계교회사여행: 고대·중세 편》, 가톨릭출판사, 2013.
장진퀘이 저/남은숙 역, 《흉노제국 이야기》, 아이필드, 2010.
장 카르팡티에, 프랑수아 르브룅 편저/강민정, 나선희 공역, 《지중해의 역사》, 한길사, 2009.
재레드 다이어몬드 저/김진준 역, 《총, 균, 쇠》, 문학사상, 2013.
전국역사교사모임 저, 《살아있는 세계사 교과서 1, 2》, 휴머니스트, 2013.
전국역사교사모임 저, 《처음 읽는 미국사》, 휴머니스트, 2013.
전국역사교사모임 저, 《처음 읽는 인도사》, 휴머니스트, 2013.
전국역사교사모임 저, 《처음 읽는 일본사》, 휴머니스트, 2013.
전국역사교사모임 저, 《처음 읽는 중국사》, 휴머니스트, 2013.
전국역사교사모임 저, 《처음 읽는 터키사》, 휴머니스트, 2013.
전국지리교사모임 저, 《지리쌤과 함께하는 80일간의 세계여행 : 아시아·유럽 편》, 폭스코너, 2017.
전종한 등저, 《세계지리: 경계에서 권역을 보다》, 사회평론아카데미, 2017.
정기문 저, 《그리스도교의 탄생: 역사학의 눈으로 본 원시 그리스도교의 역사》, 길, 2016.
정기문 저, 《역사보다 재미있는 것은 없다》, 신서원, 2004.
정수일 편저, 《해상 실크로드 사전》, 창비, 2014.
정재서 저, 《이야기 동양신화 중국편》, 김영사, 2010.
정재훈 저, 《돌궐 유목제국사 552~745》, 사계절, 2016.
제니퍼 올드스톤무어 저/이연승 역, 《처음 만나는 도쿄》, SBI, 2009.
제임스 포사이스 저/정재겸 역, 《시베리아 원주민의 역사》, 솔, 2009
조관희, 《중국사 강의》, 궁리, 2011.
조길태 저, 《인도사》, 민음사, 2012.
조르주 루 저/김유기 역, 《메소포타미아의 역사 1, 2》, 한국문화사, 2013.
조성권 저, 《마약의 역사》, 인간사랑, 2012.
조성일 저, 《미국학교에서 가르치는 미국역사》, 소이연, 2014.
조셉 린치 저/심창섭 등역, 《중세교회사》, 솔로몬, 2005.
조셉 폰타나 저/김원중 역, 《거울에 비친 유럽》, 새물결, 2005.
조지무쇼 저, 안정미 역, 《지도로 읽는다 한눈에 꿰뚫는 전쟁사도감》, 이다미디어, 2017.
조지 바이런 저, 윤명옥 역, 《바이런 시선》, 지만지, 2015.
조지프 니덤 저/김주식 역, 《조지프 니덤의 동양항해선박사》, 문현

2016.
조지형 등저, 《지구화 시대의 새로운 세계사》, 혜안, 2008.
조지형 저, 《빅히스토리: 세계는 어떻게 연결되었을까?》, 와이스쿨, 2013.
조흥국 등저, 《제3세계의 역사와 문화》, 한국방송통신대학교출판부, 2012.
존 루이스 개디스 저/박건영 역, 《새로 쓰는 냉전의 역사》, 사회평론, 2003.
존 리더 저/남경태 역, 《아프리카 대륙의 일대기》, 휴머니스트, 2013.
존 맥닐, 윌리엄 맥닐 공저/ 유정희, 김우역 역, 《휴먼 웹. 세계화의 세계사》, 이산, 2010.
존 줄리어스 노리치 편/남경태 역, 《위대한 역사도시70》, 위즈덤하우스, 2010.
존 후퍼 저, 노시내 역, 《이탈리아 사람들이라서 : 지나치게 매력적이고 엄청나게 혼란스러운》, 마티, 2017.
주경철 저, 《대항해시대: 해상 팽창과 근대 세계의 형성》, 서울대학교출판부, 2008.
주경철 저, 《히스토리아》, 산처럼, 2012.
주디스 코핀, 로버트 스테이시 등저/박상익 역, 《새로운 서양 문명의 역사. 상》, 소나무, 2014.
주디스 코핀, 로버트 스테이시 등저/손세호 역, 《새로운 서양 문명의 역사. 하》, 소나무, 2014.
중앙일보 중국연구소 외, 《공자는 귀신을 말하지 않았다》, 중앙북스, 2010.
지리교육연구회 지평 저, 《지리 교사들, 남미와 만나다》, 푸른길, 2011.
지오프리 파커 편/김성환 역, 《아틀라스 세계사》, 사계절, 2009.
찰스 다윈 저, 장순근 역, 《찰스 다윈의 비글호 항해기》, 리젬, 2013.
찰스 스콰이어 저/나영균, 전수용 공역, 《켈트 신화와 전설》, 황소자리, 2009.
최병욱 저, 《동남아시아사 –민족주의 시대》, 산인, 2016.
최병욱 저, 《동남아시아사 –전통시대》, 산인, 2015.
최재호 등저, 《한국이 보이는 세계사》, 창비, 2011.
최충희 등역, 《햐쿠닌잇슈의 작품세계》, 제이앤씨, 2011.
카렌 암스트롱 저/장병욱 역, 《이슬람》, 을유문화사, 2012.
콘수엘로 바렐라, 로베르토 마자라 등저/신윤경 역, 《크리스토퍼 콜럼버스》, 21세기북스, 2010.
콘스탄스 브리텐 부셔 저/강일휴 역, 《중세 프랑스의 귀족과 기사도》, 신서원, 2005.
크리스 브래지어 저/추선영 역, 《세계사, 누구를 위한 기록인가?》, 이후, 2007.
클린 존스 저/방문숙, 이호영 공역, 《사진과 그림으로 보는 케임브리지 프랑스사》, 시공아크로총서, 2001.
타밈 안사리 저/류한월 역, 《이슬람의 눈으로 본 세계사》, 뿌리와이파리, 2011.
타키투스 저/천병희 역, 《게르마니아》, 숲, 2012.
토머스 말로리 저/이현주 역, 《아서왕의 죽음 1, 2》, 나남, 2009.
파멜라 카일 크로슬리 저/강선주 역, 《글로벌 히스토리란 무엇인가》, 휴머니스트, 2010.
패트리샤 버클리 에브리 저 /이동진, 윤미경 공역, 《사진과 그림으로 보는 케임브리지 중국사》, 시공아크로총서 2010.
퍼트리샤 리프 애너월트 저/한국복식학회 역, 《세계 복식 문화사》, 예담, 2009.
페리클레스, 뤼시아스, 이소크라테스, 데모스테네스 저/김헌, 장시은, 김기훈 역, 《그리스의 위대한 연설》, 민음사, 2012.
페르낭 브로델 저/강주헌 역, 《지중해의 기억》, 한길사, 2012.
페르낭 브로델 저/김홍식 역, 《물질문명과 자본주의 읽기》, 갈라파고스, 2014.
페르디난트 자입트 저/차용구 역, 《중세의 빛과 그림자》, 까치글방, 2002.
폴 콜리어 등저/강민수 역, 《제2차 세계대전》, 플래닛미디어, 2008.
프레드 차라 저/강경이 역, 《향신료의 지구사》, 휴머니스트, 2014.
플라노 드 카르피니, 윌리엄 루부룩 등저/김호동 역, 《몽골 제국 기행: 마르코 폴로의 선구자들》, 까치, 2015.
피터 심킨스 등저/강민수 역, 《제1차 세계대전》, 플래닛미디어 2008.
피터 안드레아스 저/정태영 역, 《밀수꾼의 나라 미국》, 글항아리, 2013.
피터 홉커크 저/정영목 역, 《그레이트 게임: 중앙아시아를 둘러싼 숨겨진 전쟁》, 사계절, 2014.
필립 M.H. 벨 저/황의방 역, 《12전환점으로 읽는 제2차 세계대전》, 까치, 2012.
하네다 마사시 저/이수열, 구지영 역, 《동인도회사와 아시아의 바다》, 선인, 2012.
하름 데 블레이 저/유나영 역, 《왜 지금 지리학인가》, 사회평론, 2015.
하야미 이타루 저/양승영 역, 《진화 고생물학》, 서울대학교출판문화원, 2012.
하우마즈 데쓰오 저/김성동 역, 《대영제국은 인도를 어떻게 통치하였는가》, 심산, 2004.
하인리히 뵐플린 저/안인희 역, 《르네상스의 미술》, 휴머니스트, 2002.
하타케야마 소 저, 김경원 역, 《대논쟁! 철학배틀》, 다산초당, 2017.
한국교부학연구회 저, 《교부학 인명·지명 용례집》, 분도출판사, 2008.
한종수 저, 굽시니스트 그림, 《2차 대전의 마이너리그》, 길찾기, 2015.
해양문화연구원 편집위원회 저, 《해양문화 02. 바다와 제국》, 해양문화, 2015.
허청웨이 편/남광철 등역, 《중국을 말한다》 1~9권, 신원문화사, 2008.
헤수스 알바레스 고메스 저/강운자 편역, 《수도생활: 역사 II》, 성바오로, 2002.
호르스트 푸어만 저/안인희 역, 《중세로의 초대》, 이마고, 2005.
홍익희 저, 《세 종교 이야기》, 행성B잎새, 2014.
황대현 저, 《서양 기독교 세계는 왜 분열되었을까?》, 민음인, 2011.
황패강 저, 《일본신화의 연구》, 지식산업사, 1996.
후지이 조지 등저/박진한, 이계황, 박수철 공역, 《쇼군 천황 국민》, 서해문집, 2012.

외국 도서

クリステル・ヨルゲンセン 等著/竹内喜, 德永優子 譯, 《戰鬪技術の歴史 3: 近世編》, 創元社, 2012.
サイモン・アングリム 等著/天野淑子 譯, 《戰鬪技術の歴史 1: 古代編》, 創元社, 2011.
じェフリー・リ・ガン, 《ウィジュアル版《決戰》の世界史》, 原書房,

2008.
ブライアン・レイヴァリ,《航海の歴史》, 創元社, 2015.
マーティン・J・ドアティ,《図説 中世ヨーロッパ 武器・防具・戦術百科》, 原書房, 2013.
マシュー・ベネット 等著/野下祥子 譯,《戰闘技術の歴史 2: 中世編》, 創元社, 2014.
リュシアン・ルスロ 等著/辻元よしふみ, 辻元玲子 譯,《華麗なるナポレオン軍の軍服》, マール社, 2014.
ロバート・B・ブルース 等著/野下祥子 譯,《戰闘技術の歴史 4: ナポレオンの時代編》, 創元社, 2013.
菊地陽太,《知識ゼロからの世界史入門 1部 近現代史》, 幻冬舎, 2010.
気賀澤保規,《絢爛たる世界帝国 隋唐時代》, 講談社, 2005.
金七紀男,《図説 ブラジルの-歴史》, 河出書房新社, 2014.
木下康彦, 木村靖二, 吉田寅 編,《詳說世界史研究 改訂版》, 山川出版社, 2013.
山内昌之,《世界の歴史 20: 近代イスラームの挑戦》, 中央公論社, 1996.
山川ビジュアル版日本史図録編集委員会,《山川 ビジュアル版日本史図録》, 山川出版社, 2014.
西ヶ谷恭弘 監修,《衣食住になる日本人の歴史 1》, あすなろ書房, 2005.
西ヶ谷恭弘 監修,《衣食住になる日本人の歴史 2》, あすなろ書房, 2007.
小池徹朗 편,《新・歴史群像シリーズ 15: 大清帝國》, 学習研究社, 2008.
水野大樹,《図解 古代兵器》, 新紀元社, 2012.
神野正史,《世界史劇場イスラーム三国志》, ベレ出版, 2014.
神野正史,《世界史劇場イスラーム世界の起源》, ベレ出版, 2013.
五十嵐武士, 福井憲彦,《世界の歴史 21: アメリカとフランスの革命》, 中央公論社, 1998.
宇山卓栄,《世界一おもしろい 世界史の授業》, KADOKAWA, 2014.
伊藤賀一,《世界一おもしろい 日本史の授業》, 中経出版, 2012.
日下部公昭 等編,《山川 詳說世界史図録》, 山川出版社, 2014.
井野瀬久美恵,《興亡の世界史 16: 大英帝国という経験》, 講談社, 2007.
佐藤信 等編,《詳說日本史研究 改訂版》, 山川出版社, 2013.
池上良太,《図解 装飾品》, 新紀元社, 2012.
後藤武士,《読むだけですっきりわかる世界史 近代編》, 玉島社, 2011.
後藤武士,《読むだけですっきりわかる現代編》, 玉島社, 2013.
後河大貴 外,《戦国海賊伝》, 笠倉出版社, 2015.
Acquaro, Enrico:《The Phoenicians: History and Treasures of An Ancient Civilization》, White Star, 2010.
Albert, Mechthild:《Das französische Mittelalter》, Klett, 2005.
Bagley, Robert:《Ancient Sichuan: Treasures from a Lost Civilization》, Princeton University Press, 2001.
Beck, B. Roger&Black, Linda:《World History: Patterns of Interaction》, Holt McDougal, 2010.
Beck, Rainer(hrsg.):《Das Mittelalter》, C.H.Beck, 1997.
Bernlochner, Ludwig(hrsg.):《Geschichten und Geschehen》, Bd. 1-6. Klett, 2004.
Bonavia, Judy:《The Silk Road》, Odyssey, 2008.
Borst, Otto:《Alltagsleben im Mittelalter》, Insel, 1983.
Bosl, Karl:《Bayerische Geschichte》, Ludwig, 1990.
Brown, Peter:《Die Entstehung des christlichen Europa》, C.H.Beck, 1999.
Bumke, Joachim:《Höfische Kultur》, Bd. 1-2. Dtv, 1986.
Celli, Nicoletta:《Ancient Thailand: History and Treasures of An Ancient Civilization》, White Star, 2010.
Cornell, Jim&Tim:《Atlas of the Roman World》, Checkmark Books, 1982.
Davidson, James West&Stoff, Michael B.:《America: History of Our Nation》, Pearson Prentice Hall, 2006.
de Vries, Jan:《Die Geistige Welt der Germanen》, WBG, 1964.
Dinzelbach, P. (hrsg.):《Sachwörterbuch der Mediävistik》, Kröner, 1992.
Dominici, David:《The Maya: History and Treasures of An Ancient Civilization》, VMB Publishers, 2010.
Duby, Georges:《The Chivalrous Society》, translated by Cynthia Postan, University of California Press, 1980.
Eco, Umberto:《Kunst und Schönheit im Mittelalter》, Dtv, 2000.
Ellis, G. Elisabeth&Esler, Anthony:《World History Survey》, Prentice Hall, 2007.
Fromm, Hermann:《Basiswissen Schule: Geschichte》, Duden, 2011.
Funcken, Liliane&Fred:《Rüstungen und Kriegsgerät im Mittelalter》, Mosaik 1979.
Gibbon, Eduard:《Die Germanen im Römischen Weltreich,》, Phaidon, 2002.
Goody, Jack:《The development of the family and marriage in Europe》, Cambridge University Press, 1988.
Grant, Michael:《Ancient History Atlas》, Macmillan, 1972.
Großbongardt, Anette&Klußmann, Uwe,《Spiegel Geschichte 5/2013: Der Erste Weltkrieg》, Spiegel, 2013.
Heiber, Beatrice(hrsg.):《Erlebte Antike》, Dtv 1996.
Hinckeldey, Ch.(hrsg.):《Justiz in alter Zeit》, Mittelalterliches Kriminalmuseum, 1989
Holt McDougal:《World History》, Holt McDougal, 2010.
Horst, Fuhrmann:《Überall ist Mittelalter》, C.H.Beck, 2003.
Horst, Uwe(hrsg.):《Lernbuch Geschichte: Mittelalter》, Klett, 2010.
Huschenbett, Dietrich&Margetts, John(hrsg.):《Reisen und Welterfahrung in der deutschen Literatur des Mittelalters》, Würzburger Beiträge zur deutschen Philologie. Bd. VII, Königshausen&Neumann, 1991.
Karpeil, Frank&Krull, Kathleen:《My World History》, Pearson Education, 2012.
Kircher, Bertram(hrsg.):《König Aruts und die Tafelrunde》, Albatros, 2007.
Klußmann, Uwe&Mohr, Joachim:《Spiegel Geschichte 5/2014: Die Weimarer Republik》, Spiegel 2014.
Klußmann, Uwe:《Spiegel Geschichte 6/2016: Russland》, Spiegel 2016.

Kölzer, Theo&Schieffer, Rudolf(hrsg.): 《Von der Spätantike zum frühen Mittelalter: Kontinuitäten und Brüche, Konzeptionen und Befunde》, Jan Thorbecke, 2009.
Langosch, Karl: 《Profile des lateinischen Mittelalters》, WBG, 1965.
Lesky, Albin: 《Vom Eros der Hellenen》, Vandenhoeck&Ruprecht, 1976.
Levi, Peter: 《Atlas of the Greek World》, Checkmark Books, 1983.
Märtle, Claudia: 《Die 101 wichtigsten Fragen: Mittelalter》 C.H.Beck, 2013.
McGraw-Hill Education: 《World History: Journey Across Time》, McGraw-Hill Education, 2006.
Mohr, Joachim&Pieper, Dietmar: 《Spiegel Geschichte 6/2010: Die Wikinger》, Spiegel, 2010.
Murphey, Rhoads: 《Ottoman warfare, 1500-1700》, Rutgers University Press, 2001
Orsini, Carolina: 《The Incas: History and Treasures of An Ancient Civilization》, White Star, 2010.
Pieper, Dietmar&Mohr, Joachim: 《Spiegel Geschichte 3/2013: Das deutsche Kaiserreich》, Spiegel 2013.
Pieper, Dietmar&Saltzwedel, Johannes: 《Spiegel Geschichte 4/2011: Der Dreißigjährige Krieg》, Spiegel 2011.
Pieper, Dietmar&Saltzwedel, Johannes: 《Spiegel Geschichte 6/2012: Karl der Große》, Spiegel 2012.
Pötzl, Nobert F.&Traub, Rainer: 《Spiegel Geschichte 1/2013: Das Britische Empire》, Spiegel, 2013.
Pötzl, Nobert F.&Saltzwedel: 《Spiegel Geschichte 4/2012: Die Päpste》, Spiegel, 2012.
Prentice Hall: 《History of Our World》, Pearson/Prentice Hall, 2006.
Rizza, Alfredo: 《The Assyrians and the Babylonians: History and Treasures of An Ancient Civilization》White Star, 2007.
Rösener, Werner: 《Die Bauern in der europäischen Geschichte》, C.H.Beck, 1993.
Schmidt-Wiegand: 《Deutsche Rechtsregeln und Rechtssprichwörter》, C.H.Beck, 2002.
Seibt, Ferdinand: 《Die Begründung Europas》, Fischer, 2004.
Seibt, Ferdinand: 《Glanz und Elend des Mittelalters》, Siedler, 1992.
Simek, Rudolf: 《Erde und Kosmos im Mittelalter》, Bechtermünz, 2000.
Speivogel, J. Jackson: 《Glecoe World History》, McGraw-Hill Education, 2004.
Talbert, Richard: 《Atlas of Classical History》, Routledge, 2002.
Tarling, Nicholas(ed.): 《The Cambridge of History of Southeast Asia》, Vol. 1-4. Cambridge University Press 1999.
Todd, Malcolm: 《Die Germanen》Theiss, 2003.
van Royen, René&van der Vegt, Sunnyva: 《Asterix – Die ganze Wahrheit》, übersetzt von Gudrun Penndorf, C.H.Beck, 2004.
Wehrli, Max: 《Geschichte der deutschen Literatur im Mittelalter》, Reclam, 1997.
Zimmermann, Martin: 《Allgemeine Bildung: Große Persönlichkeiten》, Arena, 2004.

논문

기민석, 〈고대 '의회'와 셈어 mlk〉, 《구약논단》 17, 한국구약학회, 2005, 140-160쪽.
김병준, 〈진한제국의 이민족 지배: 부도위 및 속국도위에 대한 재검토〉, 역사학보 제217집, 2013, 107-153쪽.
김인화, 〈아케메네스조 다리우스 1세의 왕권 이념 형성과 그 표상에 대한 분석〉, 서양고대사연구 38, 2014, 37-72쪽
남종국, 〈12~3세기 이자 대부를 둘러싼 논쟁: 자본주의의 서막인가?〉, 서양사연구 제52집, 2015, 5-38쪽.
박병규, 〈스페인어권 카리브 해의 인종 혼종성과 인종민주주의〉, 이베로아메리카 제8권, 제1호. 93-114쪽.
박병규, 〈카리브 해 지역의 문화담론과 문화모델에 관한 연구〉, 스페인어문학 제42호, 2007, 261-278쪽.
박수철, 〈직전정권의 '무가신격화'와 천황〉, 역사교육 제121집, 2012. 221-252쪽.
손태창, 〈신 아시리아 제국 후기에 있어 대 바빌로니아 정책과 그 문제점: 기원전 745-627〉, 서양고대사연구 38, 2014, 7-35
우석균, 《〈포폴 부〉와 옥수수〉, 이베로아메리카연구 제8권, 1997, 65-89쪽.
유성환, 〈아마르나 시대 예술에 투영된 시간관〉, 인문과학논총, 제73권 4호, 2016, 403-472쪽.
유성환, 〈외국인에 대한 이집트인들의 두 시선: 고왕국 시대에서 신왕국 시대까지 창작된 이집트 문학작품 속의 외국과 외국인에 대한 묘사를 중심으로〉, 서양고대사연구 제34집, 2013, 33-77쪽.
윤은주, 〈18세기 초 프랑스의 재정위기와 로 체제〉, 프랑스사연구 제16호, 2007, 5-41쪽.
이근명, 〈왕안석 신법의 시행과 대간관〉, 중앙사론 제40집, 2014, 75-103쪽.
이삼현, 〈하무라비法典 小考〉, 《법학논총》 2, 국민대학교 법학연구소, 1990, 5-49쪽.
이은정, 〈'다종교, 다민족, 다문화'적인 오스만제국의 통치 전략〉, 역사학보 제217집, 2013, 155-184쪽.
이은정, 〈오스만제국 근대 개혁기 군주의 역할: 셀림3세에서 압뒬하미드 2세에 이르기까지〉, 역사학보 제 208집, 2010, 103-133쪽.
이종근, 〈고대 메소포타미아의 수메르 우르-남무 법의 도덕성에 관한 연구〉, 《법학연구》 32, 한국법학회, 2008, 1-21쪽.
이종근, 〈메소포타미아 법사상 연구: 받는 소(Goring Ox)를 중심으로〉, 《신학지평》 16, 안양대학교 신학연구소, 2003, 297-314쪽.
이종근, 〈생명 존중을 위한 메소포타미아 법들이 정의: 우르 남무와 리피트이쉬타르 법들을 중심으로〉, 《구약논단》 15, 한국구약학회, 2003, 261-297쪽.
이종근, 〈멕시코-테노치티틀란의 성장 과정과 한계: 삼각동맹〉, 라틴아메리카연구 제23권, 3호. 111-160쪽.
이지은, 〈"인도 센서스"와 식민 지식의 구축: 19세기 인도 사회와

정립되지 않은 카스트〉, 역사문화연구 제59집, 2016, 165-196쪽.
정기문, 〈로마 제국 초기 디아스포라 유대인의 팽창원인〉, 전북사학 제48호, 2016, 279-302쪽.
정기문, 〈음식 문화를 통해서 본 세계사〉, 역사교육 제138집, 2016, 225-250쪽.
정재훈, 〈북아시아 유목 군주권의 이념적 기초: 건국 신화의 계통적 분석을 중심으로〉, 동양사학연구 제122집, 2013, 87-133쪽.
정재훈, 〈북아시아 유목민족의 이동과 정착〉, 동양사학연구 제103집, 2008, 87-116쪽.
정혜주, 〈태초에 빛이 있었다: 마야의 천지 창조 신화〉, 이베로아메리카 제7권 2호, 2005, 31-62쪽.
조주연, 〈미학과 역사가 미술사를 만났을 때〉, 《미학》 52, 한국미학회, 2007. 373-425쪽.
최재인, 〈미국 역사교육의 쟁점과 전망: 아프리카계 미국인 역사교육을 중심으로〉, 역사비평 제110호, 2015, 232-257쪽.

인터넷 사이트

네이버 지식백과: terms.naver.com
미국 자율학습 사이트: www.khanacademy.org
미국 필라델피아 독립기념관 역사교육 사이트: www.ushistory.org
영국 브리태니커 백과사전: www.britannica.com
영국 대영도서관 아시아, 아프리카 연구 사이트: britishlibrary.typepad.co.uk/asian-and-african
영국 BBC방송 청소년 역사교육 사이트: www.bbc.co.ukschools/primaryhistory
독일 브록하우스 백과사전: www.brockhaus.de
독일 WDR방송 청소년 지식교양 사이트: www.planet-wissen.de
독일 역사박물관 www.dhm.de
독일 청소년 역사교육 사이트: www.kinderzeitmschine.de
독일 연방기록원 www.bundesarchiv.de
위키피디아: www.wikipedia.org

사진 제공

수록된 사진 중 일부는 노력에도 불구하고 저작권자를 확인하지 못하고 출간하였습니다. 확인되는 대로 최선을 다해 협의하겠습니다. 퍼블릭 도메인은 따로 표기하지 않았습니다.

표지
가리발디의 붉은 셔츠단 Alamy

1교시
베를린 브란덴부르크 문 Alamy
비토리오 에마누엘레 2세 기념관 Shutterstock
브란덴부르크 문 Drrcs15
파울 교회 Jiyoon Jung
헝가리 국회 의사당 Godot13
부다페스트 전경 Shutterstock
헝가리 국회 의사당 Shutterstock
어부의 요새 Shutterstock
마차시 성당 Shutterstock
세체니 온천 Petr Vilgus
세체니 온천 체스 me
발라톤 호수 Shutterstock
노벨상 Wikipedia
차르다스를 추는 사람들 Outesticide
리스트 음악원 Shutterstock
푸스타 평원 Accoramboni
구야시 Shutterstock
헝가리 시장 Takkk
랑고시 Shutterstock
팔린커 Globetrotter19
영국의 상징 사자 Sodacan
프랑스의 상징 백합 Sodacan
군대에 지원하는 프랑스 시민들 The Bridgeman Art Library
1815년 프랑스 학교 수업 모습 게티이미지코리아
라 마르세예즈 The Bridgeman Art Library
파리 북역 WiNG
카르보나리당의 비밀 모임 Alamy
샹베리의 사부아성 Shutterstock
파르마의 가리발디 광장 Shutterstock
이탈리아 왕국의 국기 Flanker
뒤스부르크의 코크스 공장 Alamy
노이슈반슈타인성 Jeff Wilcox
바트엠스 Johannes Robalotoff
마자르인 Kunok Erő

뮤지컬 〈엘리자베트〉 연합뉴스
아테네에 있는 바이런 석상 Nagaremono
〈니벨룽의 반지〉 공연 장면 게티이미지코리아
쇼팽의 피아노 Adrian Grycuk
19세기 파리의 거리 풍경 통로이미지
〈뉴욕타임스〉 뉴욕 본사 Haxorjoe

2교시
콜롬비아 수도 보고타 Agefotostock
과야킬 회담 기념비 Padaguan
안토파가스타 광산 열차 Kabelleger / David Gubler
대콜롬비아 연방 Shadowxfox
리우데자네이루 예수상 Nico Kaiser
아마존강 Shutterstock
베네수엘라의 구리 댐 Shutterstock
메스티소 Alamy
살렌토 Alamy
소나 카페테라 Alamy
커피 열매 Shutterstock
에메랄드 Shutterstock
보고타 Shutterstock
가브리엘 가르시아 마르케스 Jose Lara
가르시아 마르케스 문화관 Felipe Restrepo Acosta
마약과의 전쟁 연합뉴스
카라카스 Shutterstock
베네수엘라 정유 공장 Shutterstock
토레 데 다비드 EneasMx
엘 시스테마 게티이미지코리아
시몬 볼리바르 생가 Fhaidel Dominguez
베네수엘라 지폐 시몬 볼리바르 Shutterstock
앙헬 폭포 Shutterstock
키토 Alamy
남아메리카 국가 연합 사무국 Montserrat Boix
과야킬 Shutterstock
미타드 델 문도 Diego Delso
바다 이구아나 Simon Matzinger
갈라파고스 제도 Shutterstock
카디스 Alamy
부에노스아이레스 Shutterstock
성 베드로 클라베르 MARIA ROSA FERRE
식민지 시대 직물 공장 재현 Alamy
페루 500솔 지폐 Wikipedia
리마 Shutterstock

시몬 볼리바르 동상 Shutterstock
과야킬 회담 기념비 Martin Zeise, Berlin
멕시코시티의 독립 기념탑 Shutterstock
이달고 신부의 봉기 깃발 AlexCovarrubias
칠레의 구리 광산 Shutterstock
칠레의 고무 플랜테이션 Shutterstock
파라과이 예수회 선교단 마을 유적 Shutterstock
투유티 전투 게티이미지코리아
구아노 게티이미지뱅크
아르헨티나의 평원 Shutterstock
일본의 〈엄마 찾아 삼만 리〉 DVD 커버 Wikipedia
프란치스코 교황 코리아넷 / 해외문화홍보원 (전한)
리오넬 메시 Danilo Borges/copa2014.gov.br
사탕수수 즙 짜내는 아이티 사람들 J.M. Lebigre
투생 루베르튀르 게티이미지코리아
아이티 독립 200주년 기념비 Stefan Krasowski from New York, NY, USA

3교시

샌프란시스코 Shutterstock
노예 제도를 둘러싼 유혈 충돌 Alamy
시카고 Shutterstock
이리 운하 게티이미지코리아
자유의 여신상 Shutterstock
게티즈버그 연설 Shutterstock
금문교 Shutterstock
샌프란시스코 전경 Shutterstock
구글 본사 John Marino from Pittsburgh, The fine US of A
캘리포니아 대학교 버클리 캠퍼스 LAgirl5252
스탠퍼드 대학교 Shutterstock
샌프란시스코 케이블카 Shutterstock
할리우드 Thomas Wolf, www.foto-tw.de
유니버설 스튜디오 테마 파크 METRO96 / Shwangtianyuan
나파 밸리 Shutterstock
로버트 몬다비 Wildcat Dunny
나파 밸리 와인 트레인 연합뉴스
미국 서부 그레이트베이슨 Shutterstock
샌프란시스코 Shutterstock
에이브러햄 링컨 AgnosticPreachersKid
행진 중인 KKK 단원들 연합뉴스
리바이어던 기관차 Ltshears
미국 내륙 대초원 밀농장 Shutterstock
뉴욕 항을 찾아온 이민자들 통로이미지
2016년 월드시리즈에서 우승한 시카고 컵스 Arturo Pardavila III from Hoboken, NJ, USA
에디슨의 백열전구 Richard Warren Lipack
플랫아이언 빌딩 Rob Young
오티스 엘리베이터 Zeddy
미국으로 떠나는 아일랜드 주민들 The Granger Collection

축제 중인 차이나타운 Patrick Kwan from New York City, USA
스티브 천 Rico Shen
에디슨의 축음기 Norman Bruderhofer, www.cylinder.de
뉴욕 제너럴 일렉트릭 본사 Leonard J. DeFrancisci

4교시

안개 낀 런던 Shutterstock
비스마르크 동상 Bernt Rostad
사회 민주주의의 상징 붉은 장미 Wikipedia
런던 전경 Shutterstock
유로스타 Willkm~commonswiki
세인트 폴 대성당 Shutterstock
버킹엄궁 Diliff
시티 오브 런던 Daniel Chapman
테크 시티 Jack Torcello
딥마인드 연합뉴스
베이커 거리 Anna Anichkova
내셔널 갤러리 Diego Delso
영국 박물관 Eric Pouhier
웨스트엔드 극장가 Alamy
해리 포터 스튜디오 Karen Roe
테이트 모던 Shutterstock
해리 왕자와 메건 마클 부부 연합뉴스
런던브리지 테러 희생자 추모 Prioryman
노팅힐 카니발 Jonathan Cardy
그레이트 웨스턴 로드 Diliff
맨체스터 노동자 아파트 Alamy
1872년 런던 뒷골목 The Granger Collection
전염병 경고 삽화 통로이미지
런던 스모그 게티이미지코리아
방직 공장 여성들 게티이미지코리아
곡물법 비판 만화 Wikipedia
성 피터 광장 Gtosti / Eric Corbett
오언의 '뉴 하모니' 마을 계획도 통로이미지
로버트 오언 Photograph by Mike Peel (www.mikepeel.net)
2009년 경제 위기 당시 시위 모습 Southbanksteve
파리 코뮌 호소문 BNF
독일 사회민주당 Ziko van Dijk
국민연금공단 국민연금공단
독일 국민연금 100주년 기념우표 Deutsche Bundespost
마르크스 생가 Sathvik
마르크스 묘비 Paasikivi
19대 대통령 선거 벽보 연합뉴스
토리당과 휘그당 에이치디시그니처
영국 노동당 연설 Sophie Brown
미국 공화당 전당 대회 연합뉴스

연표

수원 화성 화서문 bifyu

퀴즈 정답

1교시

1 ②
2 ④
3 ①-㉠, ②-㉢, ③-㉡
4 ㉢-㉠-㉡-㉣
5 ③
6 비스마르크(오토 폰 비스마르크)
7 ④

2교시

1 ②
2 ②
3 ① 시몬 볼리바르, ② 산마르틴
4 ③
5 ①

3교시

1 ③
2 골드러시
3 ②
4 ③
5 ②
6 ①

4교시

1 ①
2 ③
3 차티스트
4 ④
5 마르크스
6 ④

267

일러두기

- 맞춤법과 띄어쓰기는 국립국어원에서 펴낸 《표준국어대사전》을 따랐습니다.
- 역사 용어와 띄어쓰기는 《교과서 편수자료》의 표기 원칙을 따랐습니다.
  단, 학계의 일반적인 표기와 다른 경우 감수자의 자문을 거쳐 학계의 표기를 따랐습니다.
- 중국의 지명은 현재까지 남아 있는 지명은 중국어 발음, 남아 있지 않은 지명은 한자음을 따랐습니다.
- 중국의 인명은 변법자강 운동을 기준으로 그 이전은 한자음, 그 이후는 중국어 발음을 따라하는 것을 원칙으로 했습니다.
- 일본의 지명과 인명은 일본어 발음을 따랐습니다.

- 이 책에 실린 사진은 북앤포토를 통해 저작권자로부터 사용허가를 받았습니다.
- 일부 사진은 wikipedia commons public domain에 게재되어 있습니다.
- 저작권자와 접촉이 되지 않는 등 불가피한 사정으로 사용 허가를 받지 못한 사진에 대해서는
  저작권자의 허락을 구하는 대로 게재 허락을 받고 사용료를 지불하겠습니다.
- 이 책에 실려 있는 지도와 그림의 저작권은 별도의 표기가 없는 한 (주)사회평론에 있습니다.

교양으로 읽는 용선생 세계사 ⑩ 혁명의 시대 2 ─독일·이탈리아의 통일, 미국 내전과 서부 개척, 사회주의

전면 개정판 1쇄 발행   2025년 7월 23일

글	차윤석, 김선빈, 박병익, 김선혜
그림	이우일, 박기종
지도	김경진
구성	장유영, 정지윤
자문 및 감수	박병규, 윤은주, 최재인
교과 과정 감수	박혜정, 한유라, 원지혜
어린이사업본부	이승필
편집	송용운, 김언진, 윤선아
마케팅	윤영채, 정하연, 안은지, 박찬수, 염승연
경영지원	나연희, 주광근, 오민정, 정민희, 김수아, 김승현
디자인	이수경
본문 디자인	박효영, 최한나
사진	북앤포토
영상 제작	(주)트립클립

펴낸이	윤철호
펴낸곳	(주)사회평론
전화	02-326-1182
팩스	02-326-1626
주소	03993 서울시 마포구 월드컵북로6길 56 사평빌딩
용선생 클래스	yongclass.com
출판등록	1993년 10월 6일 제 10-876호

ⓒ사회평론, 2018

ISBN 979-11-6273-369-1 73900

- 이 책 내용의 일부나 전부를 다시 사용하려면 저작권자와 사회평론의 동의를 받아야 합니다.
- 잘못 만들어진 책은 구입하신 곳에서 바꾸어 드립니다.

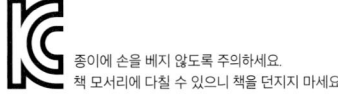
종이에 손을 베지 않도록 주의하세요.
책 모서리에 다칠 수 있으니 책을 던지지 마세요.

이 책을 만드는 데 강의, 자문, 감수하신 분

강영순(한국외국어대학교 강사)
아세아연합신학대학교 아세아학과를 졸업하고 한국외국어대학교 대학원 아시아학과에서 석사 학위를, 국립 인도네시아대학교에서 박사 학위를 받았습니다. 현재 한국외국어대학교 말레이·인도네시아어통번역 학과에서 강의를 하고 있습니다. 〈인도네시아 환경정치에 대한 연구: 열대림을 중심으로〉, 〈수까르노와 이승만: 제2차 세계 대전 후 건국 지도자 비교〉, 〈인도네시아 서 파푸아 특별자치제에 관한 연구〉 등의 논문을 지었습니다.

김광수(한국외국어대학교 HK교수)
한국외국어대학교를 졸업하고 남아프리카 공화국 노스-웨스트대학교 역사학과에서 석사·박사 학위를 받았습니다. 현재 한국외국어대학교 아프리카연구소 HK교수로 재직 중입니다. 지은 책으로 《스와힐리어 연구》, 《에티오피아 악숨 문명》 등이 있고, 함께 지은 책으로 《7인 7색 아프리카》, 《남아프리카사》 등이 있으며 《현대 아프리카의 이해》를 우리말로 옮겼습니다.

김병준(서울대학교 교수)
서울대학교 동양사학과를 졸업하고 같은 학교 대학원에서 석사·박사 학위를 받았습니다. 현재 서울대학교 역사학부 교수로 재직 중입니다. 《순간과 영원: 중국고대의 미술과 건축》, 《고사변 자서》 등을 우리말로 옮겼고, 《중국고대 지역문화와 군현지배》 등을 지었습니다. 함께 지은 책으로 《사료로 보는 아시아사》, 《역사학의 성과와 역사교육의 방향》, 《동아시아의 문화교류와 소통》 등이 있습니다.

남종국(이화여자대학교 교수)
서울대학교 서양사학과를 졸업하고 같은 학교 대학원에서 석사 학위를, 프랑스 파리1대학에서 박사 학위를 받았습니다. 현재 이화여대 사학과 교수로 재직하고 있습니다. 지은 책으로 《이탈리아 상인의 위대한 도전》, 《지중해 교역은 유럽을 어떻게 바꾸었을까?》, 《세계사 뛰어넘기》 등이 있으며 《프라토의 중세 상인》을 우리말로 옮겼습니다.

박병규(서울대학교 HK교수)
고려대학교 서어서문학과를 졸업하고 멕시코 국립 대학(UNAM)에서 문학 박사 학위를 받았습니다. 현재는 서울대 라틴아메리카연구소 HK교수로 재직 중입니다. 《불의 기억》, 《파블로 네루다 자서전 - 사랑하고 노래하고 투쟁하다》, 《1492년, 타자의 은폐》 등을 우리 말로 옮겼습니다.

박상수(고려대학교 교수)
고려대학교 사학과를 졸업하고 같은 학교 대학원에서 석사학위와 박사과정 수료를, 프랑스 국립 사회과학고등연구원에서 박사 학위를 받았습니다. 현재 고려대학교 사학과 교수로 재직하고 있습니다. 지은 책으로 《중국혁명과 비밀결사》 등이 있고, 함께 지은 책으로는 《동아시아, 인식과 역사적 실재: 전시기(戰時期)에 대한 조명》 등이 있습니다. 《중국현대사 - 공산당, 국가, 사회의 격동》을 우리말로 옮겼습니다.

박수철(서울대학교 교수)
서울대학교 역사교육과를 졸업하고 같은 대학 대학원 동양사학과에서 석사를, 일본 교토대에서 박사 학위를 받았습니다. 현재는 서울대학교 역사학부 교수로 재직 중입니다. 지은 책으로는 《오다·도요토미 정권의 사사지배와 천황》이 있으며, 함께 지은 책으로는 《아틀라스 일본사》, 《사료로 보는 아시아사》, 《일본사의 변혁기를 본다》 등이 있습니다.

성춘택(경희대학교 교수)
서울대학교 고고미술사학과와 대학원에서 고고학을 전공했으며, 워싱턴 대학교 인류학과에서 고고학으로 석사와 박사 학위를 받았습니다. 현재 경희대학교 사학과 교수로 재직 중입니다. 《석기고고학》이란 책을 쓰고, 《고고학사》, 《다윈 진화고고학》, 《인류학과 고고학》 등을 우리말로 옮겼습니다.

유성환(서울대학교 강사)
부산대학교 영문학과를 졸업하고 미국 브라운대학교에서 박사 학위를 받았습니다. 현재 서울대 아시아언어문명학부에서 강의를 하고 있습니다. 〈이히, 시스트럼 연주자 - 이히를 통해 본 어린이 신 패턴〉과 〈외국인에 대한 이집트인들의 두 시선〉 등의 논문을 지었습니다.

윤은주(국민대학교 강의 전담 교수)
서울대학교 서양사학과를 졸업하고 프랑스 사회과학고등연구원에서 박사 학위를 받았습니다. 현재 국민대학교 교양대학 강의 전담 교원으로 일하고 있습니다. 《넬슨 만델라 평전》을 우리말로 옮겼으며 《히스토리》의 4~5장과 유럽 국가들의 연표를 우리말로 옮겼습니다.

이근명(한국외국어대학교 교수)
서울대학교 동양사학과를 졸업하고 같은 학교 대학원에서 석사·박사 학위를 받았습니다. 현재 한국외국어대학교 사학과 교수로 재직하고 있습니다. 지은 책으로는 《남송 시대 복건 사회의 변화와 식량 수급》, 《아틀라스 중국사(공저)》, 《동북아 중세의 한족과 북방민족》 등이 있고, 《중국역사》, 《중국의 시험지옥 - 과거》, 《송사 외국전 역주》 등을 우리말로 옮겼습니다.

이은정(서울대학교 강사)
한국외국어대학교 터키어과를 졸업하고 터키 국립 앙카라 대학교 역사학과에서 석사 학위를, 서울대학교 서양사학과에서 박사 학위를 받았습니다. 현재는 서울대학교 등에서 강의를 하고 있습니다. 〈16 - 17세기 오스만 황실 여성의 사회적 위상과 공적 역할 - 오스만 황태후의 역할을 중심으로〉와 〈'다종교·다민족·다문화'적인 오스만 제국의 통치전략〉 등의 논문을 지었습니다.

이지은(한국외국어대학교 전임연구원)
이화여대 사학과를 졸업하고 한국외국어대학교와 인도 델리대학교, 네루대학교에서 석사·박사 학위를 받았습니다. 현재 한국외국어대학교 인도연구소 전임연구원으로 일하고 있습니다. 함께 지은 책으로는 《탈서구중심주의는 가능한가》가 있으며 〈인도 식민지 시기와 국가형성기 하층카스트 엘리트의 저항 담론 형성과 역사인식〉, 〈반서구중심주의에서 원리주의까지〉 등의 논문을 지었습니다.

정기문(군산대학교 교수)
서울대학교 역사교육과를 졸업하고 같은 학교 대학원에서 석사·박사 학위를 받았습니다. 현재 군산대학교 사학과 교수로 재직하고 있습니다. 지은 책으로는 《한국인을 위한 서양사》, 《내 딸을 위한 여성사》, 《역사란 무엇인가》 등이 있고, 《역사, 시민이 묻고 역사가 답하고 저널리스트가 논하다》, 《고대 로마인의 생각과 힘》, 《지식의 재발견》 등을 우리말로 옮겼습니다.

정재훈(경상대학교 교수)
서울대학교 동양사학과를 졸업하고 같은 학교 대학원에서 석사·박사 학위를 받았습니다. 현재 경상대학교 사학과 교수로 재직 중입니다. 지은 책으로는 《돌궐 유목제국사》, 《위구르 유목 제국사(744~840)》 등이 있고 《유라시아 유목제국사》, 《사료로 보는 아시아사》 등을 우리말로 옮겼습니다.

최재인(서울대학교 강사)
서울대학교 서양사학과를 졸업하고 같은 학교 대학원에서 석사·박사 학위를 받았습니다. 현재 서울대학교 강사로 일하고 있습니다. 함께 지은 책으로 《서양여성들 근대를 달리다》, 《여성의 삶과 문화》, 《다민족 다인종 국가의 역사인식》, 《동서양 역사 속의 다문화적 전개양상》 등이 있고, 《가부장제와 자본주의》, 《유럽의 자본주의》, 《세계사 공부의 기초》 등을 우리말로 옮겼습니다.

책 속의 QR 코드로 용선생의 세계 문화유산 강의를 볼 수 있습니다.
QR 코드를 스캔하여 회원 가입 및 로그인 진행 후
도서 구매 시 제공된 영상 쿠폰 번호를 등록해 주세요.

영상 재생 방법
❶ QR 코드 스캔 ⋯› ❷ 회원 가입 / 로그인 ⋯› ❸ 영상 쿠폰 번호 등록 ⋯› ❹ 영상 재생

회원 가입/로그인 후에 영상 재생을 위해 QR 코드를 다시 스캔해 주세요.
쿠폰 번호는 최초 1회만 등록 가능하며, 변경 또는 양도할 수 없습니다.
로그인 상태라면 즉시 영상을 재생할 수 있습니다.
PC에서는 용선생 클래스(yongclass.com)에서 시청할 수 있습니다.

영상 재생 방법 안내

3교시
미국 내전과 서부 개척

2교시
라틴 아메리카의 독립